비고츠키와 인지 발달의 비밀

비고츠키와 **인지 발달의 비밀**

1판 1쇄 발행   2013년 1월 11일
1판 2쇄 발행   2015년 3월 23일

지은이   A. R. 루리야
옮긴이   배희철
펴낸이   김승희
펴낸곳   도서출판 살림터

기획   정광일
편집   조현주
디자인   김경수
인쇄 제본   (주)현문
종이   월드페이퍼(주)

주소   서울시 영등포구 양평로21가길 19 선유도 우림라이온스밸리 1차 B동 512호
전화   02-3141-6553
팩스   02-3141-6555
출판등록   2008년 3월 18일 제313-1990-7호
이메일   gwang80@hanmail.net
블로그   http://blog.naver.com/dkffk1020

ISBN   978-89-94445-36-6   93370

* 가격은 뒤표지에 있습니다.
* 잘못된 책은 바꿔드립니다.
* 이 책은 저작권법에 의하여 보호를 받는 저작물이므로
  무단 전재와 복제를 금합니다.

문화역사적 이론의 탄생

비고츠키와 인지 발달의 비밀

A. R. 루리야 지음 | 배희철 옮김

살림터

● 옮긴이의 말

비고츠키가 한 이야기를 좀 더 쉽게 이해할 수 있는 책을 추천해 달라는 주문을 많이 받았습니다. 맨땅에 헤딩하는 분들을 위하여 이 책을 번역하게 되었습니다. 이 책의 장점은 무엇보다도 문화역사적 이론을 체계적으로 이해하는 데 좋은 디딤돌이 될 수 있다는 것입니다. 인간의 인지, 정신, 의식이라는 것이 역사 과정을 통해 인간과 인간의 관계에서 기원하고, 문화적 도구를 사용하면서 형성된다는 것을 쉽게 설명하고 있습니다.

다음으로, 여기서 사용된 조사 방법이 쉽고, 간단하고, 응용하기도 편하다는 것입니다. 이 책에서 사용된 실험자의 질문은 교사들이 학교에서 수업 중에 학생들에게 쉽게 수정하여 사용할 수 있습니다. 그리고 피험자들의 대답에 대한 해석을 참고하면, 학생의 질문을 '발달적 관점'에서 해석할 수 있습니다. 제가 직접 초등학교 3학년 학생들에게 '삼단논법의 질문'을 던졌는데, 그 결과가 정말 예상 밖이었습니다. 특수반 학생이나 일반 학생이나 유의미한 차이가 없었습니다. 물론 많은 교육심리학자가 형식적 조작 활동은 사춘기 이후에 발달한다고 했지만, 그렇게 간단한 '삼단논법의 질문'에 대답을 하지 못할 줄 상상도 못했습니다. 물론 다른 방식으로 삼단논법을 몇 번 언급하고 난 다음에는,

일반 학생들이 '아하' 하고 쉽게 이해했습니다.

    마지막으로, 이 책은 읽기가 쉽습니다. 간결하고 압축된 설명이 드문 드문 있지만 그렇게 깊이 들어간 내용이 아니라 읽는 데 부담이 되지 않을 것입니다. 또한 많은 부분이 피험자들의 대답이기 때문에, 또한 그 실험 내용이 낯선 것이 아니기 때문에, 게다가 1970년대 저작이라 생소한 용어가 상대적으로 적기 때문에 아주 편하게 읽을 수 있습니다.

    저자 루리야(1902-1977)는 세칭 비고츠키 학파의 2인자입니다. 1936~1956년의 학문 탄압으로 사장될 위기에 처한 비고츠키 학파의 학문적 성과를 서방에 알리는 데 마이크 콜과 함께 지대한 공헌을 한 분입니다. 또한 신경심리학이라는 분과를 정립한 분이기도 합니다. 올리버 색스에 의해 일찍부터 서방에 알려진 세계적인 학자입니다. 국내 의학계에도 '루리야 네브라스카 신경심리학 테스트'로 널리 알려진 학자입니다.

    국내에도 그가 쓴 임상 기록을 묶어 낸 책 2권이 번역되어 있습니다. 브루너가 고전이라 칭한 『모든 것을 기억하는 남자』와 『지워진 기억을 쫓는 남자』가 그것입니다. 대립되는 두 현상으로 고통받는 환자에 대한 임상 보고서인데, 읽어 보시면 비고츠키 학파의 주장이 얼마나 철저한 조사와 실험에 근거한 것인지 감탄하지 않을 수 없을 것입니다. 위키피디아에서 루리야(Luria)를 검색하시면 그의 삶과 저작에 대한 설명을 쉽게 접할 수 있습니다. 관련 인터넷 사이트도 잘 링크되어 있습니다.

    이 책을 쓰게 된 동기나 책의 내용에 대한 안내를 위한 정리는 저자의 '들어가는 말'에 아주 잘 정리되어 있습니다.

이 책에 언급되지 않은 이 조사 활동과 관련된 이야기만 간결하게 언급하겠습니다. 1932년 2차 우즈베키스탄 조사 활동에는 형태주의 심리학의 대가 코프카도 참여했습니다. 국제적 협력 조사 활동이었습니다. 코프카는 풍토병 때문에 끝까지 같이하지 못하고 중도에 포기했습니다. 다른 관점과 입장의 학자들이 조사 방법과 해석에서 충돌하지 않았다면 그게 도리어 놀라운 일입니다. 하지만 이 책에 그 내용이 하나도 언급되지 않는 걸 보면 그 대립의 정도가 아주 심했을 것이라고 추측해도 무리가 아닐 것입니다. 2장 지각 과정에 대한 부분에서 루리야가 하고 있는 해석은 제 눈에는 형태주의 심리학의 기조를 전면 부정하는 것입니다.

조사 활동 후 40년이 지난 후인 1974년에 책이 나온 까닭은 명백하게 소수 민족에 대한 모독으로 해석될 소지가 많은 피험자들의 답변 때문입니다. 소수 민족의 민족주의를 자극하지 않으려는 정치적 까닭이 주요했을 것입니다. 지금도 중국에서 볼 수 있듯이 소수 민족의 문제는 폭발성이 강한 정치 쟁점입니다.

이 책의 구성은 분량 면에서 각 장의 균형이 맞지 않습니다. 본문에서 저자는 그 까닭을 명시적으로 설명하고 있고 있습니다. 상식적으로 보면 조사 활동의 항목이 크게 6개라면 각 조사 활동을 위한 사전 준비 작업도 대충 비슷한 정도로 했을 것입니다. 이런 상식적인 추측에 어긋난 책의 구성에는 저자가 밝힐 수 없는 다른 까닭이 있었습니다. 여기에 실리지 않은 내용과 해석은 집단농장 활동가에게 불리한 것들이었을 가능성이 농후합니다. 그들은 대다수가 젊은 신규 공산당원이기도 했습니다. 정규 교육 과정을 겪지 못한 그들이 비교 집단으로 역할을 하지 못한 부분이 삭제되었을 것이고, 분량이 적은 장들이 거기에 해당될 것입니다. 조직화되고 계획적인 집단적 노동 활동의 경험으로는 상상하는 능력, 자기분석 능력, 자기파악 능력이 사대 교육을 받은 집단과 비슷한 결과를 도출할 수 없었을 것입니다.

이 책에 명시적으로 기술되지 못한 조사 활동의 결과는 인지 발달의 핵심 기제는 학교 교육이라는 것입니다. 사회주의적 노동 활동보다 확연히 다른 인지 변화를 야기했으리라는 것은, 차분하게 생각해 보면 상식에 속하는 결론이기도 합니다. 내용이 부족한 장에서 사라져 버린 실험자의 질문이 무엇이었으며, 집단농장의 활동가들이 어떻게 대답했을 것인가를 추측해 보는 건 독자에게 정답이 없기에 편하게 즐길 수 있는 지적 유희가 될 것입니다.

강연에서는 다른 부탁도 받았습니다. 지금 기억나는 것은 발달을 지향하는 교수학습을 실천하는 데 도움이 되는 책을 알려 달라는 것과 쉽게 비고츠키에 입문할 개설서가 무엇이냐는 것이었습니다. 이에 대한 화답으로, 다비도브의 『발달 중심 교수학습』과 비어의 『레프 비고츠키』를 내년 상반기에 소개할 수 있도록 노력하고 있습니다. 또한 비고츠키의 명저, 『고등정신기능 발달사(가칭)』와 『생각과 말』 6장 「과학적 개념 형성」에 대한 해설서도 세상에 나올 예정입니다. 이는 비고츠키를 연구하시는 분들이 많아져서 가능해진 일입니다.

20년 전에 이 책을 번역하셨던 박경자, 김성찬 교수님의 앞선 노력이 있었기에, 이 책을 번역하는 작업이 짧은 시간에 큰 어려움 없이 진행될 수 있었습니다. 같이 근무하는 이기열, 정은숙 선생님의 도움이 있어 2013년에 이 책이 나올 수 있었습니다. 이렇게 멋진 책이 나올 수 있도록 편집에 정성을 쏟아 주신 살림터 식구들에게 감사의 마음을 전합니다.

2013년 1월
신새벽을 절규하는 새벽 별을 보며
비고츠키 연구회 회장
배희철

● 참고 자료

루리야(1993), 『인지발달교육』, 서울: 학문사.
　　　(2007), 『모든 것을 기억하는 남자』, 서울: 갈라파고스.
　　　(2008), 『지워진 기억을 쫓는 남자』, 서울: 도솔.
비고츠키(2011), 『생각과 말』, 서울: 살림터.
　　　(2012), 『도구와 기호』, 서울: 살림터.
Cole, M. & Levitin, K. & Luria, A.(2006). *The Autobiography of Alexander Luria; A Dialogue with The Making of Mind*. New Jersey: Lawrence Erlbaum Associates, Inc. (1979). (Original) *The Making of Mind*.
Homskaya, E. D.(1992). (Edited) Tupper, D. E. (Translated) Krotova, D. *Alexander Romanovich Luria; A Scientific Biography*. New York: Plenum Publishers.
Levitin, K.(1982). (Edited) Davydov, V. V. (Translated) Filippov, Y. *One is Not Born a Personality; Profiles of Soviet Educational Psychologists*. Moscow: Progress Publishers.
Luria, A. R.(1981). (Edited) Wertsch, J. V. *LANGUAGE AND COGNITION*. New York: John Wiley & Sons, Inc.
Luria, A. R.(1932). (Translated & Edited) Gantt, W. H. *THE NATURE OF HUMAN CONFLICTS*. New York: Liveright, Inc.

Alexander Luria(1902-1977) http://www.marxists.org/archive/luria/index.htm
http://luria.ucsd.edu/

● 들어가는 말

　이 책이 나오기까지의 과정이 다른 책과는 좀 다릅니다. 이 책에 인용된 관찰 기록들은 1931년과 1932년에 수집되었습니다. 그때는 소비에트 연방이 가장 급진적으로 재편되었던 시기였습니다. 문맹퇴치운동이 대대적으로 진행되고, 집단주의 경제로의 이행이 급격하게 이루어지며, 새로운 사회주의 원리에 맞게 삶의 방식이 혁명적으로 재조정되고 있었습니다. 이 시기 동안 이 모든 개혁들이 결정적으로 우리들의 전망을 어떻게 확대시키고 또한 인지 과정의 구조에 근본적인 변화를 어떻게 촉발했는지를 관찰할 수 있는 정말 보기 드문 특별한 기회를 우리는 가질 수 있었습니다.
　비고츠키(L. S. Vygotsky)는 소비에트 연방에서 행해지고 있는 심리학 연구의 토대로 마르크스 레닌주의 테제를 활용하였습니다. 모든 인간의 근본적인 인지 활동은 사회사의 모태 속에서 형성되었고 결과적으로 사회역사적 발전을 낳았다는 마르크스 레닌주의 테제를 확장시켰습니다. 이러한 애초 의도와 달리, (1920년대의) 연구 결과는 우리의 가정을 직접적으로 입증하기에 충족할 만큼 완벽하지도 포괄적이지도 못했습니다. 이러한 상황을 타파하고자 이 책에 기술된 실험 계획을 구상하게 되었으며 비고츠키의 제안으로 실험 계획은 구체화되었습니다.
　우리는 우즈베키스탄과 키르기지아의 오지에서, 그 지역의 외딴 부락과 산간 지역의 목초지에서 연구를 진행했습니다. 우리의 연구가 이렇게 제한된 지역에서 행해졌지만 이 연구 결과는 유럽과 접한 더 외딴 지역에서도, 북극에 사는 인민에게도, 혹은 시베리아 동북부 지역의 유목민 거주지에서도 동일한 결과를 낳을 것입니다. 우즈베키스탄의 고대 문화가 꽃피운 과학, 예술, 건축에서의 높은 창조적 성과에도 불구하고, 인민들은 경제적 정체와 문맹 상태에서 수 세기를 살았으며, 이슬람 종교의 영향으로 발생한 많은 요인들 때문에 그들의 발달은 지체되었습니다. 오로지 근본적인 경제 재편, 빠른 문맹 퇴치, 이슬람 영향의 제거만이, 세계관의 확장을 넘어 인지 활동의 진정한 혁명을 구현할 수 있었습니다.[1]

우리는 인지 방식에 결정적인 변화가 있었음을 확보한 자료를 통해 확인할 수 있었습니다. 이러한 변화는 생각을 이미지(구체)와 기능(실행)에 의존하는 방법에서 훨씬 더 추상과 이론에 의존하는 방식으로 진전시키는 것이었습니다. 사회 조건의 근본적인 변화가, 우리 연구의 경우에는 문화 전반에 걸쳐 사회주의로의 변형이 있었기에 생각하는 방법에서 변화가 일어났습니다. 이처럼 우리는 실험 관찰을 통해 인간의 인

---

[1] 이 문장에서 인지혁명을 위한 전제 조건으로 1) 경제 재편, 2) 문맹 퇴치, 3) 종교 배제가 언급되었습니다. 그리고 셋의 동시적 진행만이 인지혁명을 가능하게 한다고 하고 있습니다. 전제 조건의 의미를 좀 더 캐 보면, 경제 재편은 노동 방식의 근본적인 변화를, 일터에서의 사람 사이의 관계 변화를, 노동과 삶(여가)의 관계 변화를 촉발합니다. 문맹 퇴치는 글말의 세계에, 일반화와 추상화를 통한 개념 체계의 문화에, 간접 경험의 확대를 통해 누적된 인류의 경험에 입문하는 것입니다. 이슬람 영향의 제거는 허위의식과 위계질서를 넘어, 종교 세계의 맹목적 노예 상태에서 인간의 세계로 탈출해, 논리적 인과에 근거한 이성적 삶이 시작되는 것입니다. 진정한 인지혁명은 주체적인 인간으로 존립할 수 있는 조건들이 충족되지 못한다면 불가능합니다.

지 활동이라는 한 측면만, 즉 지금까지 과학적 연구가 거의 진행되지 않았던 그러나 변증법적인 사회 발전을 확증해 주는 이 부분만 집중적으로 조명하였습니다.

심리학 연구 자료들의 누적에서 일정한 진전이 있었기 때문에 지금 (1970년대 초반) 심리학자들은 저보다 더 정교한 방법론과 더 적합한 개념 체계를 사용하여 더욱 근대적인 연구를 행할 수 있다는 것을 아주 잘 알고 있습니다. 그럼에도 제가 확신컨대, 우리의 관찰이 행해졌던 동안 발생한 심대하고 급격한 사회적 변화의 양상이 너무도 독특하기 때문에, 자료가 수집되던 당시의 방식대로 이 연구 결과를 출판하는 것은 가치 있는 일입니다.

이 책은 1940년대와 1950년대에 소비에트 연방공화국 밖에서 행해진 많은 '문화적-논리적' 연구 결과와는 확연히 다릅니다. 이러한 연구의 일부는 반동적인 연구자들에 의해 행해졌으며, 연구 대상자의 '열등함'을 입증하기 위하여 '인종' 이론들을 적용하여 자료를 해석하려 했습니다. 다른 연구들은 '후진' 문화에서 발견된 인지 과정의 차이점을 기술하는 데 치중하고 있습니다. 이러다 보니 빈번하게 이러한 문화를 향유하는 인민의 편협한 세계관만을 언급합니다. 이러한 연구는 그 인민의 인지 활동을 담보하는 심리 구조의 독특한 특징을 탐구하지 않고, 이러한 특질을 기본적인 사회적 삶의 형태와 연관시키지 않으며, 당연히 그런 형태가 근본적으로 재구조화될 때 발생하는 급격하게 진행되는 핵심적인 변화를 추적하지 않습니다(대신 그 인민을 '서구 문화'에 적응시키려고만 했습니다).

저는 이 책의 각 장이 균등하게 구성되지 않았음을, 일부는 세부 내용을 적절하게 다루고 있고, 다른 장은 그저 개요를 그렸을 뿐임을 아주 잘 알고 있습니다. 이런 상황임에도 모든 장을 포함하여 출판한 까닭은 이 분야에서 더 나은 연구를 위한 추동력을 제공하고 싶었기 때문입니다.

나는 스승이자 친구인 L. S. 비고츠키에게 많은 도움을 받았습니다. 또한 중앙아시아로 간 두 번의 탐사 파견에 참여한 분들에게도 감사를 표하고자 합니다. 그들 중 몇 분(P. I. Leventuev, F. N. Shemyakin, A. Bagautdinov, E. Baiburov, L. S. Gazaryants, V. V. Zakharova, E. I. Mordkovich, K. khakimov, M. Khodzhinova)을 언급하지 않을 수 없습니다.

A. R. 루리야
1974년

● 차례

옮긴이의 말_5
들어가는 말_11

1. 심리학의 난제 …………………… 017
2. 지각 과정 …………………… 045
3. 일반화와 추상화 …………………… 083
4. 연역과 추론 …………………… 169
5. 추리와 문제 해결 …………………… 197
6. 상상하기 …………………… 225
7. 자기분석과 자기파악 …………………… 241
8. 결론 …………………… 269

참고 문헌_276

1
심리학의 난제

많은 정신 과정의 기원이 사회와 역사에 있다는 발상, 혹은 인간의 활동과 문화가 반영된 실제적 형태를 꾸준히 실행한 것이 직접적으로 인간의 중요한 의식을 표상하도록 했다는 착상을 심리과학이 (아직까지도) 받아들이지 않고 있다는 건 당혹스러운 일입니다.[1]

19세기 중반에 심리과학이 태동한 이래로 연구자들은 행동과 관련된 생리 기제(mechanism)를 객관적으로 분석하게 되기를 열망하면서 심리학을 독립된 분과 과학으로 정립하고자 노력했습니다. 심리학 발전의 다양한 지점에서 심리학은 정신 과정의 토대가 되는 몇몇의 기제를 구분 정립했습니다. 19세기 중반에는 주의(attention)에 대한 연구를 통해 연합 원리(the principles of association)를 집중 소명하였습니다. 연구자들은 연합이 인간의 정신생활 전반에 기본 재료가 된다고 추정했습니다. 19세기 후반부에 들어서서는 몇몇 연구자들이 더 복잡한 정신 현상에 관심을 기울이기 시작했습니다. 심리학을 자연 과학의 한 분과로 확립한 분트(Wilhelm Wundt)는 이와 같은 정신 작용을 '능동적인 통

---

[1] 대한민국 교육학계와 심리학계의 주류는 2012년이 다 지나가고 있는 지금도 이러한 착상을 받아들일 준비가 아직 되어 있지 않은 것 같습니다. 당혹스러움을 넘어 수치스러운 일이며 분노해야 할 일입니다.

각(active apperception)'이라 명명했습니다.[2] 세기 전환기에는 대다수 심리학자가 이 정신 '행위'와 '기능'이 모든 형태의 생각과 의지 작용의 근간이 된다고 추정하였습니다. 이 새로운 경향을 심리학파 중에서 뷔르츠부르크(Würzburg) 학파가 가장 잘 보여 주었습니다.

그러나 과학적 심리학은 능동적인 정신생활의 모든 양상을 조사하는 과업에 적용하기에는 이러한 추정이 적절하지 못함을 오래지 않아 알게 되었습니다. 이런 정황에서 심리학의 한 분파는 더 복잡한 정신 현상에 관심을 가진 독립적인 분과를 스스로 만들었습니다. 이 새로운 학파는 카시러(Cassirer)의 "상징 형식에 관한 철학(philosophy of symbolic forms)"이 지지하는 신칸트주의 관념론과 밀접하게 연결되어 있습니다.

복잡한 정신 과정에 대한 연구를 그만두려는 흐름은 자연 과학 전통에 터한 심리학자 사이에서 강한 반향을 불러일으켰습니다. 20세기 첫 십 년 동안, 독일의 게슈탈트 심리학파와 미국의 행동주의 심리학파는 더 초보적인 정신 활동의 형태뿐만 아니라 정신 활동의 가장 복합적이고 통합적인 형태를 과학적으로 연구하는 역할을 맡게 되었습니다. 게슈탈트 심리학파는 전반적으로 이미 확립된 자연 과학적 심리학의 전통에 충실하고자 했습니다. 게슈탈트 심리학파는 전통적인 심리학의 전형인 원자주의와 연합주의를 철폐하고, 지각 과정에서 그리고 가능하다면 다른 심리 과정들에서 가장 분명하게 확립될 수 있는 통합적인 구조 법칙들을 발견하고자 했습니다. 미국의 행동주의 심리학파

---

[2] 통각(apperception): 능동적인 감정을 동반한 것으로, 지각이나 표상을 일층 명료하게 파악하는 자각 작용(네이버 지식백과).

는 주관적 세계에 대해 연구하는 것을 거부하고 통합적 행동에 적합한 자연 과학적 법칙을 발견하는 데서 전통적인 심리학의 난제를 풀어내는 길을 찾고자 했습니다. 이런 접근법은 고등신경과정을 연구하는 생리학자들이 발전시킨 행동 분석에 터하고 있습니다.

그렇지만 심리학자들은 심리학을 그런 과학으로 만들려고 '유기체 내에서' 정신 활동의 법칙들을 찾으려 했습니다. 이들은 행동의 기저에 놓여 있는 연합(association) 혹은 통각(apperception), 지각의 구조적 성질 혹은 조건 반사를 (생리학적 심리학자는) 유기체의 자연적이며 불변하는 속성으로 또는 (관념론적 심리학자는) 정신의 표상 혹은 내재적 속성으로 간주했습니다. 정신 활동의 내재적 속성과 법칙은 변하지 않는다는 견해는 사회적 활동들은 개인 내에서 작동하는 정신의 속성을 보여 준다는 전제에 근거한 실증주의적 사회 심리학과 사회학을 정립하려는 시도로 이어졌습니다. 분트는 인생의 후반부 동안 민속 심리학(Folk Psychology) 연작을 집필했습니다. 거기서 개체로서 인간을 다루는 심리학의 관점에서 종교, 신화, 도덕, 법과 같은 사회 현상을 해독하려고 했습니다. 분트는 사회적 행동의 여러 측면은 개인이 행하는 연합과 통각에서 동일한 자연 법칙을 보여 준다고 믿었습니다. (맥도갈[McDougall]에서 시작되어 전쟁을 개인의 공격적인 내적 충동의 결과로 파악하는 근대의 신프로이트안들[neo-Freudians], 즉 신프로이트학파 정신분석학자와 생태학자들[ethologists]로 이어지면서) 모든 사회 현상의 바닥에 놓인 개인의 본능을 발견하고자 하는 수없이 시도되었던 연구는 그저 이런 경향의 연장선에 놓여 있을 따름입니다.

우리는 지난 세기 동안 과학적 심리학이 상당한 진척을 이루었다는 것과 정신 활동에 대한 지식을 확장하는 데 크게 공헌했다는 것을 믿어 의심치 않습니다. 그렇지만 (지난 세기의) 과학적 심리학은 고등심리과정의 사회적 기원을 무시했습니다. 또한 (그들이) 서술한 정형화된 양식들(patterns)은 동물이나 인간이나, 다른 문화와 다른 역사적 시대를 살았던 인간일지라도, 초등정신과정과 그 정신 활동의 복잡한 형태에서는 똑같습니다.

게다가 우리가 행하는 가장 복합적이고 특징적인 정신 활동의 고등 형태에 토대가 되는 논리적 사고의 법칙, 능동적인 기억, 선택적 주의, 그리고 의지의 행위[3] 같은 것은 통상 인과적 해석이 제대로 행해지지 않았으며, 그 결과 과학적 사고가 진척되고 있는 최전선에 배치될 수 없었습니다.

신칸트주의 철학자들이 (자연 과학으로 분석될 수 있는 연합의 법칙에 더하여) '정신세계'의 표상으로 기능하지만 기원도 이론도 가지지 못한 (기술될 수는 있을지언정 설명될 수는 없는) '상징 형태(symbolic forms)'의 법칙을 구별하고 있을 때, 베르그송(Bergson)이 자연적인 '신체의 기억' 법칙들에 더하여 '정신의 기억' 법칙들이 존재함을 증명한 것은 결코 우연한 일이 아닙니다. 이처럼 객관적인 진전에도 불구하고 지식의 핵심 분야가 인과적 설명과 척을 지고 있었으며, 어떤 유의미한 방식으로 연구되지 못하고 있었습니다. 이와 같은 상황이기에 심리학을 어떤 종류의 이원론도 거부하는, 그래서 심지어 가장 복합적인 정신 현상마저 인과적으로

---

[3] 비고츠키가 문화 발달에서 발생의 일반법칙을 설명하며 강조한 자발적 주의, 논리적 기억, 개념 형성, 의지와 표현이 약간 다를 뿐 내용은 똑같습니다. 활동 이론이 주류가 된 소비에트의 상황이 정신 활동의 고등 형태라는 표현을 사용하게 하고 있습니다. 요즘 학자들은 이 표현보다 고등정신기능이라는 표현을 더 나아가 고등심리과정이라는 표현을 선호합니다.

분석할 수 있는 길을 여는 진정한 과학적 분과로 정립하기 위하여 정신 활동에 대한 기본적인 접근법을 재검토하는 결정적인 조치가 요구되었습니다. 이런 재검토 작업은 심리학에서 주관주의를 폐기할 것과 인간 의식을 사회사의 산물로 간주할 것을 함축할 수밖에 없습니다.

정신의 사회·역사적 진화

인간의 정신 과정을 진화의 산물로 파악하려는 최초의 시도는 19세기 후반에 찰스 다윈(Charles Darwin)과 그를 계승한 허버트 스펜서(Herbert Spencer)에 의해 행해졌습니다. 이들 과학자는 정신 활동의 복합적인 형태가 발달하는 방식과 생물학적인 환경적 조건에 적응하는 초보적인 형태가 어떻게 진화 과정을 통해 더 복합적인 형태로 진전되었는지를 추적하고자 했습니다. 동물 세계에서 정신 발달을 비교 연구하는 데 아주 유용한 진화적 접근법은 인간 세계에서 정신 활동의 진화를 연구하려 할 때면 깜깜한 깊은 계곡 아래 어딘가에서 헤매고 있는 듯합니다. 당시에는 널리 퍼져 있었던 종의 발달을 재생산하는 개체 발달이라는 관념('생물 유전의 법칙' 혹은 '발생 반복의 법칙'[4])은 너무도 생산적이지 못

---

4) 1866년 독일의 동물학자 헤켈은 유명한 "개체 발생이 계통 발생을 반복한다."는 발생 반복의 법칙을 선언하였다. 배아의 발달을 생물학 용어로 '개체 발생'이라고 하고, '계통 발생'은 종의 진화적 발달을 뜻한다. 다시 말해서, 배아의 발달은 지상 생물의 진화 역사를 전부 보여 주는 파노라마며, 사람의 배아 발달을 관찰해 보면 물고기와 아가미, 양생류, 포유류라는 기나긴 진화 과정의 변화가 일일이 전개된다는 것이다(네이버 지식백과 사전에서).

하고 오직 피상적이고 반동적인 결론만을 낳았습니다. 원시적인 인민의 사고 과정은 어린이들의 사고 과정과 너무도 유사하고(Tylor, 1874) 후진적인 인민의 '인종적 열등감'을 보여 준다는 주장이 그런 사례입니다.

20세기 초엽에 뒤르켐(Durkheim)은 정신의 기본 과정들은 정신의 내적 삶의 표상도 자연 진화의 결과도 아니며, 사회에서 기원했다고 추정했습니다(Durkheim and Mauss, 1963). 뒤르켐의 착상은 줄줄이 이어지는 다른 연구의 기반이 되었습니다. 이러한 연구에서 프랑스 심리학자 피에르 자네(Pierre Janet)와 다른 몇 분들이 저명한 위치를 점했습니다.

자네는 공간, 시간, 숫자에 대한 복합적인 관념뿐만 아니라 복합적인 기억 형태도 그것의 원천은 정신적 삶의 내재적 범주에 있다기보다는 사회의 구체적인 역사에 있다고 제안했습니다. 자네의 의견은 베르그송이 '정신의 기억'의 가장 전형적인 표상으로 간주했던 통제되지 않는 기억과 과거로의 회귀는 그 원천이 원시 사회에서 정보를 보관하고 전달하던 방식에 있다는 것입니다. 더 정확하게 말하면, 원시 사회에서 특정 개인이(그는 특별한 기억 기법을 사용할 수 있었습니다[5]) 담당했던 기능인 '전달자(messenger)'의 활동에 그 원천이 있습니다.

고전적 관념론에 근거한 심리학은 공간과 시간의 관념을 환원할 수 없는 의식의 산물로 간주했습니다. 그러나 너무도 정당하게 프랑스 심리학자들은 공간에 대한 기본적인 개념 범주는 생명체에서가 아니라 사회에서 기원했다고, 원시적인 유목민이 야영지를 공간적으로 배열하

---

5) 그들은 노끈에 매듭을 묶는 방식으로 수량을 기억했으며, 다른 곳에 있는 사람들에게 전달하기 위해 담당자, 전달자는 막대기에 홈을 파서 기억할 내용을 새겨 넣었습니다. 그 막대기를 들고 가서 막대기를 보며 기억할 것을 상기했습니다. 막대기가 기억 활동을 매개했습니다.

던 작업으로 거슬러 올라간다고 단정했습니다. 프랑스 사람들은 원시 사회라는 조건하에서 시간의 개념과 시간을 헤아리는 수단들의 기원을 찾는 연구에서도 비슷하게 추론했습니다. 그들은 또한 수 개념의 기원도 유사한 설명이 가능하다고 생각했습니다.

그렇지만 사회학의 프랑스 학파는 자신의 이론을 무효화시켰던 중요한 결점이 하나 있었습니다. 그것은 개인의 정신에 대한 사회의 영향을 개인의식에 대한 사회·경제적 체제와 실제적 형태의 사회적 활동의 영향으로 해석하기를 거부했다는 것입니다. 사적 유물론의 접근법과 달리, 프랑스 학파는 줄곧 특정한 사회 제도, 역사 혹은 관행에 주의를 기울이지 않으면서 이 과정을 오직 개인의식과 '집단적 표상' 혹은 '사회의식'과의 상호작용으로만 파악했습니다. 노동과 생산의 관계를 개인적 활동으로 접근하였기에 뒤르켐은 사회를 결국 개인의 정신적 삶을 형성하는 집단적 표상과 집단적 신념의 영역으로 간주했습니다. 사회학에서 뒤르켐을 이어 행하는 작업에서 이 지점이 전체 프랑스 학파의 출발점이 되었습니다(Blondel, 1922; Durkhiem and Mauss, 1963; 그리고 여타 저작들).

이렇게 프랑스 학파는 모든 사회적 생활의 토대를 형성하는 개별 작업 형태와 경제적 조건 둘 다를 놓치고 말았습니다. 그들은 개인의 정신 형성 과정을 물리적 주변 환경에 터한 구체적 실천과 개별적 조건과 무관하게 발생하는 순수한 정신적 사건의 흐름으로 기술했습니다. 이런 까닭에 역사 발전의 다양한 단계에 나타나는 인간 정신의 두드러진 자질을 추적하려는 프랑스 학파의 시도는 진정한 유물론 심리학의 탄생을 저지하는 결론으로 귀착되었습니다.

프랑스 학파의 대표자인 뤼시앙 레비브륄(Lucien Levy-Bruhl)의 저작

(1930)은 특히나 영향력이 컸습니다.[6] 원시 문화에서 인간의 생각은 사회에 지배적인 '집단적 표상'으로부터 초래된다는 자신의 추정에서 레비브륄은 원시적 사고는 고유한 법칙을 따른다는 결론에 도달했습니다. 그에 따르면 원시적 사고는 '논리 이전의' 사고이며, 느슨하게 조직되며, '참여의 법칙'에 의해 작동합니다. 이처럼 레비브륄은 원시적 사고는 인간 존재와 실재 사이의 실천적 관계보다는 원시적 마법과 신념 체계를 반영하는 주술적인(magical) 것이라 확신했습니다.

레비브륄은 원시적 사고에서 우리의 사고와 질적으로 구별되는 자질을 지적하고, 논리적 과정들을 역사 발전의 산물로 취급한 최초의 학자였습니다. 그는 1920년대에 정신을 자연 선택의 부산물로 간주하는 단순한 발상을 넘어서서 인간 의식을 사회역사적 발전의 결과물로 이해하려 했던 심리학자들에게 심대한 영향을 미쳤습니다. 그렇지만 이 심리학자들의 분석은 역사 발전의 이른 단계에 형성된 인간 사고를 실질적인 활동과 인지 과정으로 격리시켰습니다. 그런 후에 이 인간 사고를 신념의 결과물로 취급했습니다. 참 어이없는 일이었습니다. 만약에 원시인들이 정말로 레비브륄이 제안한 법칙대로 생각한다면 그들은 단 하루도 생존하기 어려울 겁니다. 레비브륄을 적대하는 학자들은 실험 자료(Rivers, 1926; Leroy, 1927)에 의존했으며 조지 보아즈(George Boas, 1911)와 같은 인류학자들은 언어학자들과 연합했습니다. 그들은 레비브륄이 발견한 성과를 공략하면서 원시적 문화에서도 인간의 지적 기제가 더 진전된 인민의 지적 기제와 근본적으로 동일하다고 제안했습니다. 그들은 심지어 레비브륄이 발견한 내용은 원시적 조건에 살고 있는

---

6) 이 저서는 『원시인의 정신세계』(레비브륄, 2011)로 출판되었습니다.

사람들이 우리 자신과 동일한 논리적 법칙에 따라 생각한다고 제안했습니다. 생각하는 데서 유일한 기본적 차이는 그들이 외부 세계의 사실들을 우리가 익숙하게 사용하는 범주가 아닌 다른 범주로 일반화한다는 겁니다(Rivers, 1926). 원시인들의 생각은 인종적 열등감이나 신념에서의 차이를 반영한 것이 결코 아닙니다. 오히려 우리가 그들의 실제적 생존 조건과 그들이 사용하는 언어를 이해할 수만 있다면, 우리도 쉽게 원시인의 생각을 이해할 수 있을 겁니다(Boas, 1911). 지금까지 말씀드린 것이 우리가 작업을 시작할 당시에 (이 분야) 연구자들이 사용한 인간 정신 과정들에 대한 접근법이었습니다.

여기에 보고된 연구는 전례 없는 사회·문화적 변화가 벌어지던 40년 전에 비고츠키의 지도를 받으며 진행되었습니다. 이 연구는 고등 인지 활동은 본질적으로 사회역사적 특징을 지니고 있다는 입장과 정신 활동의 구조(특수한 내용뿐만 아니라 모든 인지 과정에 기본적인 일반 형태)는 역사 발전 과정에서 변화한다는 견해를 담고 있습니다. 이런 까닭에 우리의 연구는 오늘날에도 여전히 독보적입니다.[7]

초기 추정들

출발점으로 의식은 '의식적 존재(das bewusste Sein)'라는 개념을 채택한 소비에트 심리학은 의식이 어떤 정신 상태에서도 변함없이 현존

---

7) 50년 전이 아닌 지금, 2012년 대한민국에서도 이런 연구는 독보적입니다. 이런 연구 성과를 반영한 학계의 교육 과정 논의나 교수학습 방법에 대한 논의는 상상하기도 어렵습니다. 지구화 시대, 정보화 시대에 이런 몰골이라니 정말 부끄럽습니다.

하고 역사 발전에 독립적인 '정신적 삶의 내재적 속성'을 재현할 뿐이라는 견해를 거부해 왔습니다. 마르크스와 레닌의 노선을 따라 소비에트 심리학은 의식은 실재를 반영하는 최고 형태라는 명제를 주장해 왔습니다. 게다가 의식은 미리 주어지는, 불변하는, 수동적인 것이 아니라, 조건들에 적응하고 조건들을 변경하면서 스스로 주변 환경에 적응하기 위하여 활동에 의해 형성되고 인간에 의해 사용되는 것입니다.

적절한 주변 환경에서 행하는 능동적인 삶의 형태들이 정신 과정을 결정한다는 것은 유물론적 심리학의 기본 원리가 되었습니다. 또한 이런 심리학은 인간의 정신적 삶이 사회적 실천에서 분명하게 드러나는 지속적으로 새로운 활동들의 산물이기 위해서는 당연하게도 인간의 행위가 주변 환경을 변화시켜야 한다고 추정합니다.

역사를 통해 확립된 인간의 정신적 삶이 실재와 상호 관련되는 방식은 점점 더 복잡한 사회적 실천들에 의존하게 되었습니다. 자라나는 어린이가 정신을 형성하는 데 도움이 되는 이전 세대의 산물들과 마찬가지로 직면한 주변 환경을 조작하기 위하여 사회 속의 인간이 사용하는 (현 세대의) 도구들도 이러한 정신 형태에 영향을 미칩니다. 어린이의 발달 과정에서 어린이가 맺은 첫 사회적 관계와 어린이가 (특별한 중요성을 지닌) 언어 체계에 처음으로 노출되는 것은 어린이 정신 활동의 형태들을 결정합니다. 이 모든 주변 환경의 요인들이 의식의 사회역사적 발달에 결정적입니다. 극단적으로 복잡한 사회적 실천의 정형화된 양식들을 겪으면서 행위를 위한 새로운 동기들이 출현합니다. 이런 방식으로 새로운 문제들, 새로운 행동 양식들, 새로운 정보를 받아들이는 방법들, 새로운 실제를 반영하는 체계가 창조됩니다.

삶이 시작될 때부터 인간 삶의 사회적 형태들이 인간의 정신 발달을 결정하기 시작합니다. 어린이들이 보여 주는 의식 활동의 발달을 꼼꼼하게 살펴보겠습니다. 태어나는 순간부터 어린이는 사회적 노동이 창조한 (역사의 산물인) 사물(things)의 세계에 살게 됩니다. 그들은 주변에 있는 타인과 대화하는 것을 배우고 성인의 도움을 받아 사물과의 관계를 발전시킵니다. 어린이들은 (사회역사적 발전으로 이미 만들어진 산물인) 언어를 흡수하고, 경험을 분석하고 일반화하고 표현하는 데 언어를 사용합니다. 어린이들은 인간 역사에서 훨씬 이전에 확립된 표현들로 사물을 나타내면서 사물을 명명하고, 이렇게 하여 사물을 어떤 범주로 할당하고, 지식을 획득합니다. 일단 어린이가 어떤 것을 '손목시계'라고 명명하게 되면, 즉시 시간과 관련된 사물 체계에 그것을 통합시킵니다. 일단 어린이가 움직이는 대상을 '증기선'이라고 명명하게 되면, 자동적으로 그것의 규정적 속성(증기를 통해 움직이는 것)을 분리해 냅니다. 인간의 지각 과정을 매개하는 언어는 최종에는 극도로 복합적인 조작들(접하는 정보를 분석하고 종합하는 일, 세계를 지각적으로 정리하는 일, 인상을 체계로 편입하는 일)을 행하게 됩니다. 이렇듯 (언어학의 기본적인 단위인) 낱말들은 의미를 전달할 뿐만 아니라 외부 세계를 반영하는 의식의 근본적인 단위이기도 합니다.[8]

그러나 인간이 이전 세대로부터 물려받은 특정한 대상물들과 입말의 의미들은 단지 (인류 전체에 공통적인 경험의 공유를 보장하는) 지각과 기억만을 조직하는 것이 아닙니다. 이것들은 또한 나중을 위한, 의식의 더 복합적인 발달을 위한 중요한 몇몇 조건들을 확립합니다. 인간은 심지어 '부재

---

8) 『생각과 말』에서 비고츠키는 생각과 말의 분석단위로 낱말가치(낱말 의미+낱말 뜻)를 제시했고, 의식의 분석단위로 '생생한 경험'을 언급했습니다. 이런 면에서 루리야의 정리는 정교하게 다듬어져야 합니다.

한' 대상물을 다룰 수도 있습니다. 그렇게 사람은 낱말들이 가리키는 대상물을 직접적으로 경험하느냐 아니냐와 상관없이 의미 체계를 유지시키고 있는 낱말을 통해 '세상을 복제'합니다. 이 결과로 생산적 상상력의 새로운 원천이 창출됩니다. 이 능력을 사용하여 인간은 대상들을 다시 생산할 수 있을 뿐만 아니라 대상들의 관계를 다시 배열할 수 있습니다. 이렇게 이 능력은 고도로 복합적인 창조적 과정들이 펼쳐질 수 있는 토대에 놓입니다. 인간은 문장들에 있는 개별 낱말들을 배열하는 데 복잡한 통사적 관계 체계를 사용하고, 그 다음에 실재 사이의 복잡한 관계들을 공식화할 수 있고, 나아가 사고와 의견을 만들어 내고 전달할 수도 있습니다. 입말 구조와 논리 구조가 전형적인 사례인 개별 문장들의 위계적인 체계 때문에, 인간은 자유롭게 사용할 수 있는 객관적인 강력한 도구를 지니게 됩니다. 이 도구로 하여 인간은 개별적인 대상물 혹은 상황을 반영할 수 있고 객관적으로 통용되는 논리적 규정을 창조할 수도 있습니다. 그런 규정들 때문에 인간은 직접적인 경험을 하지 않고도 감각기관의 직접 경험을 통해 얻게 되는 자료와 똑같은 객관성을 담보하는 결론에 도달할 수 있습니다. 바꾸어 말하면, 인간은 사회사를 통해 감각적인 것을 넘어서서 이성적인 것으로 인간이 도약할 수 있도록 했던 언어 체계와 논리적 규칙 체계를 확립하게 되었다는 것입니다. 이 (감각적인 것에서 이성적인 것으로의) 이행이 유물론 철학의 설립자들에게는 무생물에서 생물로 이행한 것만큼이나 중요했습니다.

이렇듯 인간 의식은 더 이상 역사와 무관하며 어려운 논리적 분석이 필요 없는 '인간 정신의 내재적 속성'일 수가 없게 되었습니다. 우리는 이제 인간 의식을 사회·역사적 발전이 창조한 실재를 반영하는 최고 형태로 이해하기 시작했습니다. 객관적으로 존재하는 대리물들의 체계가 인간 의식을 낳았으며 인과적인 역사적 분석이 우리가 인간 의식에 접근할 수 있게 만들었습니다.

여기에 제시된 견해들은 두 가지 까닭 때문에 중요합니다. 먼저 그것들이 인간 의식을 사회사의 산물로 다루고 과학적·역사적 분석을 가능하게 하는 길을 제시했기 때문입니다. 다음으로 그것들은 의식의 한계선을 확장시킬 수 있고 인간의 사회적 삶의 결과로 논리적 규칙이 창조되는 과정을 보여 주었기 때문입니다. 게다가 이러한 견해들은 몇몇 정신 과정들은 사회적 삶의 적합한 형태를 경험하지 못하면 발달할 수 없다는 것을 보여 주었습니다.[9] 이 마지막 관찰은 심리학에 결정적으로 중요하고 그 끝을 예단할 수 없는 새로운 전망을 제시했습니다.

사회적 관계를 통해 자신이 행한 행동에 대한 수정을 경험하면서 대상을 가지고 하는 복잡한 활동들을 배우게 될 때, 그리고 복잡한 언어 체계를 숙달하게 될 때, 어린이는 반드시 의식 활동에서 새로운 동기들과 형태들을 발달시키게 되고 새로운 문제들에 직면하게 됩니다. 어린이는 어릴 때 했던 조작적인 놀이들을 새로운 역할들과 책략들이 포함된 놀이들로 대체합니다. 이 과정에서 이런 놀이들을 위한 사회적으로 적합한 규칙들이 자연스럽게 출현하고 이 규칙들이 (자신의) 행동을 위한 규칙들로 변화하게 됩니다.

성인이 하는 말의 영향을 받아 어린이는 목표하는 행동들을 분별하

---

9) 발달 지체, 미발달의 문제를 이렇게 파악하면, 그 해결 방법도 대한민국에서 사용하는 방법과 다를 수밖에 없습니다. 발달에 적합한 사회적 활동을 체계적으로 조직하여 학습자가 경험하게 하는 것이 처방이 됩니다. 주의 집중을 못하면, 주의 집중을 행할 수 있도록 선별적 주의를 사용해야만 하는 활동을 구안하여 학습자에게 제시해야만 합니다. 『핀란드 수학 교과서』(2012)에는, 특히 저학년 교과서에는 그런 내용들이 많이 담겨 있습니다.

고 선택합니다. 부연하면, 어린이는 사물들 간의 관계를 다시 생각하게 되고, 어린이와 성인의 관계를 새로운 방식으로 생각해 내고, 타인의 행동을 재평가하고 되고, 결국에는 자기 자신의 행동도 재평가하게 됩니다. 또한 언어를 통해 일반화된 감정들과 성격 특성들이 되는 감정적 반응들과 정서적 범주들을 새롭게 발달시키게 됩니다. 언어를 어린이의 정신적 삶에 통합하는 것과 밀접하게 관련된 전반적이며 복합적인 이 과정은 실재 벌어진 일을 반성할 수 있고 인간 활동 과정 그 자체를 성찰할 수 있도록 근본적으로 재조직된 생각 과정으로 귀결됩니다.

낯선 물체를 지각한 매우 어린아이는 그것을 명명하지 못합니다. 이 아이는 언어를 습득하여 입말의 의미를 사용하여 들어온 정보를 분석하는 사춘기 청소년과는 다른 정신 과정을 사용합니다. 직접적인 경험에서 결론을 도출하면서 습관들을 발전시키는 어린이는 사회적 경험을 겪으며 확립한 규범을 통해 행위의 각 행동들을 매개하는 사춘기 청소년과 다른 정신적 고안물을 사용합니다. 어린아이를 지배했던 직접적인 인상들은 사춘기에는 외적 말과 내적 말에 편재된 추상화와 일반화에 그 자리를 넘겨주게 됩니다.

비고츠키는 정신 과정에서 근본적인 발달적 변화(실체를 반영하는 후속하는 형태로 표현되는 변화)를 분석하면서 어린아이는 기억을 통해 생각하지만, 사춘기 청소년은 생각을 통해 기억한다는 것을 찾아냈습니다.[10]

---

10) 어린이에게 생각한 것을 이야기하도록 요구해도 그는 경험하여 기억한 것을 이야기합니다. 하지만, 청소년은 경험한 것을 기억나는 대로 진술하라고 해도 관계와 상황을 고려하여 경험을 변경시켜, 생각하면서 특정한 일부 경험만 진술합니다. 청소년은 통상 경험한 것을 관계와 체계에 따라 가공하여 기억합니다. 즉, 생각합니다. 정신 과정에서 어린이는 기억이 지배적이고, 청소년은 생각이 지배적이라고 요약할 수 있습니다.

이처럼 실재와 활동을 반영하는 (의식의) 복잡한 형태를 형성하는 과정은 반영하는 정신 형태에 영향을 미치고, 활동의 기저에 놓이는 정신 과정들에서 발생하는 근본적인 변화와 함께 나란히 진척됩니다. 비고츠키는 이 명제의 핵심을 의식의 의미와 체계 구조라 명명했습니다.

이제 심리학자는 어린이와 청소년의 변화하는 의식적 삶의 다른 형태를 기술할 수 있게 되었으며, 또한 상이한 발달 단계에서 펼쳐지는 정신 활동의 기저에 놓여 있는 각 정신 과정의 구조에서 전개되는 변화를 분석하고, 다른 발달 단계에서 출현하는 '기능들 사이의 관계'들을 통해 이제까지는 예상하지도 못했던 변화들을 발견할 수 있게 되었습니다.[11] 이렇게 심리학자는 체계를 형성하는 정신 발달의 역사적 과정을 추적할 수 있게 되었습니다.[12]

소비에트 심리학이 태동할 때, 연구자들은 의도적으로 어린이 정신 발달 과정에서 나타나는 변화에 주목했습니다. 지난 오십 년 동안 이루어 낸 눈부신 발견들은 심리학의 기본이 되는 이론적 개념을 극적으로 변경시켰습니다. 이런 눈부신 발견에, 낱말 의미 발달에 대한 비고츠키의 기술들, 어린이가 실재를 조직하는 데서 보여 준 발달적 변화에 대한 레온티예프(Leontiev)의 분석들, 복합적인 자발적 행위 형성에 대한 자포로제츠(Zaporozhet)의 기술(1960), 내재화된 '정신 행위' 형성 과정에 대한 갈페린(Galperin, 1957)과 엘코닌(Elkonin, 1960)의 연구가 포함

---

11) 기능들 사이의 관계는 발달 단계마다 다릅니다. 신생아 시기에는 말 기능과 생각 기능이 독립적으로 펼쳐집니다. 3세가 되면 두 기능이 동시적으로 발현됩니다. 8세쯤 되어 말 기능과 생각 기능이 동시적으로 발현될 때는, 좀 더 많은 기능들이 동시에 작동하게 됩니다. 글말 기능도 참여하겠고, 주의 기능도, 상상 기능도 상황에 따라 결합하게 됩니다.
12) 여기서 체계는 기능체계입니다.

됩니다. 심리학적 관심에서 이런 심대한 이동과 최근의 변화가 있었음에도 불구하고, 심리학은 아직도 정신 과정의 특수한 사회·역사적 형성 모습에 대한 연구를 제대로 시작하지 못하고 있습니다. 사회·경제적 구조에서의 변화들이 혹은 사회적 실천의 성질에서의 변화들이 오직 경험의 확장, 새로운 습관들과 지식의 습득, 문해 능력 따위로 귀결되는지, 아니면 이러한 변화들이 정신 과정들의 급진적인 재조직화, 정신 활동의 구조적 수준에서의 변화, 새로운 정신 체계의 형성으로 귀결되는지를 우리는 여전히 모르고 있습니다. 후자라는 증거는 아마도 심리학을 과학적인 사회사로 정립시키는 데 결정적으로 중요할 것입니다.

심리학은 이 문제를 다루려는 시도를 거의 하지 않았습니다. 이는 부분적으로 연구자들이 사회 체계의 재구조화가 어떻게 급격하게 변화하는 사회적 삶의 형태를 그리고 급격하게 이동하는 의식의 형태를 촉발하는지 관찰할 수 있는 기회가 너무나 드물기 때문이기도 하지만 또한 '후진적인' 인민에 포함되는 많은 학생들에게 (의도하였든 의도하지 않았든) 현존하는 불평등을 정당화하려 하기 때문이기도 합니다.

우리의 연구는 사회 구조들이 급격하고도 근본적으로 다시 조직화될 때 진행되었습니다. 이런 연유로 우리는 정신 과정들이 사회·역사적으로 형성되는 모습을 관찰할 수 있었으며, 나아가 과학적 심리학이 되는 데 난관으로 남아 있던 이 주요한 협곡을 메워 버릴 수 있었습니다.

연구 상황

우리는 조사연구(정신 과정들의 사회·역사적 형성 모습을 분석하는 것)의 목적에 합당한 최상의 결과를 얻기 위하여 알맞은 조건들을 선별하였습니다. 이러한 조건들은 1930년대 초반 소비에트 연방의 오지에 존재했습니다. 1920년대 후반과 1930년대 초반 이 지역에서는 사회·경제적 제도와 문화가 급격하게 다시 구축되고 있었습니다.

혁명 전에 우즈베키스탄 인민은 주로 면화를 재배하는 낙후한 경제 속에 살고 있었습니다. 작은 부락(Kishlak) 거주민은 실질적으로 완벽한 문맹과 함께 한때 수준 높았던 문화의 흔적을 보여 주었으며, 명백하게 이슬람교의 영향도 받고 있었습니다.

사회주의 혁명이 지배와 복종의 계급 관계를 철폐했을 때, 과거에 억압받던 인민은 그 후로는 자유를 향유했습니다. 그리고 처음으로 그들은 자신들의 미래에 대한 책임감을 경험했습니다. 우즈베키스탄 공화국은 집단 농업이라는 생산 체제를 갖추게 되었으며 산업도 막 발전하기 시작했습니다. 새로운 경제 체제의 등장은 그와 함께 사회 활동의 새로운 형태들(작업 계획을 집단적으로 평가하기, 결점들을 인정하고 수정하기, 경제적 기능들을 할당하기)을 가져왔습니다. 자연스럽게 이 지역의 사회경제적 삶은 완벽하게 변형되었습니다. 사회 계급 구조에서의 급진적인 변화들은 새로운 문화로의 이동을 동반했습니다.

수 세기 동안 실질적으로 100퍼센트 문맹이었던 외곽 지역에 학교들의 방대한 연결망이 개설되었습니다. 그 학교들의 교육 과정이 단기 과정임에도 불구하고, 문해 프로그램은 많은 성인들이 근대 기술의 요소들에 익숙하게 했습니다. 학교를 다니는 성인은 그들의 일상 활동에서 시간을 빼 참석했으며 단순하지만 '이론적인' 것을 추구하는 요소들을 숙달하기 시작했습니다. 읽기와 쓰기의 기본을 획득하면서, 인민들은 구어를 그 구성 요소로 분해하고 구어를 상징체계에 따라 표현했습니다. 그들은 오직 실제적인 활동에서만 사용되었던 수 개념만을 숙달했었지만, 이제는 수 개념이 그 자체를 위해 배우는 추상적 실재가 되었습니다. 결과적으로 인민은 새로운 지식의 영역과 동시에 행위를 위한 새로운 동기들에 익숙해졌습니다.

다른 많은 전문화된 단기 교육 과정들도 도입되었는데, 특히 중요한 게 유아교육과 농경학(agronomy)에 도입된 것들입니다. 형식 교육을 전혀 접해 보지 못한 인민을 위한 이러한 교육 과정들이 중요한 까닭은 교육 과정이 직업 교육을 제공하기 때문에 또한 학생들이 즉각적인 실제적 관심들을 넘어서는 것을 받아들이게 하면서, 그들의 세계관을 확장시키면서, 그들을 활동적인 이론의 영역으로 들어가게 하면서 학생들의 의식을 재구성하기 때문입니다.

중학교와 기술 전문 교육기관도 (처음에는 몇 개만 있었지만 점차 더 많이) 세워졌는데, 거기서 젊은이들은 근대 문화와 과학에 근본이 되는 것을 배우는 것으로 시작되는 더 진전된 교육을 받았습니다. 수 세기 동안 인민을 종교적 도그마와 엄격한 행동 기준에 복속하게 하면서 독립적인 사고 발달을 지체시켰던 이슬람교의 영향력이 사라지기 시작했습니다. 이 모든 환경이 이데올로기와 심리적 관점에 심대한 변화가 일어나는 토대를 제공하였습니다. 우리 연구가 행해진 시간과 장소는 이렇게 우리 임무가 요구했던 바를 실제로 충족시켰습니다.

작업할 곳으로 우리는 우즈베키스탄의 오지 마을들과 키르기지아의 산간 지역에 있는 몇 마을을 선택했습니다. 우즈베키스탄의 수준 높은 고대 문화는 사마르칸트, 부하라, 호라즘에 있는 웅장한 건축물에 여전히 보존되어 있습니다. 또 주목할 만한 것은 사마르칸트 근처에 훌륭한 관측 시설을 남긴 수학자이자 천문학자인 울루그 벡(Ulug-Beg),

철학자 알 비루니(Al-Biruni), (아비센나[Acicenna]로 더 잘 알려진) 물리학자 알리 빈 신나(Ali-ibn-Sinna), 시인인 사디(Saadi)와 니자미(Nizami) 그리고 여타 학자들과 관련된 눈부신 과학적·시적 성취들입니다.

그렇지만 전형적인 봉건 사회처럼 인민들은 부유한 토지 소유자들과 강력한 봉건 영주들에 철저히 예속되어 문맹인 채로 마을에 살고 있었습니다. 완벽하게 통제되지 않는 개인주의적 경제는 (주로 목화를 재배하는) 농업과 원예에 중심을 두고 있었습니다. 목축업은 우즈베키스탄에 인접한 키르기지아의 산간 지역에 널리 퍼져 있었습니다. 가축을 기르는 가구들은 몇 달 동안 산악 목초지에 머물러야 했습니다.

어떤 중요한 사항을 결정할 때 종교 지도자의 조언에 따라야 했습니다. 이슬람 종교 때문에 여성은 권리가 제약된 채 살아야 했습니다. 수 세기 동안 여성은 (여성의 거주지인) 이츠카리(ichkari) 내에만 머물러야 했고, 외출할 때는 베일로 신체를 가려야만 했으며, 접촉할 수 있는 사람들이 아주 적었습니다.

너무도 당연하게도 소비에트 연방 공화국의 이 지역은 특히나 심대한 사회경제적이며 문화적인 변화를 겪었습니다. 여성 해방뿐만 아니라 집단농장화와 다른 급진적인 사회경제적 변화가 시작되던 때도 우리가 연구하던 시기에 포함됩니다. 우리가 연구하던 시기는 과도기의 한 시기였기 때문에, 우리 연구는 어느 정도 비교 연구가 될 수 있었습니다. 이렇게 우리는 (마을에 살고 있는) 발달이 지체된 문맹 집단들과 사회적 재편성의 첫 영향력을 경험한, 이미 근대적 생활에 연결된 집단들 둘 다를 관찰할 수 있었습니다.

우리가 관찰한 다양한 대상의 인민들은 실제로 누구도 어떤 고등 교육을 받지 못했습니다. 그렇기는 하지만 실천 활동들, 의사소통 양식, 문화적 관점에서 그들은 너무도 달랐습니다. 우리 실험의 피험자들은 아래와 같이 다섯 집단으로 구성되었습니다.

1. 문맹이고 어떤 근대적 사회 활동들에 관여한 적이 없는 오지 마을에 사는 이츠카리 여성들. 우리 연구가 행해지고 있던 당시에는 여전히 그런 여성들이 아주 많았습니다. 인터뷰는 여성이 수행했는데, 그 까닭은 여성만이 여성의 거주지에 들어갈 수 있었기 때문입니다.

2. 개인주의적 경제 활동을 지속하고 있는, 여전히 문맹인, 결코 사회화된 노동에 참여해 보지 못한 오지 마을의 농민들.

3. 유치원생을 가르치기 위해 단기 교육 과정에 참여했었던 여성들. 전반적으로, 그들은 여전히 형식 교육을 받지 못했으며, 거의 문해 교육도 받지 못했습니다.

4. 단기 교육 과정을 받은 청년들과 열성적인 집단농장(kolkhoz) 노동자들. 그들은 열성적으로 농장 경영에 (의장, 집단농장 사무실 근무자, 혹은 중간 지도자로) 관여했습니다. 그들은 생산 계획에, 노동 분배에, 노동 결과물의 품질 검사에 상당한 경력을 가지고 있었습니다. 그들은 다른 집단농장 구성원을 지도했으며, 개별적인 농부들보다 훨씬 더 넓은 세계관을 획득했습니다. 그러나 그들은 학교를 아주 짧은 기간 동안 다녔고, 읽고 쓰는 데 여전히 서툴렀습니다.

5. 이 년 혹은 삼 년 정도 공부한 후에 교사 양성 학교에 입학하게 된 여학생들. 그렇지만 그들의 교육 수준은 여전히 매우 낮았습니다.

오직 마지막 세 집단만이 어떤 급진적 심리 변화에 필요한 조건들을 경험했습니다. 거기에는 행위를 촉발하는 새로운 동기들, 기술 문화에 접하여 생긴 새로운 형태들, 문해와 다른 새로운 형태의 지식과 같이 새로운 것을 배우는 데 필요한 방법을 숙달하며 출현한 새로운 형태들이 존재했습니다. 사회주의 경제로의 이행은 사회적 관계에서 새로운 형태를 가져왔으며, 그것과 함께 새로운 삶의 원칙들을 출현시켰습니다. 첫 두 집단은 이와 같은 근본적인 이동에 필요한 조건들에 훨씬 덜 노출되었습니다.

우리는 마지막 세 집단의 피험자들이 매개된 생각을 더 많이 보여 주는 데 반하여 첫 두 집단의 피험자들에게서 즉각적이고 도해적인 기능적 실천(graphic-functional practice)으로 발생한 인지 형태들이 너무도 우세할 것이라고 추정했습니다.[13] 동시에 우리는 계획에 의거한 집단적인 농업 활동을 행하는 인민에게 필요한 의사소통이 그들의 생각에 어떤 결정적인 영향을 미칠 것이라고 예측했습니다.

우리는 조사 대상인 이 집단들의 정신 과정을 비교함으로써 문화적

---

13) 미국본 편집자는 여기에 "생생하고 기능적인 이라는 용어는 개인이 실행 환경에서 작업할 때 가지는 대상에 대한 물리적 자질들에 의해 인도된 활동을 명명한다."는 각주를 달았습니다.
여기서 'graphic'을 앞선 한국어 번역본에 나온 '그림적'에서 '도해적'으로 바꾼 이유는 여기서 지적하고 있는 속성이 지각한 대상 전체를 하나의 이미지 전체로 표현한 것이 아니기 때문입니다. 거기에 들어 있는 두드러진 형태적 측면을 나타내고 있습니다. 최근에는 아이콘 같은(iconic), 조형적인(figurative)이라는 표현을 사용하여 번역하고 있습니다. 건축에 대한 일본 서적을 번역한 책 제목『도해적 사고』가 인상적이라, 도해적이라는 표현을 선택했습니다. 이미지, 상, 그림 그 자체보다는 추상으로 나아가는 과정의 중간 단계를 이야기하는 것으로 이해하시면 될 듯합니다.

재편과 사회경제적 재편으로 촉발된 변화들을 관찰할 수 있을 것이라고 추정했습니다.

연구 절차

적합한 조사 방법은 단순한 관찰 이상이어야만 합니다. 우리 방법은 제대로 된 실험 질문을 가지고 피험자에게 다가가 말을 건네는 것입니다. 그러나 이제까지 이런 연구는 필연적으로 너무도 많은 난관에 봉착했었습니다. 단기간의 심리 실험은 (우리가 적합하게 피험자를 준비시킬 수 있는) 실험실에서는 실현 가능할지 모르지만 현장 조사라는 조건에서는 문제가 너무도 많습니다. 만약에 마을 사람이 아닌 낯선 사람이 피험자에게 그들의 습관적 활동과 무관한 일상적이지 않은 문제들을 제시한다면, 피험자들은 우리 실험자들과 친숙하지 않고 게다가 우리의 동기를 모르기 때문에 자연스럽게 당황해하거나 의혹을 눈초리를 보낼 것입니다. 그러므로 단일 '검사'만 실시하면 피험자의 실제 능력을 잘못 보여 주는 자료를 얻게 될 것입니다. 그래서 사람을 다루는 다른 현장 조사처럼 우리는 거주민과의 사전 접촉을 강조했습니다. 우리는 예행적인 실험이 자연스럽고 무례하지 않도록 하기 위하여 우호적인 관계를 확립하려 무단히 노력했습니다. 그래서 우리는 검사 자료를 성급하게 혹은 준비되지 않은 채 제시하지 않으려 신중했습니다.

통상적으로 우리는 실험을 (마을 사람들이 자유 시간의 대부분을 보내는) 찻집과 같은 편안한 분위기에서 혹은 들판과 산악 목초지에 있는 주위를 모닥불로 밝힌 야영지에서 피험자와 (때때로 반복되기도 하는) 나누는

긴 대화로 실험을 시작했습니다. 이런 이야기는 빈번하게 집단적으로 진행되었습니다. 심지어 오직 한 사람과의 면담에서도 실험자는 집중해서 듣고 때때로 소견을 제공하는 다른 두세 명의 피험자들과 한 모둠을 이루었습니다. 이야기는 종종 참가자들이 의견을 교환하는 형태를 띠었고, 개별적인 문제는 각기 정답을 제시하는 두세 명의 피험자에 의해 동시에 풀리기도 했습니다. 실험자들은 준비된 과제를 너무도 점진적으로 해결했습니다. 이 과제들은 거주민에게 친숙한 '수수께끼'와 비슷했기에 자연스럽게 대화가 확장되는 것처럼 보였습니다.

문제가 제기되면 실험자들은 단순히 대답을 기록하는 것을 넘어 늘 '임상적' 대화 혹은 실험을 수행했습니다. 피험자의 반응에 따라 질문이 이어지거나 논쟁이 촉발되었습니다. 결과적으로 자유롭게 주고받는 대화를 방해받지 않으면서 피험자는 새로운 대답에 도달하게 되었습니다.

(우즈베키스탄 인민과 행했던) 자유 토론에서 제기된 복잡한 절차에 대한 문제를 완화하기 위하여 실험자는, 다른 사람의 주의를 끌지 않으려 주의하며 토론하고 있는 집단 근처에 자리 잡고 있는 조교에게 결과를 실제 기록하는 것을 맡겼습니다. 계속해서 자료들이 기록되었고, 적는 작업이 끝난 후에 그 내용은 깨끗하게 정리되었고 거기서 필요한 자료들이 추려졌습니다. 이처럼 품이 많이 드는 절차는 간결한 실험 과정을 기록하는 데 반나절이나 걸렸지만, 이건 현장 조사라는 조건에서는 빠뜨릴 수 없는 어쩔 수 없는 과정입니다.

실험 조건에서 자연스러움을 더 보장하고자 한다면 피험자에게 제시될 과제의 내용을 정선해야 합니다. 피험자가 무의미한 것으로 간주할 문제들을 제공하는 건 어리석은 일입니다. 다른 문화에서 개발되어 타당하다고 검증된 검사는 계속해서 실험을 실패로 만들었고 우리가 제안한 연구에는 타당하지 않은 것으로 드러났습니다. 그래서 우리는 표준적인 심리측정 검사를 사용하지 않고 우리가 특별히 계발한 검사 방식으로 작업을 했습니다. 이 검사는 피험자가 인지 활동의 어떤 측면을 드러내는 여러 해결책을 제시할 수 있는 유의미하고 열린 검사였습니다. 예를 든다면, 일반화 연구는 너무도 잘 고안되어 해결책이 도해적·기능적이고 상황적이거나 혹은 추상적이고 범주적일 수도 있었습니다. 피험자는 자신이 활용할 수 있는 실천적 경험을 사용하거나 혹은 그러한 경험들을 자신의 경험을 넘어서는 새로운 상황에 전이하여 연역 추리 문제를 해결할 수 있었습니다. 문제들이 여러 해결책이 가능한 열린 것이다 보니 그 결과로 얻은 자료로 질적 분석을 할 수 있었습니다.

우리는 또한 실험에서 약간의 학습 과제를 제시했습니다. 피험자에게 어떤 방식으로 도움을 제공함으로써 우리는 그들이 특정 문제를 푸는 데 그리고 다른 문제를 해결하러 나아가는 데 이 도움을 어떻게 사용하고 얼마나 효과적으로 활용할 수 있는지 그들에게 보여 주려 했습니다.

조사 계획

사회·역사적 발전의 상이한 단계들에서 사람의 생각에 중요한 차이가 있음을 적절하게 보여 줄 수 있을 때만 그리고 그 속에서 일정한 양식이나 증후들을 드러낼 수 있을 때만 우리가 행한 실험들은 성공할 수 있었습니다. 정신 과정들의 본질적인 자질들은 정신 과정들이 실재를 반영하는 방식에 좌우됩니다. 그러므로 정신 활동의 개별적인 형태는 이 개별적인 반영의 수준과 일치해야만 합니다.

우리는 실재를 일차적으로 도해적·기능적으로 반영하는 사람과 실재를 지배적으로 추상적, 말로 하는, 논리적 접근을 하는 사람은 다른 정신 과정의 체계를 보여 줄 것이라고 가정했습니다. 표현하는 과정에서의 어떤 변화는 변함없이 이런 활동 뒤에 놓인 정신 과정의 조직화 방식을 드러낼 수밖에 없습니다. 우리 연구들에서 피험자는 구체적·도해적·기능적 수준에서 해결하거나, 아니면 추상적, 말로 하는, 논리적 수준에서 문제들을 해결할 수 있었습니다.

우리는 몇몇 기본적인 지각 과정들로, 즉 너무도 두드러진 감각적 자료에 대한 언어적 표현 과정들로 시작했습니다. 이 도입적인 단계 후에, 우리는 피험자의 추상화와 일반화를 실행하는 과정을, 특히 대상물들을 비교하고, 변별하고, 분류하는 과정을 연구했습니다.[14] 이 과정은 가장 근본적인 과정이며 나머지 단계들 모두에 결정적인 영향을 미치는 과정입니다.

우리는 피험자들이 추상적 의미 범주에 따라 대상물을 분류할 수 (혹은 심지어 대상물의 추상적 자질들을 추출할 수도) 없을 것이라고 추정하였습니다. 우리가 피험자들이 도해적·기능적 상황을 재창조할 것이리고, 지배적인 추상적 의미들을 구체적인 실천 경험과 관련된 상황으로 대체할 것이라고 추정하는 데는 충분한 까닭이 있었습니다. 또한 낱말 의미들이 (낱말들이 사고의 기본적 도구이기 때문에) 눈에 띄게 다를 것이라고,

---

14) 같은 점을 찾고, 다른 점을 찾는 작업, 대상의 자질에 따라 대상들을 무리 짓는 작업은 가장 기본적인 과정입니다. 초등학교 교수학습 과정에서 의식적으로 집중적으로 체계적으로 반영되어야 하는 과정입니다. 이런 활동이 충실해야 중학교에서 본격적인 개념 형성 활동이 알차게 진행될 수 있습니다.

나아가 낱말 의미를 발견하는 실험들이 의식의 내용과 정신 과정의 구조에서 상당한 차이를 드러낼 것이라고 우리가 추정하는 데도 나름의 타당한 근거들이 있었습니다. 만약에 우리가 올바르게 추리하였다면, 우리는 우리 실험의 피험자들이 지각한 실재를 표현하는 체계에서뿐만 아니라 사고 과정 그 자체에서도 특수한 자질들을 가졌다고 진술할 수 있을 겁니다. 문제 해결과 추론을 행하는 말로 하는 논리적인 양식들의 체계가 우리 피험자 집단을 변별할 것이라고 (문제 해결과 추론을 할 수 있는 집단과 할 수 없는 집단으로 나눌 것이라고) 우리는 믿었습니다. 실천적·도해적·기능적 경험에 적합한 생각은 말로 하는 논리적 조작을 하도록 의식을 변화시키는 데 별반 기여하지 못할 것입니다. 그러므로 우리는 우리 피험자들이 어떻게 논리적 추정들을 지각하는지를 그리고 그들이 결론을 도출하기 위하여 어떤 특수한 추정들(도해적·기능적인지 아니면 말로 하는 논리적인 추정)을 사용하는지를 연구해야만 했습니다. 그래서 우리의 다음 단계는 삼단논법(syllogisms) 사용을 심리적으로 분석하는 것이었습니다. 당연히 이 삼단논법의 전제는 도해적·기능적 경험 체계에 속하는 것과 속하지 않는 것으로 되어 있었습니다. 이 단계는 추리에 대한 조사로, 문제 해결에서 최적으로 연구된 담화 과정에 대한 심리적 분석으로 이어졌습니다. 여기서 우리는 추리 과정이 어떻게 이루어지는지를, 즉 추리 과정이 피험자의 직접적 실천적 경험의 일부인지 아닌지를 그리고 추리가 도해적·기능적 실천을 넘어 이론적 혹은 형식적 사고의 영역으로 들어갈 때 추리 과정이 어떤 변화를 겪는지를 조사할 필요가 있었습니다. 정신 과정의 이 형태를 관찰하게 된다면, 우리는 우리 피험자들의 인지 활동에서 특징적인 자질들을 발견할 수 있을 겁니다.

그 다음 단계에서는 상상하는 과정들을, 즉 스스로 즉각적인 지각 과정에서 벗어나 순수하게 상징적인, 말로 하는, 논리적 수준에서 조작하는 과정들을 연구했습니다. 우리 자료는 재생하는 상상력과 구성하는 상상력의 차이를 활용한 것이었습니다. 즉각적인, 도해적·기능적 경험으로부터 상상을 창조하는 우리 피험자의 능력은 그들의 즉각적인 실천 활동에 따라 한계가 있어 실천 활동에 한정될 것이라고 우리는 추정했습니다. 만약에 우리가 이것을 연구에 참여한 피험자를 통해 분명하게 보여 줄 수 있다면, 우리가 찾고 있는 중요한 자질을 담고 있을 실제 의식의 다른 소중한 특징을 얻게 되는 것입니다.

이 연구 과정의 마지막 단계는 자기를 분석하는 과정(self-analysis)과 자기를 의식하는 과정(self-consciousness)을 연구하는 것이었습니다. 희망컨대, 우리는 자아의식이 일차적이고 외부 세계와 타인에 대한 지각은 이차적이라는 데카르트의 주장을 철저히 거부했습니다. 우리는 반대라고, 즉 자기를 지각하는 것은 타인을 분명하게 지각한 결과이고 타인과의 협력과 타인의 행동 방식에 대한 분석이 전제되는 자기를 지각하는 과정은 사회적 활동을 통해 형성된다고 추정했습니다. 그래서 우리 조사 활동의 최종 목표는 어떻게 자기의식이 인간이 사회적 활동을 하는 과정에서 형성되는지를 연구하는 것이었습니다.

이 계획으로 우리는 비교 연구에 토대가 되는 윤곽을 세울 수 있었고, 기본적인 목표를 달성할 수 있게 되었습니다. 급격하게 계급 사회를 철폐시키는 것처럼, 사회 발전을 위해 이전까지는 상상할 수도 없었던 전망을 창출하는 문화적 대격변이 펼쳐지는 것처럼 사회사가 격렬하게 혁명적으로 재편성되는 동안 인간 의식에서 발생했었던 근본적인 심리적 변화를 진술하는 것이 목표였습니다.

2
지각 과정

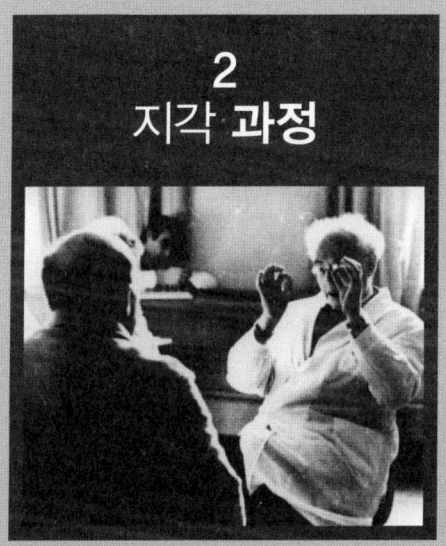

지각의 어떤 자질들(features)을 분석해 보면 심리 과정이 역사적으로 형성되는 것에 관해 너무도 선명한 증거를 얻을 수 있습니다. 전통 심리학에서는 시각적 지각을 가장 초보적인 자연 과학의 방법들로 조사할 수 있는 자연적 과정으로 다루었습니다. 예를 들어 보면, 색깔 지각 연구에서 초기 조사자들은 시홍의 분해, 색깔 혼합, 색깔 대조 따위의 생리 과정들에 집중했습니다. 그들은 이 과정들의 밑에 놓인 법칙들이 사회적 실천에 의존하지 않고, 사회사의 과정을 거치면서도 불변한다고 가정했습니다. 모양 지각의 심리 법칙들을 연구했던 과학자들도 이런 자연 과학적 분석틀에 안주하고 있었습니다. 심리학자들은 이런 현상들을 인류 전체에 공통된 것으로, 역사 과정에서 변하지 않는 것으로 간주하면서, 이 현상들 밑에 놓인 생리 법칙들 심지어 물리 법칙들도 발견할 수 있기를 희망했습니다.

그렇지만 수십 년이 지나는 동안, 심리학의 발전은 상대적으로 단순하고 직접적인 지각에 관한 이러한 자연 과학적 관념들의 권위를 지속적으로 무너뜨렸습니다. 확보된 증거에 따르면, 지각은 복합적인 심리 과정이고, 거기에는 복잡한 지향 활동, 개연성 구조, 지각된 자질들에 대한 분석과 종합, 의사결정 과정이 관여하는 듯합니다. 요약하면, 지각은 보다 복합적인 인지 활동의 기저에서 펼쳐지는 과정들과 구조적으로 유사한 복합적인 심리 과정입니다(Lindsay and Norman, 1972. 참조). 색깔 지각과 모양 지각에서 얻은 사례들은 이 주장이 옳음을 입증하고 있습니다.

미국의 심리학자 브루너(J. S. Brunner)는, 모든 지각 과정은 입수된 정보를 친숙한 범주에 할당하는 본질적으로 복합적이고 능동적인 과정임을, 언어의 추상화 기능 및 일반화 기능이 친밀하게 참여하는 작업임을 정확하게 지적했습니다. 인간의 눈은 서로 다른 200~300만 가지의 색조를 구별할 수 있지만, 인간은 단지 20~25가지 정도의 색깔에 대한 명칭을 가지고 있을 뿐입니다. 따라서 인간이 특정한 색조를 지각하는 과정은 그 색조의 우월적인 자질을 가려내어 그 색조를 하나의 색깔 범주에 할당하는 것입니다. 똑같은 과정이 기하학적 관념과 잘 일치하지 않는 기하학적 모양들을 지각하는 과정에도 적용됩니다. 이와 같이 인간의 지각 과정은 언제나 두 과업을, 즉 한 모양의 본질적 자질들을 솎아 내는 과업과 그리고 그 모양을 가장 비슷한 기하학적 범주에 할당하는 과업을 포함해야만 합니다. 지각 과정을 컴퓨터를 통해 재연하는 과정은 어떤 제시된 모양을 특정한 구조적 범주에 할당하는 '의사결정' 과정을 포함하는 분석과 종합의 복합적인 과정이 얽혀 있습니다. 지각이 보조 장치를 사용하는 것과 언어가 적극적으로 참여하는 것이 얽혀 있는 복합적인 인지 활동임을 인정하게 되면, 우리는 지각 과정을 오직 비교적 단순한 자연 과학의 법칙들에만 의존하는 매개되지 않는 과정으로 파악하는 고전적 관념들을 근본적으로 수정해야만 합니다.

이에 따라 우리는 지각 과정이 받아들인 정보를 처리하는 데 사용되는 특정 의미(code) 체계를 변경시킬 수 있고, 지각된 대상들을 적절한 범주에 할당하는 의사결정에 영향을 미칠 수 있는 역사적으로 확립된 인간 실천들에 구조적으로 좌우된다고 결론 내릴 수 있습니다. 이렇다면 우리는 지각 과정을 도해적 생각과 비슷한 것으로 다룰 수 있습니다.[1] 왜냐하면 도해적 생각은 역사 발전과 함께 변하는 자질들을 가지고 있기 때문입니다.

역사적 접근 방법을 취함으로써 우리는 비교적 단순한 대상들과 속성들을 지각하는 과정과 얽히는, 역사적으로 확립된 특정 의미에 특히 주의를 집중해야만 했습니다. 이 접근 방법은 우리로 하여금 색깔과 모양에 관한 법칙들이 영원히 '변하지 않는' 것이라는 주장을 회의적으로 보도록 했습니다. 실제로 이러한 법칙들은 (초역사적인 성질을 지닌 것이 아니라) 역사적으로 제약을 받는 성질을 가지고 있습니다. 예를 들어 보면, '범주적으로' 색깔을 지각하는 비슷한 형태들(빨강, 노랑, 초록, 파랑)이나 '범주적으로' 모양을 지각하는 비슷한 형태들(정사각형, 삼각형, 사다리꼴 따위)은 오직 인간에게만 전형적인 지각 규칙들을 표현하고 있습니다.

---

1) 도해적 생각을 앞서 발간된 한국 번역판은 '그림적 사고(graphic thinking)'로 번역했습니다. 사고를 생각으로 변경한 까닭은 비고츠키 학파는 변증법적 유물론을 연구 방법론으로 채택하고 있기 때문입니다. 사고는 상대적으로 안정적인 것이고 생각은 급변하는 것입니다. 사고는 구조적 측면을 생각은 과정적 측면을 좀 더 부각시킵니다. 생성되고 있는 생각들이 모여 생성된 사고가 된다는 것입니다.『생각과 말』에서 언급했듯이 생각과 사고를 대립물로 놓고 현상을 설명하고 있습니다. 여기서는 과정적·진행적·생성적 측면을 강조하고 있기에 생각이라고 표현하는 것이 더 적합하다고 판단했습니다. 비고츠키 최후의 저작을 『사고와 언어』로 번역했었지만, 책 내용을 봐도 제목으로 표기된 러시아 원어를 봐도 『생각과 말』로 번역하는 것이 적합한 것과 마찬가지입니다.

이러한 인간의 의식은 어떤 특정 시기 동안 확립된 범주들의 영향을 받아, 특히 학교에서 습득한 개념들의 영향을 받아 형성된 것입니다.

지각 과정은 각기 다른 발달 단계에서 어떻게 변화할까요? 지각 과정과 실천적 경험의 관계는 무엇일까요? 우리는 학교 교육을 받지 못했을 뿐만 아니라 체계적 교수학습을 통해서만 습득되는 개념적 능력도 결여된 사람들의 지각 과정을 어떻게 특징지을 수 있을까요? 피험자들은 색깔과 기하학적 모양들을 어떻게 나타내고, 그것들을 어떻게 일반화하며, 최종적으로 그들은 시각적인 형태들을 어떻게 분석하고 종합할까요?

우리의 가정은 기초적인 시각 정보의 처리 과정도, 시각적 대상들의 분석도 전통적인 심리학의 법칙들과 일치하지 않는다는 것이었습니다. 더 나아가 우리는 이러한 법칙들이 오직 비교적 아주 짧은 역사 시기에만 적용된다고 주장했습니다. 여기서 우리의 목적은 (피험자들이 행한) 색깔들과 기하학적 모양의 명명과 분류를 분석하는 것입니다. 우리는 추가하여 마찬가지로 시각적 지각 과정의 역사적 성격을 보여 주는 착시 현상(optical illusion)도 논의했습니다. 우리의 분석은 심리 과정의 의미적 성질과 체계적 성질이 다른 정신 활동들에 적용되는 것처럼 지각 과정에도 적용된다는 비고츠키의 관점을 잣대로 시작되었습니다.

색깔 지각 과정이 사회의 문화적 발달에 따라 변화하느냐는 쟁점은 오랫동안 연구되었습니다. 생리 심리학의 태동기까지 거슬러 올라가 보면, 조사자들은 색깔 지각 과정의 생리적 토대가 역사 발전 과정에서 조금도 변하지 않았다는 것을 확인하게 됩니다. 그렇지만 바로 시작하는 순간부터 그들은 다른 언어 체계의 색깔 어휘에서 드러난 심대한 구조적 차이점들에 주의를 기울였고, 또한 이 구조들이 인지 과정의 구조에 미치게 될 영향력의 개연성에 주의를 집중했습니다. 훔볼트에 의해 처음으로 제안되고 여러 언어학자에 의해 지지된 그런 가설은 이제 사피로 울프 가설(Sapir-Whorf hypothesis)이라고 불립니다.[2] 이 가설에 따르면, 언어 자질들은 지각 과정에, 특히 색깔 지각 과정에 영향을 미칩니다. 언어에 따라 어떤 색깔 차이는 구분될 수 있고 다른 색깔 차이는 무시될 수 있습니다. 이 때문에 필연적으로 사람들은 사용하는 언어에 따라 색깔들을 다르게 무리 짓게 됩니다. 학자들은 성경에 나오는 색깔 이름들과 아프리카 언어의 색깔 이름들을 연구했고(Virchow, 1878, 1879; Pivers, 1901), 그리스어와 인도어에 있는 색깔 용어의 차이들을 연구했습니다(Allen, 1879; Magnus, 1877, 1880, 1883).

이들 연구 결과 때문에 이런 차이가 언어 영역으로만 제한되는지 아니면 이런 차이가 색깔 지각 과정에 영향을 미쳐서 실제로 차이를 낳았는지를 결정하기 위한 여러 실험들이 시도되었습니다. 예를 들면 리버스(Rivers,1901)는 (홀름그렌[Holmgren]이 처음 사용했던) 여러 양털 표본들의 상이한 색깔들을 변별하고 비교하는 일단의 실험을 수행했습니다. 그는 한 언어에 파랑과 초록에 해당하는 명칭이 하나뿐이라면 이 색깔들이 종종 혼동된다고 결론 내렸습니다. 비슷한 결론을 우드워드(Wood-worth,1905-1906), 레이(Ray, 1952), 레비 스트라우스(Levi-Strauss, 1953), 브라운과 레네버그(Brown and Lenneberg, 1954), 레네버그와 로버

---

2) 인류학자인 사피어(Edward Sapir)와 언어학 전공학자인 울프(Benjamin Whorf)는, 언어란 인간들 간의 의사소통을 위한 단순한 요구 이상의 것이며, 우리는 또한 언어를 배우는 데 있어서 사회 실재와 우리를 둘러싸고 있는 세계를 해석하는 틀을 배워야 한다고 가정하였다. 언어가 구조에서 다양한 만큼 사회 실재에 대한 해석도 다양하다(네이버 지식백과).

츠(Lenneberg and Roberts, 1956), 콘크린(Conklin, 1955)의 저작에서 발견할 수 있습니다.

　이들 언어 과학자 모두 색깔 무리를 위한 특정한 명칭이 없거나, 다른 색깔들에 대해서는 많은 하위 범주들이 있다는 것이 색깔 지각 과정의 생리학적 특성에 기인하는 것이 아니라 문화의 영향에 기인한다는 사실을 흥미롭게 언급하고 있습니다. 즉, '이해관계' 때문에 사람들이 어떤 색깔을 나타내는 명칭을 가지고 있고, 다른 색깔에는 명칭이 없다는 것입니다(Rivers, 1901; Woodworth,1905-1906; Ray, 1952; Whorf, 1956: 그 밖의 많은 학자들).

　그들은 또한 어떤 색깔에는 언어적 표현이 풍부하고 다른 색깔에는 그를 위한 언어적 표현이 빈약한 것은 다른 색깔이 상이한 문화에서 지니고 있는 실천적 중요성의 차이에서 유래했다고 결론 내렸습니다. 예를 들면, 북극 근처에 사는 사람들이 사용하는 언어의 다수는 하얀색의 미묘한 차이를 표현하는 수십 가지의 용어(눈이 다른 유형을 나타내기 위한 표현들, 실천적 중요성을 드러내는 사실)를 담고 있지만, 반면에 별로 중요하지 않은 빨강이나 초록의 색조를 위한 어휘가 부족합니다(Hunt 1962: Hoijer, 1954: 그 외 다수 연구물).

　일부 원시 문화에서는 범주적인 색깔 이름이 (양적으로) 우세하지 않습니다. 사람들은 대신에 그들에게 실천적 중요성이 있는 구체적 상황과 색깔들을 연합시키는 비유적 명칭들을 사용합니다(Rivers, 1901, 그리고 다른 연구물들). 이와 같이 색깔 지각 명명 방식에 대한 비교문화 연구들은 색깔 이름들이 실천과 밀접하게 연결되어 진전되었다는 결론과 색깔 이름들이 지각 과정에 영향을 미쳤다는 결론을 지지해 주고 있습니다. 다른 실천 활동의 형태들이 어떻게 색깔 이름들에 영향을 미쳤을까요? 실천 활동에서의 어떤 발전이 색깔 이름들에 어떤 변화를 초래했을까요? 특정한 실생활 활동 하나가 어떻게 색깔 조작, 색깔 연상, 혹은 색깔들의 비교, 연상, 일반화에 영향을 미쳤을까요?

조사 절차

피험자에게 많은 색깔을 제시했습니다. 피험자에게 그 색깔들의 이름을 대고, 그 후에 비슷한 색깔들을 한 무리에 할당할 때 적합해 보이는 정도의 하위 범주들에 그 색깔들을 배분하는 방식으로 그것들을 분류하라고 요청했습니다. '강제된' 무리 짓기의 결과를 얻기 위하여 특별한 실험들이 행해졌습니다. 이러한 시행들에서 피험자들은 제시된 색깔들이나 모양들을 특정되어진 숫자의 무리들에 배분하거나 실험자가 만들어 놓은 어떤 무리를 평가해야만 했습니다. 분류 과정의 토대가 무엇인지를 확인하기 위하여, 우리는 어떤 면에서는 각각이 닮았지만 다른 면에서 보면 그렇지 않은 대상들을 사용했습니다(예를 들면, 실선으로 된 삼각형, 점선으로 된 삼각형, 십자모양으로 된 삼각형 따위).

불완전한 도형들을 평가하고 (분류하는) 것을 포함하는 별도 실험도 실시했습니다. 피험자들이 불완전한 형태들을 어떻게 명명하고 분류하는지를 살펴봄으로써, 우리는 게슈탈트(Gestalt) 심리학자들이 모든 역사 기간을 통해 변하지 않는 것으로 간주했던 바로 그 '지각 법칙들'이 이 피험자들에게서도 적용되는지를 확인할 수 있었습니다.

이들 실험에 50~80명 사이의 피험자가 참여했습니다. 우리가 이미 밝힌 것처럼 그들은 다양한 교육 수준과 경험을 지닌 다른 연령 집단에서 참여했습니다. 예를 들면, 그들은 이츠카리 여성들(문맹), 남자 농부들(문맹), 집단농장 활동가들, 단기 유치원 교사 양성 과정에 다니는 여학생들(겨우 글을 읽는 정도), 사대에 다니는 여학생들이었습니다. 가자랸츠(L.S Gazaryants), 모르드코비치(E. N. Mordkovich)와 함께 저자가 자료를 수집했습니다.

색조 지칭과 분류

대부분의 현대 언어는 색깔 범주를 위한 일반 명칭(예를 들면, 노랑, 빨강, 파랑, 녹색)이 매우 제한되어 있습니다. 이들 명칭의 대다수가 어느 시점까지 대상의 이름에 대해 지니고 있었던 어떤 연결을 상실했습니다. 그래도 아주 적은 경우(오렌지색, 포도색, 살색)에는 그런 연결의 흔적이 남아 있습니다. 범주적 명칭들이 압도적 다수의 색깔을 나타내기 위하여 사용되고, 대상의 이름들은 오직 아주 적은 색깔을 지칭하기 위하여 사용됩니다. 게다가 근대 문명에서는 색깔의 명칭이 상당히 획일적이지만, 덜 발달된 문명에서는 그렇지 않습니다. 실천적 중요성을 지닌 색깔은 그 중요성이 덜한 색깔보다 훨씬 더 많은 용어들로 명명됩니다.

우즈베크 말에서 색깔에 이름을 할당하는 방식은 다른 인도 유럽 어족에서 행하는 방식과 너무도 닮았습니다. 한 가지 예외가 있는데, 우즈베크 말에서 '코크'는 녹색과 파랑 둘 다 나타낼 수 있습니다.

색깔 표시 피험자들에게 다른 색조의 울 (혹은 실크) 실타래를 제시했다.

1. 밝은 분홍색	9. 짚 빛 담황색	22. 갈색
2. 빨강	10-13. 녹색 계통	23. 연분홍색
3. 암적색	14. 검정	24. 어두운 분홍색
4. 진노랑	15-17. 파랑 계통	25. 강렬한 분홍색
5. 엷은 노랑	18. 하늘색	26. 회색
6. 연노랑	19. 밝은 하늘색	27. 밤색
7. 담황색	20. 보라색	
8. 연두	21. 오렌지색	

피험자들에게 이 색깔들의 이름을 말해 보라고 요청했습니다. 남자 집단농장 활동가들과 여학생들은 대략 모스크바 초·중 학생들처럼 응답했습니다. 그들 중 다수는 종종 색깔들을 범주적 이름들(파랑, 빨강, 노랑)로 나타냈고 가끔은 수식어(연노랑, 짙은 파랑)를 붙여 지칭하기도 했습니다. 피험자들은 때때로 색깔들(특히 16, 18, 19, 23, 24, 26번 색)의 이름을 말하는 데 곤란을 겪었으며, 표현한 자신들의 어휘가 부적절하다고 언급하기도 했습니다. 대부분의 경우 답변은 다음과 같았습니다.

"우리 우즈베키스탄 사람들은 재봉틀(sewing machine)도 '기계(machine)'라고, 일곱 난로도 '기계'라고, 트랙터도 '기계'라고 해요. 색깔도 마찬가지예요. 사람들은 색깔을 잘 몰라서 편하게 그것들을 다 '파랑'이라고 해요."(이렇게 대답한 피험자는 성인 과정을 이수하고 있는 집단농장 노동자 유누스였다).

대상의 이름들(옻나무색, 석류색 따위)은 비교적 드물었다(16%). 이츠카리 여성들은 대상-범주 연속선의 다른 쪽 끝에 놓일 극단적인 사례(결과)를 제공했습니다. 그들은 집단농장 활동가들과 학생들보다 더 풍부하고 더 다양한 색깔 명칭을 제시했습니다. 도해적인 대상 이름들과 범주적 명칭의 관계는 (첫 번째 피험자 집단과) 전적으로 다르다는 것이 판명되었습니다. 사용한 범주적 색깔 이름들의 수는 두 집단이 대략 비슷했습니다(첫 번째 집단은 9개, 두 번째 집단은 7개). 그렇지만 첫 번째 집단은 세 배나 많은 수정된 범주 이름을 제공했습니다. 도해적인 대상 이름은 명백하게 두 번째 집단에서 우세했습니다(첫 번째 집단은 9개, 두 번째 집단은 21개). 두 집단이 제공한 도해적인 대상 이름들의 간단한 목록은 핵심을 분명하게 드러냈습니다(괄호 안의 수치는 대상 이름이 사용된 횟수를 보여 줍니다).

집단농장 농민과 성인 과정에 등록한 사람들	이츠카리 여성들	
붓꽃(9)	과일방울(4)	붓꽃(1)
석류(1)	복숭아(7)	간(1)
복숭아(2)	패랭이꽃(1)	상한 무명(3)
옻나무(3)	옻나무(10)	갈색 설탕(1)
담배(2)	소똥(10)	썩은 이(1)
간(2)	돼지 똥(10)	활짝 핀 목화(1)
포도주(1)	완두콩(1)	마모된 목화(1)
벽돌(1)	호수(1)	많은 물(1)
상한 무명(7)	하늘(1)	번역 불가능(3)
	양귀비(1)	(두 가지로 번역됨)
	공기(1)	

분포 빈도로 보면, 범주적 명칭이 첫 번째 집단에서는 지배적인 데 반하여 두 번째 집단에서는 빈도가 상대적으로 덜했습니다. 하지만 도해적인 이름과 비유적인 이름에서는 상황이 정반대였습니다. 이츠카리 여자들 사이에서는 도해적인 이름들과 비유적인 이름들이 많았지만 남자인 집단농장 활동가 사이에서는 범주적 명칭이 너무도 우월했습니다.

〈표 1〉에 제시된 모든 집단에 대한 요약 자료는 두드러진 유형이 비슷함을 보여 주고 있습니다.

〈표 1〉 비유적인 이름들

집단	피험자 수	비유적인 이름
이츠카리 여성들	11	59.5%
유치원 교사 양성 과정 여성들	15	30.5
집단농장 활동가들	16	16.7
사대 여학생들	10	16.3

색깔 묶기

색깔 명명에서의 이런 차이점들이 색깔 무리 짓기 혹은 분류에 반영되어 있을까요?

여러 집단들에서 얻은 범주화한 자료는 다양했습니다. 상대적으로 높은 수준의 문화적 발달 단계에 있는 피험자들(집단농장 활동가들, 어떤 단기간의 형식 교육을 받은 젊은이들)은 색깔들을 여러 무리로 분할하여 색깔을 분류하는 데 어려움을 겪지 않았습니다. 그들은 울이나 비단 실타래를 살펴보고서 그것들을 무리들에 나누어 놓았습니다. 그들은 때때로 적합한 범주적 이름으로 그것들을 나타내었고, 그것들에 대해 그저 "이건 같은 색인데, 조금 더 밝은 색이네."라고 이야기했습니다. 그들은 통상 모든 색을 일곱이나 여덟 무리로 배열했습니다. 분류 방식을 바꿔서 무리에 담기는 색을 좀 더 확장하여 색깔들을 다섯 무리로 묶어 내라고 지시했을 때, 피험자들은 쉽게 그 일을 해냈습니다. 그렇게 하면서 오직 몇몇 경우에만, 피험자들은 색깔들의 채도(saturation)나 명도(brightness)에 따라 색깔들을 무리 짓기 시작했습니다. 그렇지만 요청을 받으면 그들은 쉽게 그 원칙을 수정하고 색깔 무리에 실타래들을 놓기 시작했습니다.

그렇지만 이츠카리 여성 집단은 전적으로 다른 체계를 우리에게 보여 주었습니다. 색깔들을 무리에 따라 나누라는 지시는 대개 혼란만을 야기했고 "그렇게 할 수 없어요.", "그것들 중에 같은 건 하나도 없어요. 당신도 그것들을 함께 무리 지을 수는 없어요.", "그것들은 조금도 비슷하지 않아요.", "이건 소똥 색이고 그리고 요건 복숭아 색이네요."와 같은 대답만을 들을 수 있었습니다. 이 여성들은 보통 다른 실타래들을 함께 놓기 시작했고, 그렇게 무리 지은 후에 자신이 만든 색깔 무리들을 설명하려고 시도했지만, 당황해서 고개를 좌우로 휘저으며 과제를 완결하는 데 실패했습니다. 일부 피험자들은 스스로 우선적인 색을 선택해 무리 지으려 하다가 그것을 감소하는 명도나 채도에 따라 배열하는 것으로 대체하였습니다. 이런 결과로 생긴 일련의 색깔들은 연한 핑크, 연한 노랑(담황색), 연한 파랑 혹은 분명하게 구별되지 않는 연속적인 색깔들이었습니다. 계속된 제안들을 통해 많은 피험자들은 문제를 해결하고 색깔들을 무리들로 나눌 수 있었지만, 피험자들은 실험자의 용인을 받아서 그렇게 한 것이 분명했고, 그들 스스로는 여전히 색깔들이 "비슷하지 않아 함께 놓을 수 없다."고 확신하고 있었습니다.

이 집단의 피험자 중 약 20퍼센트는 '비슷하지 않은' 색깔들을 무리 짓는 일을 혹은 많은 색깔을 포함하는 더 적은 색깔 무리로 실타래를 나누는 것을 계속 거부하였습니다. 대체로 이러한 색깔 무리는 혼재된 (mixed) 분류 과정과 연결됩니다. 어떤 무리는 어떤 색깔의 색조들(빨강, 초록, 그런 색들)을 포함하고, 다른 무리들은 명도나 채도에 의해 조직된 색깔들(짙은 파랑, 짙은 빨강, 짙은 녹색, 연한 핑크, 연한 노랑, 하얀색)을 포함합니다. 이들 피험자는 한 색깔의 색조를 지닌 몇몇 색깔을 특정한 범주에 할당할 수 있었습니다. 즉, 그들은 통일된 분류 방식으로 그런 색조의 색깔들을 무리 지을 수 있었습니다.

이 집단의 피험자들이 보여 준 특유한 행동은 특히 '강제된' 분류 실험들에서 아주 현저하게 나타났습니다. 색깔들을 다섯 무리로 무리 지으라고 했을 때, 피험자들은 "그렇게 할 수 없어요." 그러면 "그것들은 비슷하지 않아요." 혹은 "어두운 색들과 밝은 색들은 함께할 수 있겠군요." 또는 "그것들은 어울리지 않아요."라고 주장하면서 무리 짓기를 거부했습니다. 5개보다 더 많은 무리를 사용해도 된다고 했을 때에야 피험자들의 3분의 1이 주어진 과제를 완결할 수 있었습니다. 여기서 또다시 그들은 각각의 무리에 명도와 채도에 근거하여 선택한 다른 색깔들의 색조를 포함시켰습니다.

〈표 2〉에 따르면 이츠카리 여성 중 5분의 1이나 분류에 완전히 실패하였지만, 4분의 1 정도는 목적에 적합한 분류 대신 증가하거나 감소하는 채도에 따라 연속적으로 배열하였습니다. 피험자들의 절반 정도만이 색조들을 별개의 무리로 갈라낼 수 있었는데, 이 무리들은 똑같

은 색깔의 색조들과 비슷한 명도나 채도를 지닌 다른 색깔들의 색조들을 포함하고 있었습니다. 표준 범주에 따라 색깔들을 무리 지었던 그 나머지 피험자들이 분류 과정에서 똑같은 어려움을 겪었다는 증거를 찾을 수는 없었습니다.

〈표 2〉 색깔의 색조 분류

(혼재된 원리[색깔, 채도, 명도]에 따라 무리 지어진 색조들, 백분율)

집단	피험자 수	분류 실패	연속적인 색조들에 의한 분류	우월적인 색깔에 의한 분류
이츠카리 여성들	11	18.2	27.3	54.5
유치원 교사 양성 과정 여성들	15	0	6.3	93.7
집단농장 활동가들	16	0	5.8	94.2
사대 여학생들	10	0	0	100.0

이츠카리 여성 중 누구도 색깔들을 겨우 몇 개(5~7)의 무리로는 갈라내지 못했습니다(표 3). 이와 달리 이 여성들 중 20%는 색깔, 채도, 명도에 따라 색깔들을 결합하면서 이 색깔을 많은 작은 무리들로 갈라내는 경향을 보여 주었습니다. 이 집단의 가장 전형적인 특징은 '강제된' 분류를 해 보라는 제안을 거절하였다는 것과 겨우 몇 개의 무리에 모든 색조들을 분할하는 과정에서 드러난 무능력입니다. 다른 피험자들은 '강제된' 분류를 행하면서 한 번도 실패하지 않았습니다. 대부분의 피험자들은 쉽게 색깔들을 5개(혹은 6개나 7개)의 요청된 범주들로 분류할 수 있었습니다.

〈표 3〉 색깔의 색조들에 대한 자유 분류와 강제된 분류
(25~27개의 색조를 분류한 형태들의 평균 수치, 백분율)

집단	피험자 수	자유 분류 (무리의 수)					강제된 분류		
		거부	12-17	10-12	7-10	5-7	거부	5 초과	5 이하
이츠카리 여성들	10	20	20	10	50	0	70	30	0
유치원 교사 양성 과정 여성들	15	0	6.1	18.3	63.4	12.2	0	18.2	81.8
집단농장 활동가들	16	0	5.8	35.4	58.8	0	0	25	75
사대 여학생들	10	0	11.2	22.3	55.4	11.2	0	57.2	42.8

(다른 언어에서와 마찬가지로) 우즈베키스탄 언어에도 표준 색깔 범주들을 나타낼 수 있는 한 낱말 표현들이 없었음에도 불구하고, 범주적 명칭들을 그리고 그 명칭들이 실제로 색깔들을 분류하는 데서 수행하는 기능을 실제로 사용하는 것은 보다 발달된 체계에서의 범주적 명칭과 기능을 사용하는 것과는 달랐습니다.

우리가 볼 수 있었듯이 자수에 너무나도 익숙한 이츠카리 여성들에게는 색깔에 대한 범주적 명칭보다 도해적 대상 이름이 지배적이었습니다. 마찬가지로 그들이 색깔들을 무리 짓고 분류하는 과정은 색깔 지각 과정과 색깔 의미화 과정을 다루는 심리학의 표준적인 문헌에 기술된, 별개의 범주들에 색깔들을 할당하는 과정과는 현저하게 달랐습니다. 대체로 교육을 잘 받은 피험자들은 범주적으로 색깔을 표현하는 일단의 어휘들을 가지고 있을 뿐 아니라 그것들을 능숙하게 사용할 수 있었지만, 우리의 피험자들은 너무도 다른 분류 절차를 활용했

습니다.

　상당한 비율의 이츠카리 여성들은 추상적인 분류 조작을 '선택해야 할' 색깔들 중 하나를 선택하는 것으로 대체하여 채도, 명도, 혹은 색깔 혼합에 관한 스펙트럼에 그 색깔들을 배열하면서 추상적인 분류 조작을 수행하지 않으려 했습니다. 전형적인 그들의 색깔 무리 짓기 과정은 치밀하게 이루어진 것이 아니라 때에 따라 단편적으로 진행되었습니다.

　각각의 무리에서 하나의 우월적 색만이 나타나게 하는 색깔 무리를 확보하려는 시도들은, 즉 피험자들이 비매개적 색깔 지각에서 벗어날 수 있도록 도와주려는 시도들은 과제를 수행하는 데 도움이 되지 못했습니다. 범주적 명칭의 분광기(prism)를 통해 색깔들을 굴절시키지 못하는, 색깔들과 관계된 이런 비매개적 방법은 첫 번째 집단에 너무도 전형적이었습니다. 그 까닭은 피험자들의 즉각적인 실천적 경험에 그런 색깔 조작들이 너무도 풍부했기 때문입니다.

　범주적 색깔 명칭을 사용하는 것이 더욱 두드러지는 좀 더 발달된 집단에서는 이런 식으로 색깔들을 조작하는 것이 사라져 버렸습니다. 범주적 색깔 명명 방식이 특정한 무리들에 색깔들을 할당하는 데 중요한 역할을 담당하기 시작합니다. 요약하면, 색깔을 분류하는 과정은 직접적으로 지각된 명도와 채도의 색조들을 참고하여 추상화한 색깔 범주들을 조작하는 익숙한 형태를 상정하고 있습니다. 그러므로 우리는 심대한 심리적 변동이 발생했다고 결론 내릴 수 있습니다.

기하학적 도형의 명명과 분류

20세기 첫 사반세기 동안, 심리학적 조사에서 가장 중요한 영역 중 하나는 기하하적 도형들을 인식하는 과정이었습니다. 게슈탈트(Gestalt) 심리학자들은 심리학과 물리학을 통합하고 인간이 인지하는 과정의 자연적 토대를 구성하는 과정들을 발견하기 위하여 기본적인 구조적 지각의 법칙들을 기술하려고 노력했습니다. 그럼에도 불구하고 그들의 기하학적 지각 연구의 본질적인 특징은 피험자들의 범위가 극단적으로 제한되어 있었다는 것입니다. 일반적으로 피험자들은 교육을 통상 대학 교육을 받을 정도로 잘 받았고, 심리학과 기하학에 대한 확고한 학문적 배경 지식을 지니고 있었습니다. 생각 심리학에 대한 뷔르츠부르크(Würzburg) 학파의 실험에서 피험자들이 같은 학과 동료 교수들이었던 것처럼, 기하학적 형태들의 지각 과정에 대한 게슈탈트 심리학자들의 연구에서도 피험자들은 주로 매우 높은 수준의 특별한 교육을 받은 사람들이었습니다.

우리의 목적은 게슈탈트 심리학자들이 기술한 지각 법칙들이 다른 사회경제적 체제에서 자란 피험자들에게도 똑같이 적용되는지를 결정하는 것이었습니다.

우리의 가설은 다음과 같습니다. 만약에 복합적인 의미가 있는 체계에 근거한 구조가 관여하여 중요한 자질들을 솎아 내고, 많은 대안들 중에서 하나를 선택하고, 적절한 '판단'을 행하는 과정과 기하학적 도형을 지각하는 것이 얽혀 있다면, 이 과정은 상당한 정도로 피험자의 실천적 경험의 성질에 의존해야만 합니다. 자신의 판에 박힌 활동이 주로 구체적·도해적이고 기능적인, 실천적 조건들에 의해 형성된 사람은 이론적 연습과 잘 분화된 기하학적 개념들의 체계를 활용할 수 있는 사람과 분명히 다르게 자질들을 변별하여 기하학적 자질들을 지각할 것입니다.

최근 일부 조사자들은 기하하적 형태를 지각하는 과정이 문화적 조건들에 많이 의존하기 때문에 다른 문화적 조건에서는 그 과정이 다르다고 주장하고 있습니다(Hallowell, 1951, 1955; Segall, Campbell, & Herskovits, 1966). 예를 들면, 일부 조사자들은 '목수 활동이 많은 세계'에 사는 사람들은 직각과 직선을 잘 가려내는 경향이 있는 반면, 다른 조건에서 사는 사람들은 그렇지 못하다는 것을 관찰했습니다(Brunswick & Kamiya, 1953; Segall, Campbell, & Herskovits, 1966). 축을 중심으로 도는 원의 회전에 관한 실험들에 따르면, 유럽 사람들보다는 아프리카 토고 사람들이 더 오랫동안 원의 회전을 지각할 수 있었습니다(Beveridge, 1935, 1939). 이런 산발적인 관찰들에 근거하여, 우리는 기하학적 형태를 지각하는 과정이 문화마다 다르다고 추정할 수 있습니다. 특히, 이러한 사실들은 달라지고 있는 문화적 조건들에서 사람들이 실제 대상인 기하학적 형태를 보는 방식은 게슈탈트 심리학자들이 기술한 유형들과 너무도 다른 기하학적으로 구조화된 지각 과정의 유형들을 창조할 수 있다는 것을 시사하고 있습니다.

형태를 지각하는 과정이 피험자의 실천적 경험에 상당히 의존할 것이라는 예상을 점검하고 싶었기 때문에, 우리는 다른 집단들의 피험자들이 다른 기하학적 도형들을 평가하거나 명명하고 비슷한 도형들을 별개의 무리들에 분류하게 하는 일련의 테스트를 수행했습니다.

조사를 통해 접근할 수 있는 분석 과정(중요 자질들을 변별하기, 용어로 자질들을 표현하기, 자질들을 무리 짓기)을 만들기 위하여, 우리는 똑같은 범주에 속하지만 다른 형태를 지닌 기하학적 도형들을 피험자들에게 제시했습니다. 그 도형들은 완전한 도형이거나 불완전한 도형이었으며, (경계선이) 밝게 표현되거나 (굵은 선으로) 어둡게 표현되었습니다. 그것들은 실선으로 만들어지거나 혹은 별개의 요소들(점, 십자 표시, 혹은 다른 것들 〈그림 1〉 참고)로 그려졌습니다. 그 후에 우리는 피험자들이 기본적인 것으로 변별한 것이 어떤 자질들인지를, 그들이 특정 자질들을 할당한 범주들을, 자질들을 분류한 그들의 토대를 판단했습니다. 앞선 실험처럼 피험자들은 이츠카리 여성들, 유치원 교사 양성 과정 여성들, 집단농장 활동가들, 사대 여학생들이었습니다.

기하학적 도형 명명하기

피험자들 중 문화적으로 가장 진전된 집단(사대 여학생들)만이 기하학적 도형들을 범주적 명칭(원, 삼각형, 사각형 따위)으로 명명했습니다. 이들 피험자들은 별개의 요소들로 구성된 자질들을 원, 삼각형, 사각형으로 표현했으며, 불완전한 자질들을 "원과 같은 것"으로 혹은 "삼각형 같은 것"으로 표현했습니다. 피험자들은 오직 고립된 경우들에서만 구체적인 대상의 이름들(예를 들면, '자', 혹은 '계량기')로 대답했습니다. 다른 집단의 피험자들은 아주 다른 결과들을 보여 주었습니다.

〈그림 1〉 피험자들에게 제시된 기하학적 도형들

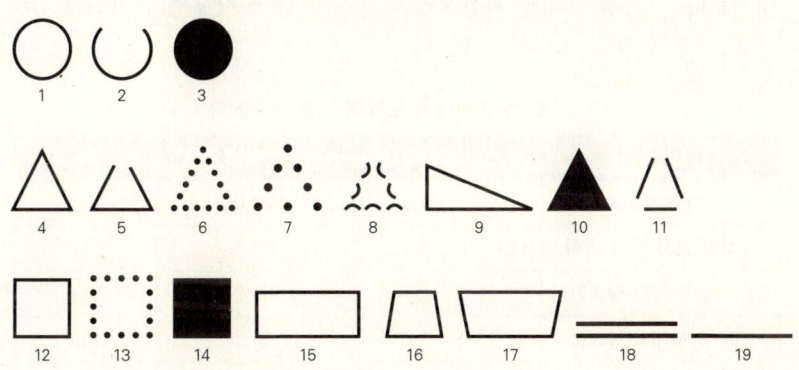

이츠카리 여성들은 우리가 예상했었던 것처럼 제시된 도형들 중 어떤 것에도 범주적(기하학적) 표현을 할당하지 못했습니다. 그들은 모든 도형들을 대상의 이름으로 나타냈습니다. 그래서 그들은 원을 접시, 체, 양동이, 손목시계, 달로, 삼각형을 투마르(우즈베키스탄 부적)로, 사각형을 거울, 문, 집, 살구 말리는 판으로 명명하곤 했습니다. 그들은 십자형으로 된 삼각형을 십자형 자수, 양동이 혹은 별들로 취급했습니다. 조그만 반원으로 이루어진 삼각형은 금으로 된 투마르, 손톱, 철자 따위로 판독했습니다. 그들은 결코 불완전한 원을 원이라고 명명하지 않고 거의 언제나 팔찌 혹은 귀걸이로 표현했으며, 마찬가지로 불완전한 삼각형을 투마르 혹은 말안장의 발걸이로 지각했습니다. 이처럼 추상적인 기하학적 도형들에 대한 이 집단의 평정은 확실히 구체적이고 대상 지향적이었고, 이러한 경향은 명백하게 추상적인 기하학적 형태를 지각하는 과정에서 너무도 지배적이었습니다.

다른 집단에서 얻은 결과 자료는 그 성질상 중간에 속하는 것이었지만, 사대에 다니는 피험자들을 제외한 모든 피험자들은 공히 범주적 명칭보다는 특정한 대상 지향적인 이름들을 주로 사용했습니다(〈표 4〉).

〈표 4〉 기하학적 도형의 명칭(백분율)

집단	피험자 수	대상 지향적 명칭	범주적 명칭
이츠카리 여성들	18	100.00	00.0
유치원 교사 양성 과정 여성들	35	85.3	14.7
집단농장 활동가들	24	59.0	41.0
사대 여학생들	12	15.2	84.8

대상 지향적 양식으로 형태들을 지각했던 피험자들은 구조 지각의 게슈탈트 법칙에 따라 기술된 특징들과 일치하는 특징들을 보여 주지 못했습니다. 일반적으로 피험자들은 점이나 십자로 구성된 삼각형 혹은 사각형을 별, 손목시계, 구슬로 해석했지 삼각형이나 사각형의 단속적인 표상들로 해석하지 못했습니다. 피험자들은 불완전한 원이나 삼각형을 팔찌, 투마르, 등유의 양을 재는 도구로 판정했지, 불완전한 기하학적 도형으로 판단하지는 않았습니다. 그러므로 우리는 게슈탈트 심리학자들이 기술한 '좋은 형태(prägnanz)'의 법칙과 구조의 연속 (혹은 확장) 법칙이 오직 기하학적 개념을 숙달한 피험자들에게만 완벽하게 적용되지, 형태를 대상 지향적인 방식으로 지각하는 사람들에게서는 적용되지 않는다고 생각할 타당한 근거를 가지게 되었습니다. 좀 더 주의 깊게 점검하고 추가적인 확증을 거친다면, 이 견해는 역사 발달의 다른 단계에서 기하학적 형태들을 지각하는 과정에 대한 특정한 심리학적 분석에서 제 역할을 담당할 수 있을 것입니다.

기하학적 도형 분류

추상을 지각하는 과정에서, 개별적인 기하학적 형태들은 어떤 중요한 집합(원, 삼각형, 사각형 따위)을 '표상'합니다. 자신의 지각 과정들을 형식 교육을 통해 형성한 사람은, 심지어 처음 볼 때 도형들이 현저하게 서로 다르더라도 이 도형들을 모두 다 그런 기하학적 집합에 할당하는 데 어려움을 겪지 않았습니다. 그 도형들의 '개별적인 자질들'을 무시하고, '기하학적 집합'의 중요한 자질들을 변별하고 이에 근거하여 '결정'을 내립니다.

기하학적 도형들에 '의미를 담아내는(encoding)' 과정이, 다른 추상적인 기하학적 지각 과정보다 구체적인 대상 지향적인 기하학적 형태를 지각하는 과정이 우세했던 피험자들의 대답을 어떻게 봐야 할까요? 이런 차이점들이 도형 분류 과정에 어떤 차이를 낳았습니다. 그건 요인들을 함께 묶어 내곤 했던 공통된 자질들이 약화되었지만 요인들을 구별하는 데 기능했던 도해적 자질들이 강화되었기 때문입니다. 사대 학생들에게 그 분류 과정은 친숙한 분류 과정과 별반 다른 게 없었습니다. 그들은 쉽게 도형들을 분리된 범주들로 분류했습니다. 대체로 어떤 형태든 삼각형은 한 무리로 모아졌고, 그렇게 외양과 관계없이 어떤 형태든 사각형이나 원도 각각의 무리로 모아졌습니다. 외적 형태, 색깔, 크기 혹은 만들어진 방식에 의해 창조된 직접적인 인상에 근거하여 (다양한 기하학적 도형들을 적합한 범주로) 추상화하는 데 어려움을 겪지 않았습니다. 범주적 명칭들이 그들의 기하학적 도형을 체계적으로 지각하는 과정을 확실하게 매개했습니다.

다른 피험자들은 전적으로 다른 그림을 보여 주었습니다. 이츠카리 여성들과, 마찬가지로 상당한 정도까지 남성 농민들은 대상 지향적인 방식으로 기하학적 도형들을 지각하고 자신들의 분류를 결정했습니다. 예를 들면, 도형들의 한 무리는 같은 대상으로 지각된 몇몇 도형들을 포함하였습니다. 하지만 때때로 무리들은 개별적인 자질들(예를 들면, 색깔 혹은 만드는 방식)에서 동일했습니다. 그 결과 피험자가 보기에 내용이나 만드는 방식에서 비슷한 도형들이 (한 무리에) 섞여 있었습니다. 예를 들어 보면, 창문으로 판정된 정사각형(〈그림 1〉의 12)이 자로 간주했던 길쭉한 직사각형(15)과 다른 무리에 있습니다. 피험자들은 심지어 적합한 설득을 받은 후에도 정사각형과 직사각형을 하나의 무리에 놓기를 거절했습니다. 도리어 반대로, 만약에 사각형과 마름모(12와 16)처럼 두 도형이 창틀로 지각되었다면("하나는 제대로 된 창틀이고 다른 건 비뚤어진 창틀이네."), 그것들을 쉽게 하나의 무리에 놓았습니다.

다음 사례들을 통해 (독자는) 기하학적 도형들을 무리 짓는 과정이 실제로 어떻게 일어났는지를 좀 더 잘 이해할 수 있을 겁니다.

피험자: 아리에바 – 나이 26세, 오지 마을 출신의 여성, 문맹.

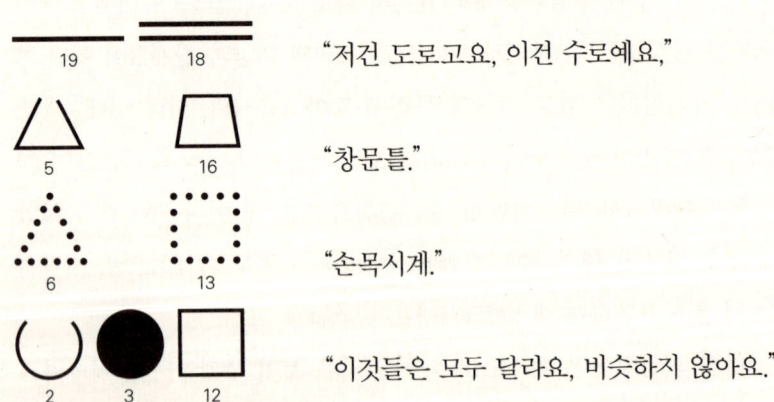

"저건 도로고요, 이건 수로예요."

"창문틀."

"손목시계."

"이것들은 모두 달라요, 비슷하지 않아요."

• 저것들을 다르게 배열할 수 있으세요?

"이것들은 손목시계(6과 13)라서, 다르게 배열할 수 없어요. 왜냐하면 손목시계는 다른 것들과 비슷하지 않기 때문이지요. 그리고 이것들은 창틀(5와 16)이라서, 도로(19)나 수로(18)와는 함께 무리 지을 수 없어요. 그러나 이 지도(12)는 창틀(5와 16)과 함께 놓을 수 있겠네요."

• 12와 18을 함께 놓을 수 있을까요?

"아니에요, 결코 그럴 수 없어요."

• 왜요? 그것들은 비슷하잖아요?

"아니에요, 이건 지도(12)고, 이건 수로에 있는 물(18)이에요. 그것들은 어울리지 않아요."

• 그러면 13과 12는 어떤가요?

"아니요, 그것들도 어울리지 않아요. 이건 손목시계(13)고, 이건 지도(12)예요. 우리가 그것들을 함께 놓으면 당신이 얻게 되는 건 뭔가요? 어떻게 손목시계와 지도를 함께 놓을 수 있어요."

• 정말로 이들 그림에 똑같은 게 없나요?

"선들은 비슷하네요. 보세요, 이건(13) 점선이고 이건(12) 실선이에요. 그렇지만 나타내는 대상은 다르네요. 13은 손목시계고 12는 지도고……."

피험자: 쉬르 무크함 - 나이 27세, 오지 마을 출신의 여성, 거의 읽고 쓰지 못함.

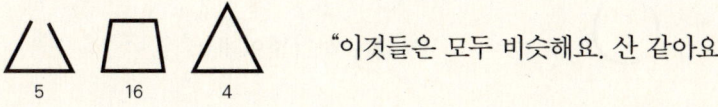

"이것들은 모두 비슷해요. 산 같아요."

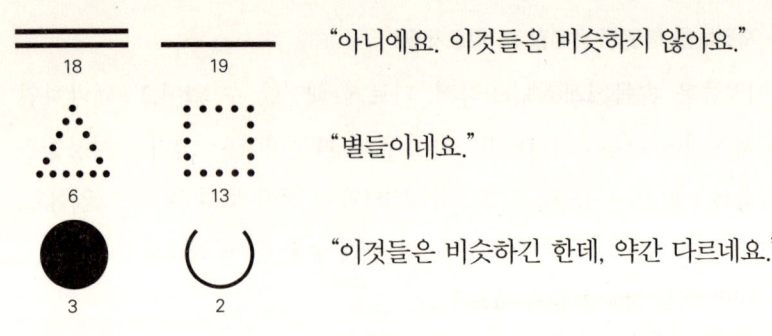

"아니에요. 이것들은 비슷하지 않아요."

"별들이네요."

"이것들은 비슷하긴 한데, 약간 다르네요."

- 이것들이 모두 비슷해지도록 다르게 배열할 수 있을까요?

"아니요, 그럴 수 없어요."

- 이것들(12와 15)은 함께 놓을 수 있을까요?

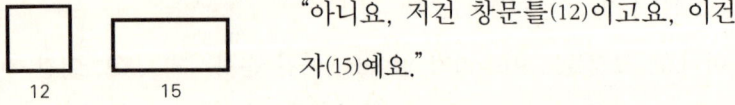

"아니요, 저건 창문틀(12)이고요, 이건 자(15)예요."

피험자: 크하미드 – 나이 24세, 오지 마을 출신의 여성.

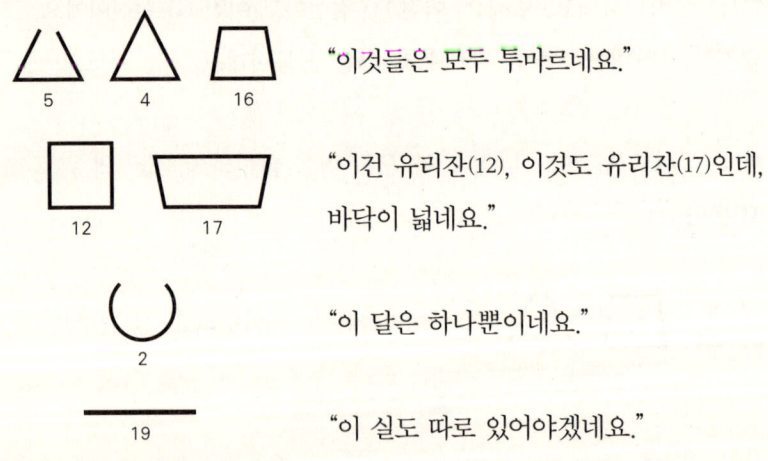

"이것들은 모두 투마르네요."

"이건 유리잔(12), 이것도 유리잔(17)인데, 바닥이 넓네요."

"이 달은 하나뿐이네요."

"이 실도 따로 있어야겠네요."

• 이것들은(12와 15) 함께 놓을 수 있나요?

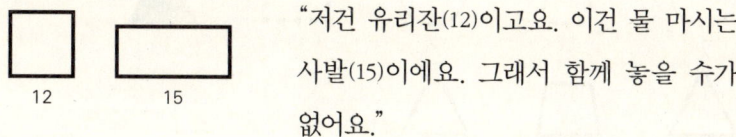

"저건 유리잔(12)이고요. 이건 물 마시는 사발(15)이에요. 그래서 함께 놓을 수가 없어요."

• 그럼 이것들(3과 2)은요?

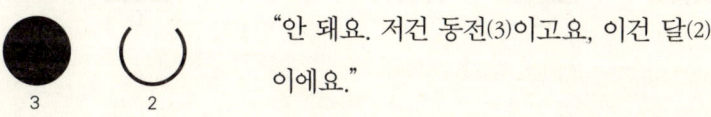

"안 돼요. 저건 동전(3)이고요, 이건 달(2)이에요."

• 이것들은(12와 13, 13과 6) 어떤가요?

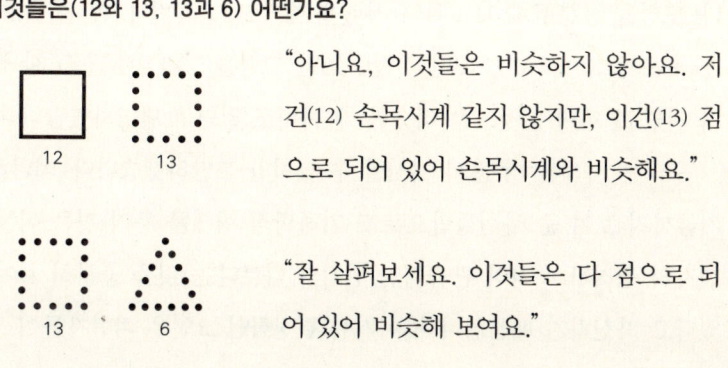

"아니요, 이것들은 비슷하지 않아요. 저건(12) 손목시계 같지 않지만, 이건(13) 점으로 되어 있어 손목시계와 비슷해요."

"잘 살펴보세요. 이것들은 다 점으로 되어 있어 비슷해 보여요."

피험자: 이름 모름(N) – 나이 19세, 이츠카리 여성, 문맹.

    이 피험자는 1번 그림을 쟁반으로 11번 그림을 천막으로, 2번은 팔찌로, 13번은 구슬로, 10번은 투마르로, 4번은 주전자 받침대로, 16번은 거울로, 5번은 요람으로, 8번은 금 투마르로, 14번은 거울로, 6은 우즈베키스탄 괘종시계로, 7번은 은 투마르로, 12번은 거울로 규정했습니

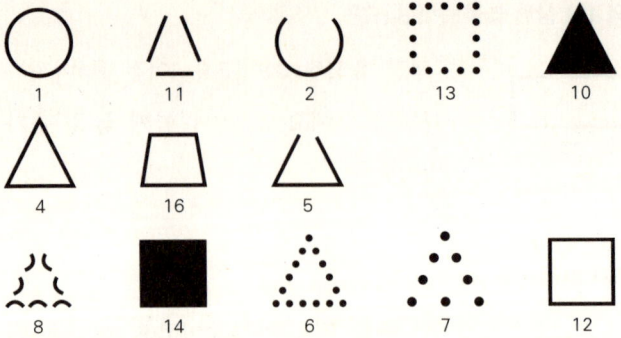

다. 도형들을 분류해 보도록 요청했을 때, 그녀는 7번과 8번을("그것들은 귀중한 투마르들이에요."), 12번, 14번, 16번 그림을("거울들이에요.") 함께 무리 지었고, 나머지 것들은 비슷한 게 하나도 없다고 단정하였습니다.

우리는 사례를 더 많이 제시할 수 있지만 그만하겠습니다. 왜냐하면 지금까지 보여 준 사실들만으로도 기하학적 형태를 무리 짓는 이들 피험자의 원리가 우리의 관습적인 원리와 다르다는 것을 충분히 보여 주었다고 자신하기 때문입니다. 여기서 결정적인 요인은 피험자들이 도형을 대상으로 평정하는 방식, 혹은 그 집행 양식입니다. 개별적인 도형들을 무리들로 결합시키라고 피험자들에게 요청했을 때, 그들은 그 도형 같은 대상이 흔히 '생기는' 구체적인 조건들을 찾기 시작했습니다. 대상들을 무리 짓는 원리에서 근본적인 차이가 있음을 보여 주는 다음의 사례들은 특별히 더 흥미롭습니다.

피험자: 이름 모름(P) – 나이 60세, 오지 마을 출신의 여성, 문맹.

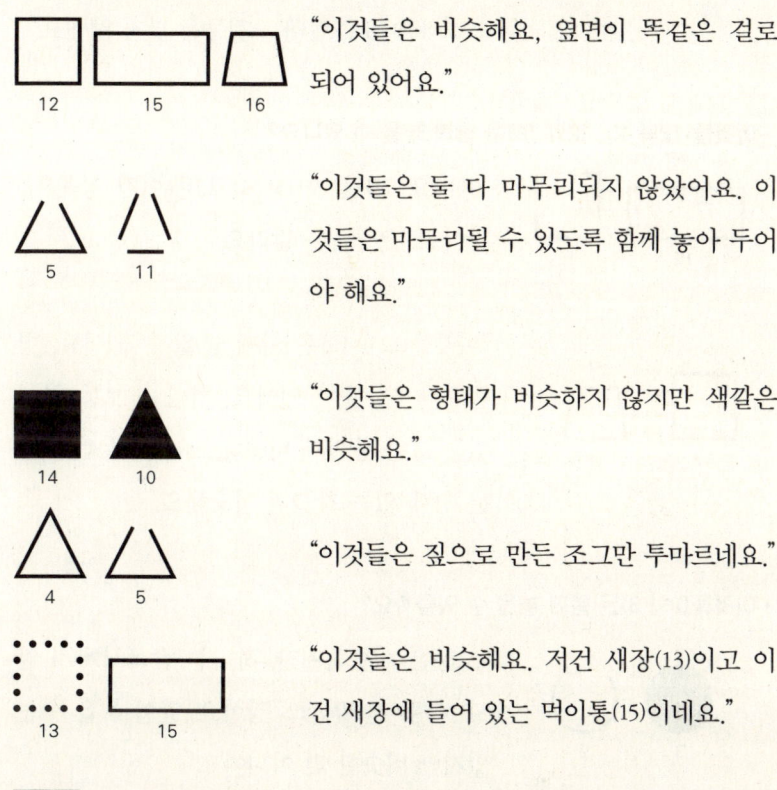

"이것들은 비슷해요, 옆면이 똑같은 걸로 되어 있어요."

"이것들은 둘 다 마무리되지 않았어요. 이것들은 마무리될 수 있도록 함께 놓아 두어야 해요."

"이것들은 형태가 비슷하지 않지만 색깔은 비슷해요."

"이것들은 짚으로 만든 조그만 투마르네요."

"이것들은 비슷해요. 저건 새장(13)이고 이건 새장에 들어 있는 먹이통(15)이네요."

"저건 신 우유를 담는 작은 양동이(12)네요. 이건 크림을 담는 냄비(17)네요."

피험자: 쿠이스 – 나이 25세, 오지 마을 출신 여성, 문맹.

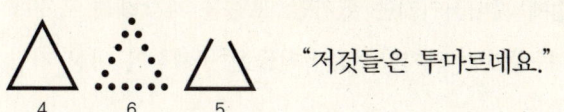

"저것들은 투마르네요."

2. 지각 과정 73

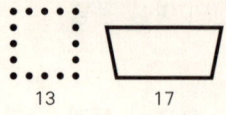

"저건 창문(13)이고요. 이건 출입구 창틀(17)이네요. [한 그림을 다른 그림 위에 얹어 놓으려고 노력한다.] 그런데 그것들은 맞지 않네요."

- 이것들(12와 15, 12와 16)을 함께 놓을 수 있나요?

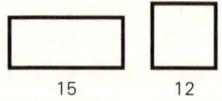

"아니요, 저건 자(15) 같고요. 이건 창문(12) 같아요. 그것들은 달라요."

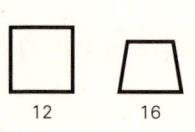

"이것들(12와 16)은 함께 놓을 수 있어요. 창들은 다 창틀이 있어요. 하나는 보통 창에 있는 그런 창틀과 비슷하고요, 다른 건 색다른 창에 있는 창틀과 비슷해요."

- 이것들(2와 3)은 함께 놓을 수 있을까요?

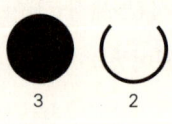

"모양은 비슷하지만, 하나는 손목시계(3) 같고, 다른 건 말굽(2) 같아요. 같이 묶을 수는 있지만 비슷한 건 아니에요."

제시된 사례들은 오직 구체적이고 대상 지향적인 실천적 활동의 영향만 받고 자란 피험자들과 추상적인 기하학적 개념들을 사용하는 학교를 다닌 피험자들의 지각 과정이 어느 정도나 다른지 보여 주었습니다. 비록 문화적으로 진전된 피험자들에게 그 법칙들이 기하학적 도형들을 지각하는 과정에 지배적이기는 했지만, 모양을 지각하는 과정에 관철되는 법칙들이 똑같기는 하지만, 그 법칙들은 구체적인 대상 지향적 지각 과정을 행하는 다른 피험자들에게는 중요하지 않은 것으로 평가되었습니다. 요약한 자료를 〈표 5〉로 제시했습니다.

이 자료를 살펴보면, 우리는 기하학적 도형들을 분류하는 원리가 문화적 수준이 변함에 따라 어떻게 변하는지, 즉 대상 지향적 평정 혹은 개별 자질들로 인한 직접적인 인상에 근거하여 무리 지어진 도형들의 백분율이 얼마나 감소하는지 그리고 범주적 지각 과정의 비율은 어느 정도나 증가하는지 쉽게 확인할 수 있습니다.

〈표 5〉 기하학적 도형의 분류(백분율)

집단	피험자 수	분류 실패	분류		
			대상 지향적	개별적인 도해적 자질들로	기하학적 범주로
이츠카리 여성들	18	21.8	20.4	57.8	0
유치원 교사 양성 과정 여성들	35	18.3	8.4	55.0	18.3
집단농장 활동가들	24	12.8	11.6	30.8	44.8
사대 여학생들	10	0	0	0	100

착시 실험

착시 현상은 어떤 선이나 형태를 잘못 지각하는 과정을 수반합니다. 지각 과정에서의 착각이 안정적으로, 보편적으로 발생하기 때문에 모든 사람에게 공통된 심리적 기제로 타당하게 설명되어야만 한다고 (전통적 심리학자들은) 생각해 왔습니다.

많은 착시 현상이 있습니다. 뮐러 리어(Müller-Lyer) 효과는 널리 알려진 착시 현상입니다. 만약에 같은 길이인 두 선분의 양 끝에 하나는 안쪽으로 다른 건 바깥쪽으로 화살표를 붙이면 두 선분의 길이가 다르게 보입니다.[3] 크기 착시 현상도 있습니다. 동일한 크기의 두 원이 작은 원들과 큰 원들에 의해 둘러싸이는 경우, 두 원의 크기가 '변화'한 것으로 보입니다.[4] 원근 착시 현상이란 것도 있습니다. 똑같은 크기의 두 도형이 원근의 느낌을 주는 수렴하는 선들 사이에 놓이면 크기가 달라 보이는 현상입니다.[5] 두 점 사이의 거리가 똑같은데 안이 비어 있는 경우와 점으로 채워진 경우 두 점 사이의 거리가 다르게 보이는 착시 현상도 있습니다. 이 밖에도 많은 착시 현상이 있습니다.

이러한 착시 현상들의 기저에 놓인 생리학적 기제들을 아직도 적절하게 연구하지 못했습니다. 지난 수십 년에 걸친 조사에 따르면, 착시 현상들은 시선이 도형에 의해 점유된 공동 영역을 훑어볼 때 그 시선의 움직임에 주로 좌우된다고 합니다. 거의 대부분의 조사자들은 모든

---

3) 뮐러 리어(Müller-Lyer) 효과를 보여 주는 도형.

4) 크기 착시 현상을 보여 주는 도형. 에빙하우스 도형이라고도 합니다.

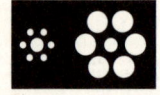

5) 원근 착시 현상을 보여 주는 그림. 폰쪼 착시 현상이라고도 합니다.

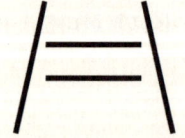

착시 현상은 상대적으로 단순한 물리적 토대에 근거한다고 믿고 있습니다. 그들에게는 이런 (지각 과정에서의 착시 현상도 문화 발달에 좌우될 수도 있고, 역사 발전의 다른 단계에서 상이한 착시 빈도를 보여 줄 수 있다는) 발상이 전혀 없었습니다.

우리 가설에 따르면, 역사 발전에 따라 변화하는 의미적이고 체계에 근거한 구조가 모든 시각적 지각 과정에 관여합니다. 이 구조는 다른 종류의 시각적 정보를 처리하는 과정(때론 직접적 인상이고, 다른 경우엔 실천적이고 대상 지향적인 경험의 프리즘으로 굴절되는 것이고, 또 다른 경우엔 언어로 그리고 이런 토대 위에 세워진 지각된 자료를 분석하고 종합하는 형태에 의해 매개되는 과정)에 참여합니다.[6]

이 가설은 또 다른 가설을 함축합니다. 인지 과정을 형성함에 있어 더 복합적인 역사적 조건들로 이행할 때, (인지 과정과 마찬가지로) 시각적 지각 과정도 변한다는 것을 함축하고 있습니다.

기하학적 도형을 지각하는 과정에 대한 관찰에서 우리가 기록했던 정신 과정에서의 변화들은 착시 현상에서도 분명히 드러나야만 합니다. 착시 현상의 출현을 결정하는 기제들이 정말로 역사 발전의 다른

---

[6] 『생각과 말』 5장에서 사고 구조의 발달을 크게 3단계로 나누어 설명했습니다. 혼합적 사고, 복합적 사고, 개념적 사고로 나누어 설명했습니다. 여기서 시각적 정보를 처리하는 과정에 개입하는 구조도 질적으로 다릅니다. 도식적으로 대입하면, 직접적 인상으로 처리하는 과정에 관여하는 구조는 '혼합적 사고'에, 실천적·대상 지향적 경험의 프리즘으로 굴절되는 과정에 관여하는 구조는 '복합적 사고'에, 언어로 분석하고 종합하는 형태에 의해 매개되는 과정에 관여하는 구조는 '개념적 사고'에 해당될 듯합니다. 루리야는 지각 과정에 관여하는 구조가 크게 세 가지임을 피력하고 있습니다. 질적으로 다른 구조들임을 강조하고 있습니다. 아마도 이러한 지각 과정에 개입하는 구조는 전체 사고 구조의 일부일 겁니다.

단계에서 같지 않다면, 우리가 행한 조사의 결과는 그것을 확증해야만 합니다. 비교적 단순한 생리적 요인들에 근거한 착시 현상은 아마도 변화하지 않을 것입니다. 하지만 좀 더 복잡한 토대에 근거한 착시 현상은 상이한 조건들에서 다르게 표현될 것이고, 어떤 경우들에서는 아마도 전혀 나타나지 않을 것입니다.

착시 현상들이 문화마다 다를 수 있고, 초보적인 생리적 법칙들보다 다른 원인들 때문에 착시 현상이 일어날 수도 있다는 착상이 오랫동안 지각 과정을 연구하는 심리학자에게는 너무도 낯선 것이었습니다. 결과적으로 지각 과정에 대한 문헌에는 착시 현상이 역사적으로 조건 지어진다는 관점을 확인해 주는 자료가 거의 담겨 있지 않습니다.

착시 현상도 문화에 기원이 있다고 제시한 첫 조사자는 리벌스(W. H. R Rivers, 1901)입니다. 그는 인도 토다 지방 사람들이 유럽 사람들보다 시각적 착시 현상들을 훨씬 덜 겪는다고 지적했습니다. 그는 착시 현상도 다른 종류가 있는데, 어떤 것은 다른 것보다 문화적 조건들에 훨씬 더 밀접하게 좌우된다고(예를 들면, 토다 지방 사람들의 경우에는 뮐러 리어 착시 현상보다는 수직선과 수평선의 길이 착시 현상의 발생 빈도가 더 많다고) 주장했습니다.

지난 십 년 동안 문화·역사적으로 조건화된 착시 현상은 좀 더 주의를 받게 되었습니다. 기하학적 원근에 대한 착시 현상은 도시 거주자들에게서 훨씬 더 자주 일어납니다. 사다리꼴-창문 착시 현상이 울창한 숲에 사는 줄루 사람들 사이에서 단지 14%에서만 발생했지만 보다 개방된 환경에 사는 줄루 사람들 사이에서는 64%나 발생했습니다(Allport & Pettigrew, 1957). 심리학자들은 많은 착시 현상들이 도시 문화('만들어진 세계')의 경제적 조건들 아래서만 잘 발생하고 초벽으로 만든 오두막에 거주하는 숲에 사는 주민들에게서는 훨씬 덜 발생한다는 가설을 다듬어 왔습니다. 이런 까닭으로 착시 현상의 근원이 시각적 지각 과정의 생리적 법칙에서 찾아지기보다는 외적인 사회적 조건들과 역사적 조건들에서 찾아져야만 합니다(Segall, Campbell, & Herskovits, 1963, 1966; 다른 저작들).

모르코비츠(Mordkovits)와 가자럇츠(Gazaryants)도 참가했었던 우리 연구에서, 착시 현상들이 모든 경우에 나타나는지를 확인하기 위하여 다른 집단들에 있던 피험자들도 통상 착시현상을 일으키는 도형들을 관찰했습니다.

우리는 다양한 형태의 착시 현상을 제시했습니다(〈그림 2〉). 어떤 것은 도형과 배경의 달라지는 관계가 들어 있었습니다. 다른 것에는 어떤 점들 사이의 거리가 무언가로 채워지거나 채워지지 않았습니다. 또 다른 것은 어떤 공통 영역을 잘못 평가하는 것과 관련되어 있습니다.

〈그림 2〉 다른 집단들에 속하는 피험자들에게 제시된 착시 현상들

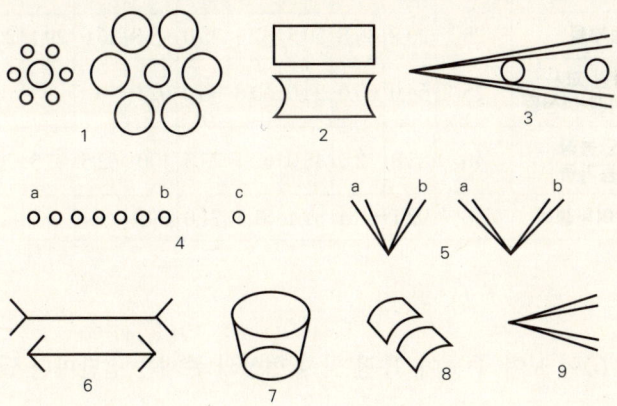

우리는 친숙한 착시 현상들이 우리의 모든 피험자들에게 발생하는지 확인하고 싶었습니다. 만약에 착시 현상들이 보편적인 것이 아니라면, 어떤 상황에서 어떤 착시 현상들이 특히 잘 유지되고 어떤 착시 현상들은 그렇지 않을까요?

착시 현상들이 보편적이지 않다고 판명되었습니다. 착시 현상들의 수가 크게 변동했는데, 피험자들의 교육 수준이 높아짐에 따라 75.6%까지 증가했습니다(〈표 6〉). 심지어 사대 학생들 사이에서도 착시 현상이 항상(피험자 중 단지 70~80%에서만 발생했음) 발생하지 않는다는 사실이 명확해졌습니다. 교육을 받은 경험이 더 적은 집단에서는 착시 현상의 사례가 비례하여 줄어들었습니다. 이렇게 이 자료는 착시 현상이 사회 역사적 발전과 부합하여 변화하는 복합적인 심리 과정과 연관되어 있다는 사실을 보여 주고 있습니다.

〈표 6〉 착시 현상의 수(백분율)

집단	피험자 수	착시 현상 번호(〈그림 2〉 참조)									평균
		1	2	3	4	5	6	7	8	9	
이츠카리 여성들	9	33.3	66.6	0	33.3	11.1	66.6	0	11.1	33.3	29.2
농부들	25	20.8	36.8	10.5	37.5	25.0	95.8	16.6	29.1	20.8	44.7
유치원 교사 양성 과정 여성들	25	64.0	60.0	24.0	60.8	36.0	92.0	-	-	-	50.4
집단농장 활동가들	40	85.0	72.5	45.0	62.5	77.5	100.	52.5	47.5	70.0	70.2
사대 여학생들	38	92.1	68.4	39.4	81.5	71.0	89.9	-	-	-	75.6

〈표 6〉이 보여 주듯이, 특정 착시 현상의 존재는 집단마다 달랐습니

다. 우리는 교육 수준이 높은 피험자들 사이에서는 높은 착시 현상 백분율을 보이지만 문맹인 피험자들 사이에서는 그런 착시 현상을 낳지 않는 특정한 기하학적 구조를 쉽게 변별할 수 있습니다.

뮐러 리어 착시 현상(《그림 2》의 6번)은 거의 모든 피험자 사이에서, 심지어 이츠카리 여성들(그들의 3분의 2) 사이에서도 출현했습니다. 이렇기 때문에, 우리는 이 착시 현상이 매우 초보적이고 인지 활동과 독립적이라고 추정할 수 있습니다. 최근 연구들(Yarbus, 1965)에 따르면, 눈 움직임은 도형에 의해 점유된 일반 영역에 대한 눈의 반사 운동으로부터 발생합니다. 이것은 우리가 얻은 결과에 너무도 잘 들어맞는 설명입니다.

교육받은 피험자들이 우월적으로 지각한 착시 현상들에 원근 착시 현상(3)과 기하학적 구조 요소들 사이에 관계를 지각하는 과정과 연결된 다른 착시 현상(5, 7, 9)이 포함됩니다. 이런 착시 현상들은 전문화된 교수학습을 통해 습득된 습관과 더 복합적인 정신 과정에서 유래했다고 추정할 충분한 근거가 있습니다. 예를 들면, 원근 지각은 교육과 관계가 있습니다(Deregowski, 1968a와 1986b).

그렇지만 우리 자료는 예비적인 것일 뿐입니다. 우리가 마음대로 착시 현상을 발생시키거나 사라지도록 조건들을 변화시킬 수 있는 특별한 실험 방법을 구안할 수 있다면, 이런 착시 현상의 기저에 놓인 기제들이 더욱 명확하게 드러날 겁니다. 그럼에도 불구하고 우리 견해에 따르면, 우리 자료는 지금까지 순수하게 생리적인 (따라서 보편적인) 것으로 간주되었던 지각 과정이 사회 역사적 발전에 의해 어떻게 영향을 받았는지 선명하게 보여 주었습니다.

먼저 특정한 심리적 과정들, 특히 일반적으로 상당히 기초적인 것으로 또한 오직 생리학적 분석에만 적합했던 것으로 간주되었던 지각 과정의 형태들을 조사함으로써 우리는 역사가 어떻게 의식을 형성해 나가는지를 살펴보고자 하는 분석 작업을 시작했습니다.

우리가 얻은 자료에 따르면, 심지어 색깔과 기하학적 형태를 지각하는 과정과 관련된 비교적 단순한 과정들도 상당한 정도로 피험자의 실천적인 경험과 그들의 문화적 환경에 의해 결정됩니다.

따라서 이러한 사실들에 근거하여, 색깔과 형태를 지각하는 과정에 대한 가장 최근 조사들에서 내려진 결론은 사실상 문화적 영향과 학문적 영향에 의해 형성된 개인들, 즉 그러한 지각 과정에 적용된 개념적 의미 체계를 지니고 있는 개인들에게만 적용되는 것이었음을 우리는 강조하고자 합니다. 삶의 경험이 근본적으로 실천적인 경험에 의해 결정되고 학교의 형성적 영향력이 아직 효과를 발휘하지 못한 또 다른 사회·역사적 조건들에서는 의미화 과정이 같지 않습니다. 왜냐하면 색깔과 형태를 지각하는 과정은 다른 실천적인 경험 체계에 적합하고 사용하는 다른 용어 체계에 의해 표현되는 다른 법칙들을 따르기 때문입니다.

3
일반화와 추상화

분류와 관련된 실험은 아주 오래전부터 행해졌으며 지금도 인지 과정을 조사하는 데 중요한 몫을 담당하고 있습니다. 아흐(Ach, 1905)는 추상화와 일반화를 할 수 있는 선천적 능력을 모든 인간이 지니고 있다는 것을 입증할 수 있는 논리적 생각의 기본 형태 몇몇을 기술하기 위하여 대상을 분류하는 초기 테스트를 구안했습니다. 그의 테스트들은 후에 전형적인 절차가 되었으며 저명한 심리학자인 골드스타인(Goldstein, 1948)과 비고츠키(Vygotsky, 1934)도 그의 테스트를 사용했습니다. 골드스타인과 그의 동료인 웨이글(Weigl)은 정상인과 뇌 손상을 입은 사람이 대상을 분류하는 데 어떤 차이가 있는지를 알아보려는 선구자적 작업에서 이 방법을 사용했습니다. 추상적 분류 혹은 범주적 분류에서 정상인 피험자는 추상적 개념에 따라 대상들을 선택하여 명백한 하나의 범주를 형성합니다. 이런 종류의 분류는 개별적인 대상들을 전에 접한 적이 있든 없든 간에 적합한 무리에 용기, 도구, 동물 혹은 식물 같은 추상적 범주의 사례들을 묶어 냅니다. 도끼, 톱, 삽, 이쑤시개, 뜨개질바늘 이 모두는 도구라는 범주에 속합니다. 마찬가지로 개, 코끼리, 북극곰, 기린, 쥐는 동물이라는 범주에 해당됩니다. 대상을 제시하는 방법(예를 들면, 그림으로 제시하거나 장난감으로 제시), 그것들의 크기, 색깔, 혹은 재질은 서로 관련이 없습니다. 범주적 분류는 복잡하고 말로 하는 논리적 생각과 관련됩니다. 말로 하는 논리적 생각은 자질들을 추출하기 위해 추상화와 일반화를 행하고 그 결과에 따라 대상들을 일반 범주에 포함시키는 언어적 능력을 활용합니다. '범주적' 생각은 통상 매우 유연합니다. 그래서 피험자들은 쉽게 한 자질에서 다른 자질로 (주의를) 옮기면서 적합한 범주들을 구성합니다. 피험자들은 물체(동물, 꽃, 도구), 재료(나무, 금속, 유리), 크기(큰, 작은), 색깔(밝은, 어두운) 또는 다른 속성을 기준으로 대상을 분류합니다. 한 범주에서 다른 범주로 자유롭게 이동하는 능력은 '추상적 생각' 혹은 추상적 생각에 본질적인 '범주적 행동'의 중요한 특징 중 하나입니다.

골드스타인과 그의 동료는 두 번째 분류 형태를 구체적 생각 혹은 상황적 생각이라고 명명했습니다. 이런 형태의 분류에 끌리는 피험자들은 대상을 논리적 범주로 솎아 내지 않고, 삶에서 도출되고 기억으로부터 재생된 대상들을 도해적이며 기능적인 상황들에 통합시킵니다. 이런 피험자들은 '식사' 상황을 떠 올리면서 그 때 사용되는 대상들, 식탁, 식탁보, 쟁반, 칼, 포크, 빵, 고기, 사과 같은 대상들을 함께 무리 짓습니다. 분명하게도 대상들의 어떤 측면들을 특정한 사고 범주들에 포섭하기 위해서는 대상들의 특정 측면을 추상화하는 것이 요구되는 말로 하는 논리적 조작은 이런 종류의 분류 과정에 관여하는 심리 과정의 토대에 놓이지 못합니다. 도리어 그런 능력은 상황적 생각에서 두드러지고, 거기에서 대상들은 어떤 일반적인 논리적 원칙에 따라 무리 지어지지 않고 개인에게 특유한 다양한 까닭에 따라 분류됩니다. 그런 무리 중 어떤 것은 확장되어 (그렇지만 특정한 상황에 어울리는) 가장 다양한 대상들을 포함할 수도 있습니다. 게다가 범주적 조직화와는 달리 구체적이고 상황적인 양식의 조직화는 엄격하게 결정됩니다. 이런 조직화를 행하는 피험자들은 시각적 사고가 없는 경우와 다른 분류 기준으로 전환하는 경우에 너무도 큰 어려움을 겪습니다. 골드스타인과 그의 동료는 기질성 뇌 질병을 지닌 환자에서, 특히 언어로 사고 과정을 매개하지 못하는 환자에서 이런 현상의 두드러진 사례를 관찰했습니다.[1]

개념 형성에 관한 비고츠키의 작업은 골드스타인의 것과 일치했지만 다른 가설, 방법, 과제를 가지고 골드스타인과 별개로 진척되었습니다. 골드스타인은 '추상적 성향' 혹은 '범주적 생각'이 지각적 현상들을 분류할 때 사용되는 다양한 방법을 결정하는 데 중요한 역할을 행한다고 믿었습니다. 비고츠키는 사람이 실재를 반영할 때 드러나는 차이는 그런 반영을 지배하는 심리적 요소들의 체계에서의 차이라고 해석했습니다. 그의 견해에 따르면 지각을 체계화하는 데 언어는 가장 결정적인 요소입니다. 왜냐하면 낱말은 자신이 바로 사회·역사적 발전의 산물이며 동시에 추상화와 일반화를 공식화하는 도구이기 때문입니다. 또한 낱말은 (의미가) 매개되지 않는 감각적 반영에서 (의미가) 매개된, 이성적 생각으로의 이행을 촉진합니다. 이렇기에 비고츠키는 '범주적 생각'과 '추상적 성향'은 새로운 사회적 요인의 충격으로 발생하는 인지 활동을 근본적으로 다시 조직화(언어가 심리 활동을 결정하는 데 하는 역할을 재구조화)한 결과라고 주장했습니다.[2]

---

[1] "언어로 사고 과정을 매개하지 못하는 환자"라는 표현은 비고츠키의 마지막 깨달음을 담아 말 기능과 생각 기능이 동시에 발현되지 못하는 환자, 말을 통해 생각을 하지 못하는 환자, 생각을 말로 표현하지 못하는 환자라고 표현할 수 있습니다.

[2] '추상적 성향' 혹은 '범주적 생각'을 골드스타인은 분류 작업을 가능하게 하는 원인으로 보았지만 비고츠키는 분류 활동을 통해 인지 구조가 재구조화된 결과로 보았습니다.

비고츠키는 개념 형성에 대한 더욱 꼼꼼한 분석을 하게 되었습니다. 그는 사람이 실재를 반영하는 데 있어서 낱말이 드러내는 모든 단계를 그리고자, 즉 개념 형성이라는 복잡한 전체 과정이 어떻게 낱말 사용에 뿌리 내리고 있는지를 관찰하고자 했습니다. 그에 따르면, 낱말 사용은 (낱말 의미) 발달의 각 단계에서 다른 뜻을 담게 됩니다.

비고츠키 이론에서 낱말 의미가 발달한다는(낱말은 다른 단계에서 다른 것을 뜻하기 때문에 다양한 방식으로 연상을 반영하게 된다는) 관념은 낱말 사용을 지배하는 심리 과정 자체가 주로 사회·경제적 요인들 때문에 변화하게 된다는 가정에 근거합니다. 비고츠키는 의미 변화를 연구하게 되면 심리학자들이 의식의 의미적 구조이며 체계적 구조를 분석할 수 있을 것이라고 너무도 올바르게 확신하고 있었습니다. 분류를 연구하는 골드스타인의 방법은 충분한 정보를 제공하지 못한다고 비고츠키는 판단했습니다. 이는 일부 피험자들이 실험에서 자연스럽게 그들을 인도하여 새로운 개념들을 형성하는 과정을 연구하는 것을 불가능하게 만든 풍부한 경험을 획득하고 있었기 때문입니다. 비고츠키는 피험자들이 새로운 개념들을 어떻게 발달시키는지를 확실하게 관찰할 수 있는 방법을 도입하고자 했습니다. 비고츠키는 인위적 개념 형성을 연구하는 데 아흐가 개발한 것과 너무도 유사한 방법을 사용했습니다.[3] 비고츠키의 연구에서 그 방법의 차이점은 실험에 도입된 인위적 낱말이 개념 형성을 촉진하는 주요한 요인이 되었다는 것입니다. 이 실험을 통

---

3) 비고츠키(2011) 『생각과 말』 5장에는 인위적 개념 형성에 관한 내용이 상세하게 담겨 있습니다. 아흐의 방법에 대한 비교 설명은 사크하로브의 논문(1928)을 참고할 수 있습니다. http://www.marxists.org/archive/vygotsky/works/comment/sakharov.htm

해 그는 낱말이 발달의 기본 단계들에서 어떻게 새로운 의미를 획득하게 되는지를 판별할 수 있었습니다.

비고츠키는 어린이가 (하나의 인위적 낱말로 표기되는) 기하학적 형태들을 분류하는 절차가 발달 단계에 따라 다양하게 변한다는 것을 관찰했습니다. 그는 어린이가 발달시킨 개념의 논리적 구조와 어린이가 현상을 분류하는 것을 가능하게 해 주는 심리적 과정에서 발생했던 변화 양상을 알아냈습니다.

어린이 발달의 초기 단계에서 낱말은 조직화하는 요소가 아닙니다. 대상을 묶어 내는 논리적 원리가 없기 때문에 어린이는 각각의 대상을 개별적으로 지각하고 무질서한 방식으로 대상들을 대충 모아 한 '덩어리'로 무리 짓습니다.

이 단계는 실제적인 분류의 최초 단계로 간주될 수 있는 다음 단계에 자리를 양도합니다. 여기에서도 마찬가지로 낱말을 분류를 위한 독립적인 수단으로 파악하는 건 무리가 있습니다. 그럼에도 불구하고, 어린이는 이제 대상을 비교하기 시작합니다. 매우 분명하게도 그런 비교는 어린이가 대상에서 얻게 되는 도해적인 인상(어린이가 추출한 물리적 자질들)에 토대를 두고 있는 게 확실합니다. 이 단계에서 어린이는 색깔, 형태, 크기의 구체적 속성들을 떼어 낼 수 있고 그러한 속성들에 근거하여 두 대상을 비교할 수 있습니다. 그렇지만 이러한 비교를 행하면서 어린이는 자신이 최초에 추출한 자질들을 쉽게 놓쳐 버리고 한 자질에서 다른 자질로 획획 옮겨 갑니다. 결과적으로 어린이는 대상들의 무리 혹은 고리를 만들어 내는 데 개개의 대상은 다양한 각각의 까닭 때문에 거기에 포함됩니다. 어린이는 여전히 조작을 위한 일반적인 통일된 원리를 찾아야만 합니다. 이렇기 때문에 어린이는 일반적인 통일된 범주를 구성할 수 없습니다. 어린이는 큰 파란 원(색깔), 작은 파란 삼각형(형태), 작은 녹색 사각형(크기), 작은 녹색 육면체(색깔) 따위 같은 대상을 함께 한 무리에 모아 놓곤 합니다. 이처럼 모아 놓은 대상들의 무리는 통일된 개념을 반영하지 못하고 오히려 대상들에 대한 복합체(적 사고 수준)를 반영합니다. 이 무리에 포함된 각각의 대상은 개별적인 근거 때문에 여기에 모아졌습니다. 사실상 그런 복합체 구조의 논리는 각각의 대상이 어떤 주요 인물의 '아들'로, 다른 건 '형제'로, 또 다른 건 '엄마'로 한 무리에 포함되는 가족을 연상시킵니다. 좀 더 확산적인 무리를 살펴보면, 하나가 어떤 중심인물의 '아들'을 나타낸다면, 두 번째 것은 그 아들의 '아내'를, 세 번째 것은 '아내'의 남자 형제를 표상하는 식으로 쭉 이어집니다. (복합체) 구조에 근거하여 이런 식으로 무리 짓는 논리는 각각의 대상이 개별적인 근거 때문에 그 무리에 참여하게 되는 일반적 상황에 대상들 전부가 포함됨을 알아차릴 수 있을 때 드러납니다(그런 무리 짓기의 사례에 위에서 언급했던 '식사' 상황이 해당됩니다. '의자'는 식탁에 앉는 데 사용되고, '식탁보'는 식탁을 덮는 데 사용되고, '나이프'는 빵을 자를 때 사용됩니다).

이런 식으로 특징적인 패턴에 의미를 담아내는 데 지배적으로 관여하는 심리 과정은 사람이 공통된 자질을 추출할 수 있게 해 주고 개별적인 대상들을 논리적으로 포섭할 범주를 드러내 주는 낱말에 근거하지 않습니다. 정확히 표현하면, 대상들을 복합적인 무리로 분류하는 데 결정적인 것은 대상들 사이의 다양한 상호 관계를 도해처럼 지각하거나 도해처럼 상기하는 것입니다. 이런 분류에 핵심적으로 작동하는 조작은 질적으로 성숙한 생각에 담긴 말로 하는 논리가 아니고 본질적으로 시각적 인상과 시각적 기억에 근거합니다. 비고츠키에 따르면, 그런 사고 과정은 취학 직전의 어린이와 초등학교 어린이에게 전형적이라고 합니다.

이런 형태의 생각과 구분되는 발달(개념 형성)의 다음 단계는 아주 다릅니다(이 단계로의 이행은 어린이가 학교에 입학하여 경험하게 되는 어린이 활동의 전체 영역에서 발생하는, 추측컨대 점진적인 변화에 의해 추동됩니다).

어린이가 사춘기에 이를 때 즈음이면, 어린이 생각을 지배하는 심리 과정이 명백하게 변화하듯이 실재를 반영하기 위해 사용하는 논리적 조작도 두드러진 변화를 겪게 됩니다. 그는 더 이상 자신의 즉각적인 인상에 근거하여 일반화를 하지 않습니다. 이제는 범주화를 위한 근거로 대상의 어떤 현저한 자질을 변별하여 사용하게 됩니다. 즉, 이 시점에서 어린이는 각각의 대상을 특수한 범주에 할당하면서 (각각의 대상을 추상적 개념에 연결시키면서) 현상으로부터 추론을 합니다. 어린이는 몇몇 연구자가 '종합을 통한 분석'의 시기라고 명명하기를 선호하는 단계에 이르게 됩니다. 사춘기 청소년은 단일 범주에 다양한 대상들을 포섭하는 분명한 분류체계를 확립한 후에 (예를 들면, 장미-꽃-식물-유기물처럼) 점점 증가하는 '일반성의 정도(degrees of community)'를 표현하는 위계적인 개념 도식(hierarchical conceptual scheme)을 발전시킵니다. 이후로는 이 도식이 그의 모든 분류 방법을 결정하게 됩니다. 단정컨대, 사람이 일단 이런 사고 양식으로 이행하게 되면 그는 대상들과 상호 작용하는 구체적인 양식이 아니라 우선적으로 대상 간의 '범주적' 관계에 집중하게 됩니다.

누구라도 이렇게 분류하는 인지 과정을 지배하는 심리적 요소들이 도해적인 일반화 방법들과 작동하는 과정이 확연하게 다르다는 것을 쉽게 이해할 수 있습니다. 도해적인 일반화 방법들은 개인들의 실천적 경험에 근거하지만 '개념적' 혹은 '범주적' 생각의 핵심에는 언어 체계를 통해 교류되는 사회의 공유된 경험이 있습니다. 이렇게 널리 사회에서 사용되는 기준에 의존하게 되면서 도해적인 생각 과정은 낱말이 추상화와 일반화를 위한 중요한 도구가 되는 의미적이고 논리적인 조작의 도식으로 변형됩니다.

상황에 따른 개념적 생각에서 분류에 따른 개념적 생각으로의 이행이 사람이 관여하는 활동 형태에서 이루어진 근본적 변화와 관계있다는 것은 의문의 여지가 없는 사실입니다. 이전 활동이 도해적인 실천적 조작에 뿌리박고 있는 것처럼 이후 활동은 어린이가 학교에서 배워 수행하게 되는 이론적 조작에 의존하게 됩니다. 교사가 이런 수업을 교육 과정에 따라 풀어내기 때문에, 그 결과는 '일상적' 개념이라기보다는 '학문적' 개념으로 귀결됩니다.[4] 똑같은 정도로 중요한 것은 시각적 생각에서 개념적 생각으로의 이행이 낱말이 의미화 과정에서 담당하는 역할에 영향을 미칠 뿐만 아니라 낱말들의 성질 자체(낱말들에 물들여진 의미들)를 변화시킨다는 것입니다. 비고츠키가 정확하게 관찰했듯이, 발달의 초기 단계에서 감정적 인상 혹은 구체적 관념이 낱말의 의미를 채색했던 것처럼, 이후에는 역사적으로 발전된 기호 체계가 낱말들의 의미를 지배합니다. 그렇게 낱말들은 추상화와 일반화를 도출하는 기능을 행합니다.

비고츠키는 아동 발달의 연속적인 단계들에 대한 관찰과 연구에 근거하여 의미 발달과 의미 반영의 새로운 양식이 어떻게 기원했는가에

---

4) 『생각과 말』(2011) 6장에서 비고츠키는 이 두 가지 유형의 개념들을 비교하여 설명했습니다. 거기서는 학문적 개념 중에서 과학적 개념을 중심으로 논의했습니다.

대한 이론을 만들었습니다. 이제 이어지는 질문들에 명확하게 대답하는 것은 우리 몫입니다. 낱말 의미가 인간 사회의 연속적인 단계에서 어떻게 발달하는가? 잘 교육 받은 사람의 일반화 능력은 모든 사회의 성인에게서 발견될 수 있는가? 다양한 문화적 패턴들을 지닌 사회·역사적 체계들은 다른 방식들로 실재를 반영하는 일반화 양식들을 드러나게 발달시키는가? 성인 생각을 특징짓는 본질적 속성들에 따라 대상들을 범주화하는 절차는 어디서나 발견할 수 있는가? 혹은 일반화의 더 구체적인 방법들이 활동의 기본적인 형태가 지배적인 사회들에서 우세하게 사용되는가? 만약에 실제로 다른 사회 제도들이 다른 종류의 일반화를 낳는다면, 문화·역사적 진보가 사람의 생각 패턴에 어떤 영향을 미치는가? 사람들은 문화·역사적 진보에도 불구하고 자신의 습관적인 일반화 방식을 견지할까 아니면 새로운 형태의 활동에 특히나 교육으로 문화를 반영한 형태의 활동에 노출되었기 때문에 그가 선호하는 방법에 근본적인 변화가 야기되었을까? 인구의 대다수가 읽고 쓸 수 있게 되는 것처럼 사회 질서가 심대한 변형을 겪게 된다면, 그들의 인지 과정에 어떤 변화가 발생할까?

연구방법

피험자들에게 네 가지 물건이 그려진 그림을 보여 주었는데, 그중의 셋은 하나의 범주에 속하고 나머지 하나는 다른 범주에 속합니다. 피험자들에게 어떤 세 가지 물건이 "비슷합니까?", "'한 무리로 묶을' 수 있습니까?", "한 낱말로 표현할 수 있습니까?" 또는 "어떤 대상이 같은 무리에 속할 수 없나요?" 혹은 "다른 세 가지 대상에 적용되는 한 낱말로 표현할 수 없는 대상은 어떤 것인가요?" 같은 질문을 했습니다.[5] 우리는 이 분류 양식을 증명하기 위하여 일련의 표본을 사용했고, 한 무리에 세 가지 대상(포유동물)을 포함하지만 네 번째 대상(새)을 배제하는 데 사용된 원리를 상세하게 설명해 주었습니다. 이러한 사전 훈련을 행한 후에, 우리는 기본적인 관찰을 해 나갔습니다.

우리는 다음 두 가지 원리 중 하나에 따라 무리 지을 수 있는 방식에 근거하여 피험자들이 대상들을 분류할 수 있는 그런 대상들을 선별하였습니다. 두 가지 원리는 특정 분류체계의 범주를 참조하는 것과 실천적 상황에 관련시키는 것이었습니다. 망치, 톱, 통나무, 도끼와 같은 대상의 무리는 이 요구 조건을 만족시켰습니다. 그것들은 추상적, 분류체계적 기준인 '도구'에 따라 망치, 톱, 도끼로 분류될 수도 있고 (나무를 톱질하고 쪼개는) 실천적 상황과 일치하게 분류될 수도 있었습니다. 후자의 경우 그런 상황에서 어떤 기능을 수행하기 위해서 사용되는 물건들(톱, 통나무, 도끼)을 포함하게 됩니다.

이 기준은 유리잔-냄비-안경-병, 나무-장미-밀 이삭-새, 눈-손가락-입-귀 같은 여러 다른 대상 무리를 선택하는 데도 사용되었습니다. 우리는 또한 이 피험자들이 아주 잘 이해할 수 있을 것이라고 생각했던 좀 변화된 테스트도 실시했습니다. 이런 변형된 테스트에서는 피험자에게 분명히 한 범주에 속하는 세 가지 그림을 제시하고 두세 개의 추가적인 그림을 보여 주면서 그 범주에 적합한 네 번째 그림을 고르

---

5) 우즈베키스탄 언어에는 서로 다른 낱말이 존재합니다. '비슷한', '유사한'의 의미를 나타내는 낱말과 '적합한', '타당한'의 의미를 지칭하는 낱말이 서로 다릅니다.

라고 요청하였습니다. 일반적으로, 단일한 의미적 기준에서 보면 추가적인 그림에서 단지 하나의 그림만이 처음 범주에 적합합니다. 나머지 그림(혹은 그림들)은 피험자가 실천적인 상황을 분류의 기준으로 할 때만 처음 세 가지 그림과 같이 무리 지을 수 있었습니다. 이 변형된 실험에서 도끼, 고기 자르는 도끼, 삽이 기본 무리로 제시되었고, 피험자는 톱, 밀 이삭, 통나무 중에서 기본 무리에 속할 수 있는 것 한 개나 두 개를 골라야만 했습니다. 또는 나무, 꽃, 밀 이삭을 기본 무리로 피험자에게 제시하고 장미나 새 중에서 기본 무리에 추가될 수 있는 것 하나만을 피험자가 고르게 했습니다.

피험자 대답의 신뢰도를 알아보기 위하여 그리고 피험자의 대답을 지배하는 특정한 심리 과정을 파악하기 위하여, 우리는 피험자에게 그가 모아 놓은 대상들의 무리들을 각각 정의해 보도록 요구했습니다. 논의 과정 중에 우리는 나아가 대안적인 해결책을 제안하기도 했습니다. 그래서 만일 피험자들이 실천적인 상황에 맞게 대상들을 무리 짓는다면 우리는 그들에게 다음과 같이 말했습니다. "다른 사람은 다른 방법으로 문제를 해결했어요." (이러이러한 대상들을 한 무리에 넣었어요.) "왜 그 사람이 그렇게 했을까요?" "그 사람이 맞았나요, 틀렸나요?" 가설적인 '타인'의 해결책뿐만 아니라 자기 자신의 해결책을 피험자가 분석하는 것을 들어 보면서 우리는 피험자의 대답을 결정하는 심리적 과정에 대해 더 많이 알 수 있었습니다. 이런 연유로 우리는 그 피험자가 다른 분류 형태로 얼마나 쉽게 이동할 수 있는지를 더 잘 판단할 수 있었습니다.

우리는 이 실험을 비공식적인 상황에서 실시했습니다. 거의 대부분을 찻집에서 오랫동안 여유롭게 피험자들과 잡담을 나눈 후에, 우리는 마치 '게임'처럼 테스트 자료를 논의하였습니다. 때때로 우리는 두세 명의 피험자들과 함께 이 테스트를 진행했습니다. 그들 피험자는 그림을 자세히 살펴보고, 그에 대해 논의하고, 빈번하게 자신의 의견을 주장하기 위해 상대의 말을 서로 끊고는 했습니다.

18세에서 65세까지 다양한 연령의 피험자 55명이 실험에 참여하였습니다. 26명은 페르가나의 계곡이나 산골 마을에서 온 농부들이었습니다. 몇몇은 홀로 땅을 경작하고 있었으며, 다른 사람들은 아주 최근에 조직된 집단농장에서 일하고 있었는데, 이들 모두는 문맹이었습니다. 다른 10명의 피험자들은 집단농장의 활동가였습니다. 그들은 단기 교육 과정을 이수하였지만 글을 겨우 읽고 쓸 수 있을 정도였습니다. 7명의 피험자는 젊은 학생이었고, 또 다른 젊은 피험자 12명은 1~2년 학교를 다녔고 집단농장에서 일하고 있었습니다.

결과

앞에서 언급한 것처럼 우리 피험자의 대다수는 학교를 다닌 적이 없었고 당연하게도 이론적 조작들을 행하는 체계적인 교육을 받지 못했습니다. 이런 연유로 그들이 어떤 원리를 적용하여 대상들을 무리 짓는지 우리는 너무도 큰 호기심을 가지고 관찰했습니다.

거의 모든 피험자가 주의 깊게 설명 내용을 들었고 열정적으로 제시된 작업을 시작했습니다. 하지만 종종 어떤 경우에는 심지어 시작부터 '같은' (범주에 속하는) 대상을 고르지 않고 "특수한 목적에 적합한 대상들"을 골랐습니다. 달리 표현한다면, 대상들 사이에서 실천적 관계를 재현하기 위하여 그들은 이론적 과제를 실천적 과제로 대체했습니다

다. 이런 경향은 피험자들이 곧장 개별적으로 대상들을 평가하기 시작하고 대상들의 기능들을 알아내는 ('이건' 이러한 일에 필요하고 '저건' 저러한 일에 필요하지) 실험 진행의 초기에 명백하게 드러났습니다. 그들은 추상적인 용어에 따라 대상을 비교하고 무리 지어 대상들을 특수한 범주들에 할당할 필요를 느끼지 못했습니다. 실험이 한창 진행된 후에야 많은 피험자들이 이 경향을 극복할 수 있었습니다. 그렇지만 심지어 그 때에도 그들은 과제를, 어떤 공통된 자질에 따라 대상들을 범주화하는 이론적 조작이 아니라 실천적 상황에서의 역할에 따라 대상들을 무리 짓는 조작으로 간주하곤 했습니다. 달리 표현한다면, 그들은 자신들이 겪은 매일 매일의 노동 경험에서 도출한 절차들을 재현했습니다. 결과적으로 그들은 대상들이 함께 기능하는 도해적인 상황을 재구성하면서, 엄격하게 개개인에게만 의미 있는 잣대에 따라 대상들을 묶어 냈습니다.

게다가 이들 피험자들은 낱말을 대상을 분류할 때 사용할 추상적 범주를 위한 상징으로 해석하지 못했습니다. 그들에게 중요한 것은 적합한 대상들을 묶어 낼 수 있는 실천적 도식들에 관한 아주 구체적인 관념들이었습니다.[6) 결과적으로 그들의 생각은 이론적 조작들을 수행하도록 교육받은 피험자들의 생각과는 너무도 달랐습니다.

거의 변화하지 않는 안정적인 무리들을 모아내기 위하여 우리의 피

---

6) 대한민국 교사들이 경쟁으로 말미암아 교사 양성 과정에서 그리고 임용 후 학교 현장에서 발달 지체를 겪다 보니, 실천적 도식에 필요한 구체적인 관념만 추구하고 있습니다. 즉각적으로 따라 할 수 있는 단편적인 방법, 절차, 기법에 매달리고 있습니다. 언제 어디에서나 주체적으로 활용할 수 있는 원칙과 원리, 법칙, 이론에 대한 탐구를 등한시하고 있습니다.

험자들은 구체적인, '상황적' 생각을 사용했습니다. 우리가 (추상적 원리에 근거하여) 다른 무리를 제안했을 때, 그들은 일반적으로 그것을 거부하였고 그런 배열은 대상들 사이의 내적 관계를 반영하지 못했다고, 그것을 받아들이는 사람은 "어리석은", "어떤 것도 이해하지 못한" 자라고 주장했습니다. 그들은 분류를 위한 그런 방식이 사용될 수도 있겠다고 너무도 드물게 수긍하였고, 그럴 때도 마지못해 그렇게 하면서, 그것은 "중요하지" 않다고 확신하며 대꾸했습니다. 그들에게는 오직 실천적 도식들에 근거한 분류만이 "중요한" 혹은 "옳은" 것이었습니다.

실천적 삶에서 사용된 조작들을 재현하려는 경향은 교육 받지 못한 문맹의 피험자들이 자신들을 통제하는 바로 그 요인이었습니다. 대조적으로 자신들의 활동이 일차적으로 실천적 노동에 여전히 제한되어 있었지만 단기간 학교에 다녔거나 몇몇 과정을 이수한 피험자들은 두 가지 일반화 양식, 실천적 일반화와 이론적 일반화 양식 (비록 실천적 일반화가 우세했지만) 둘 다를 사용하는 경향이 있었습니다.

세 번째 피험자 집단은, 즉 대다수가 한 1~2년 학교를 다닌 적이 있는 집단농장의 젊은 활동가들은 범주적 분류를 원리로 파악하였을 뿐만 아니라 이 원리를 대상을 무리 짓는 자신의 중요한 방법으로 사용했습니다. 그들이 상황적 생각에서 추상적 생각으로 옮겨 가는 것은 상대적으로 쉬웠습니다. 그들을 보면 심지어 짧은 기간의 학교 교육도 결실을 맺는 것 같습니다.

우리는 충분한 이유를 가지고 총괄해서 다음과 같이 결론을 내릴 수 있었습니다. 비록 우리의 피험자들이 (실천적 도식이 자신들의 일상적 삶에 더 근본적이고 적합하다고 간주하면서) 실천적 도식에 따라 대상들을 무리 짓는 것을 선호하였지만, 그들은 복잡한, 추상적 인지 활동을 행할 수 있는 어느 정도의 능력을 지니고 있었습니다. 우리는 이런 일반화 사례들을 보여 주기 위하여 실험 경과를 상세하게 제시하였습니다.

피험자: 라크마트 – 39세, 외곽 지역 출신의 문맹인 농부. 페르가나는 물론이고 다른 어떤 도시에도 가 본 적이 없음.

그에게 망치-톱-통나무-손도끼가 있는 그림을 보여 주었다.
"그건 다 비슷해요. 난 이 모든 게 여기 있어야 한다고 생각해요. 보세요, 만약에 당신이 톱질을 하려고 한다고 가정해 보세요. 당신은 톱이 필요하지요. 그리고 만약에 뭔가를 쪼개려고 한다면, 손도끼가 필요해요. 그렇게 이 모든 게 여기에 있을 필요가 있어요."
:: 실천적 상황에서 대상들을 무리 짓기 위하여 '필요'의 원리를 적용.

우리는 좀 더 간단한 다른 사례를 들어 과제를 설명했다.
• 보세요, 여기에 세 명의 어른과 한 명의 소년이 있어요. 이제 어린이가 이 무리에 속할 수 없다는 것을 아시겠지요.
"음, 그렇지만 소년은 다른 어른들과 함께 있어야지요! 세 어른은 모두 일을 하고 있어요. 아시겠어요. 만약에 세 분이 물건을 가지러 간다면, 그들은 일을 끝마칠 수 없어요. 하지만 소년은 물건을 가지러 갈 수가 있어요. …… 소년은 일을 배울 수 있어요. 그게 훨씬 좋아요. 그렇게 모두 함께 일을 잘할 수 있어요."
:: 무리 짓기에 똑같은 원리를 적용.

• 보세요, 여기에 바퀴 세 개와 집게 하나가 있어요. 분명하지요. 집게와 바퀴는 어쨌든 같지 않지요. 그렇지요?

"아니요. 그것들은 함께 있어야 해요. 저도 집게가 바퀴와 다르다는 건 알아요, 하지만 만약에 당신이 바퀴에 있는 어느 부분을 꽉 조이려면, 둘 다 필요해요."

:: 다시 실천적 상황에 빗대 대상들을 기능에 따라 할당.

• 그러나 당신이 집게에는 사용할 수 없고 바퀴에만 사용할 수 있는 한 낱말이 있어요. 그렇지요?

"네, 나도 그건 알아요. 그러나 집게가 있어야 해요. 당신은 집게를 사용해서 무거운 쇠를 들 수 있어요. 아시겠어요."

• 그래도 바퀴와 집게 둘 다에 똑같은 낱말을 사용할 수 없는 건 사실이잖아요?

"물론 그렇지요."

우리는 최초의 무리를 담은 그림을 집어 들었다. 망치-톱-통나무-손도끼.

• 이것들 중에 어떤 것들을 한 낱말로 명명할 수 있나요?

"어떻게 그럴 수 있어요? 만약에 세 개를 '망치'라고 한다면, 그건 맞을 수 없죠."

:: 일반적 용어 사용을 거절함.

• 그런데 한 친구가 세 개(망치, 톱, 손도끼)를 집어 들고 이건 다 비슷하다고 말했어요.

"톱, 망치, 손도끼는 모두 함께 쓰이지요. 그렇지만 통나무도 여기 꼭 있어야지요!"

:: 상황적 생각으로 되돌아감.

3. 일반화와 추상화

• 그가 왜 통나무를 빼고 나머지 세 개를 집었는지 생각해 보세요.

"아마도 그는 장작이 아주 많았겠지요. 그러나 장작 없이 지내야 한다면, 우린 아무것도 할 수 없을 겁니다."

∷ 너무도 실천적인 용어로 선택을 설명.

• 사실을 말하면, 망치, 톱, 손도끼는 모두 도구예요.

"그렇지요, 하지만 우리가 도구를 가지고 있다고 해도 나무는 여전히 필요해요. 나무가 없다면, 우린 어떤 것도 만들 수 없어요."

∷ 범주적 용어를 알려 주어도 상황적 생각을 지속함.

이어서 피험자에게 새-총-단도-총알이 그려진 그림을 보여 주었다.

"제비는 여기 어울리지 않아요. …… 아니야. …… 이건 총이군요. 총알로 총을 장전하고 제비를 죽일 수 있군요. 그런 후에 다른 방법이 없으니 당신은 단도를 가지고 새를 잘라야겠군요."

∷ 범주적 분류를 행하려 하지 않고 모든 대상을 포함시키는 상황적 생각으로 되돌아감.

"제비라고 전에 내가 말한 건 틀렸네요! 이 모든 것이 함께 있어야겠네요!"

• 그렇지만 이것들은 무기예요. 제비는 어떤가요?

"아니지요. 제비는 무기가 아니지요."

• 그러면 혹시 이 세 개는 어울리지만 제비는 어울리지 않는 것 아닐까요?

"아니요. 새는 그래도 거기 있어야 해요. 그렇지 않으면, 맞춰야 할 게 없잖아요."

이번에는 유리잔-냄비-안경-병이 그려진 그림을 제시했다.

"이 세 개가 어울리네요, 그런데 왜 당신은 여기에 안경을 두셨나요, 정말 이해하기가 어렵네요. 다시 보니 모두가 잘 어울리네요. 만약에 사람이 물건들을 볼 수 없다면 그는 저녁을 먹기 위해 그것들을 제대로 놓을 수 없겠네요."

• 그런데 한 친구가 나에게 네 개 중에서 하나는 이 무리에 속하지 않는다고 했어요.

"아마도 그는 그런 식으로 생각하는 사람이겠지요. 그렇지만 나는 이 모든 게 여기 속한다고 생각해요. 당신은 유리잔으로 요리를 할 수 없어요. 거기엔 뭘 채워야 해요. 요리를 하려면 냄비가 필요하고 더 잘 보려면 안경이 필요하지요. 우리는 이 네 개 다 필요해요. 그게 네 개 모두가 여기 놓여 있는 까닭이지요."

:: '요리 용기'를 무리 지으려는 처음의 시도를 대상들이 서로 관련되는 실천적 도식을 찾는 작업으로 대체함.

피험자: 미르잔브 – 33세, 교육받지 못함. 마을에서 일함. 페르가나에 한 번 가 보았지만 다른 도시에는 가 보지 못함.

유리잔-냄비-안경-병 그림을 보여 주었다.

"여기에 어울리지 않는 게 뭔지 모르겠어요. 아마도 병이겠네요, 그렇지요? 유리잔으로 차를 마실 수 있어요. 그건 유용한 것이지요. 안경도 유용하지요. 그런데 병에 보드카가 들어 있다면, 그건 나쁘지요."

:: 대상을 분류하기 위해 '유용성'의 원리를 사용함.

• 안경이 이 무리에 속하지 않는다고 말할 수도 있지 않나요?
"아니요. 안경도 분명히 유용한 거예요."

피험자에게 어떻게 세 대상이 '요리 용기'의 범주에 속하는지를 자세하게 설명했다.

• 그러니까 안경이 이 무리에 어울리지 않는다고 말하는 게 맞지 않을까요?
"아니요. 내 생각엔 병이 여기에 속하지 않아요. 그건 해로운 거예요!"
• 그렇지만 당신은 한 낱말, 용기라는 낱말을 사용할 수 있잖아요. 그렇지요?
"내 생각엔 저 병에는 보드카가 들었어요. 그게 내가 그걸 취할 수 없는 까닭이에요. …… 그래도, 당신이 내가 그렇게 하길 원한다면, …… 그렇지만, 당신도 알다시피, 네 번째 것(안경)은 유용해요."
:: 일반적인 용어를 무시함.
"만약에 당신이 무엇을 요리한다면 당신은 어떻게 되고 있는지를 봐야만 해요. 그리고 시력이 좋지 않다면, 안경을 쓰지 않을 수가 없어요."
• 그렇지만 당신은 안경을 용기라고 부를 수 없어요. 그렇지요?
"만약에 당신이 뭔가를 불 위에서 요리한다면, 안경을 써야만 해요. 그렇지 않으면 당신은 요리를 할 수 없을걸요."

피험자: 세르 – 60세, 요르단 마을 출신의 문맹인 농부.

셔츠-장화-두건-쥐의 예를 들어 과제를 설명했다. 그리고 피험자에게 망치-톱-통나무-손도끼 그림을 보여 주었다.
"모두 다 여기에 잘 맞네요! 톱은 통나무를 썰어야 하고, 망치는 통나무에 뭘 박아야 하고, 손도끼는 통나무를 패야 하지요. 그리고 만약에 당신이 통나무를 정말 잘 쪼개려면 망치가 필요해요. 당신은 어떤 것도 치울 수가 없겠네요. 당신에게 필요하지 않은 게 하나도 없어요."

:: 추상적 분류를 상황적 생각으로 대체함.

• 그렇지만 제가 첫 번째 사례에서 당신에게 쥐가 어울리지 않는다는 걸 보여 주었잖아요.

"쥐는 어울리지 않았지요! 그런데 여기선 넷 다 아주 잘 어울려요. 톱은 통나무를 자르고, 손도끼는 그걸 쪼개고, 당신은 망치로 더 세게 쳐야 해요."

• 그런데 한 친구는 나에게 통나무가 여기에 속하지 않는다고 말했어요.

"왜 그가 그렇게 말했지? 만약에 통나무는 다른 것과 어울리지 않는다고 그걸 한쪽에 치워 둔다면, 우리는 실수를 하게 되는 거예요. 이 모두가 통나무에 필요한 거예요."

:: 유사성보다 유용성을 더 중요하게 간주함.

• 그렇지만 다른 친구는 톱, 망치, 손도끼는 어떤 점에서 모두 비슷하지만, 통나무는 그렇지 않다고 말했어요.

"그렇지요. 모두 비슷하지 않으면 어찌 되겠어요? 그것들이 모두 작용해서 통나무를 쪼개지요. 여기서는 모든 것이 제대로 쓰여요. 모든 게 잘 어울려요."

• 자, 보세요. 당신은 이 세 개를 묶어 내는 데 한 낱말, 도구라는 낱말을 사용할 수 있지만 통나무에는 그 낱말을 사용할 수 없어요.

"만약에 그것들을 모두 사용할 수 없다면 그것들을 묶어 내는 데 한 낱말을 사용하는 게 무슨 의미가 있지요?"

:: 일반화할 수 있는 용어 사용을 거절함.

• 이 세 개를 묶어 내는 데 어떤 낱말을 사용할 수 있어요?

"사람들이 사용하는 낱말들이지요. 톱, 망치, 손도끼. 당신은 이 셋을 위해 한 낱말을 사용할 수 없어요."

• 당신은 이것들을 도구라고 부를 수 있잖아요?

"그렇지요. 통나무를 제외하면 다 도구지요. 그렇지만 우리 식으로 본다면, 통나무는 여기 있어야 해요. 그렇지 않으면, 나머지들을 무엇에 쓰나요."

:: 다시 지배적인 상황적 생각을 사용.

인용된 사례들이 보여 주는 바와 같이 불운하게도 우리는 이 피험자들이 추상적인 분류 행위를 수행하도록 만들지 못했습니다. 심지어 그들이 다양한 대상들에서 어떤 유사성을 파악했을 때조차도, 그들은 그 사실에 특별한 중요성을 부여하지 않았습니다. 일반적으로, 대상들을 범주화하기보다는 실천적 도식들을 잣대로 무리 짓는 것에서 알 수 있듯이 그들은 '실천적 유용성'에 근거하여 조작했습니다. 우리가 대상들의 특정한 무리를 나타내는 데 사용할 수 있는 일반적인 용어를 언급했을 때, 그들은 일반적으로 정보를 무시하거나 그것을 중요하지 않은 것으로 간주했습니다. 그렇게 그들은 실천적 배열에 따라 대상들이 묶여야만 한다는 관념을 고수했습니다. 우리 눈에는 어떤 실제적인 실천적 도식으로 함께 무리 짓기가 어려워 보이는 대상들을 제시했을 때조차도 계속해서 그렇게 했습니다. 우리가 추상적 분류의 원리를 명확히 했을 때도, 그들은 우리의 설명에 아주 주의 깊게 귀 기울였지만 그것을 받아들이지는 못했습니다. 다음의 사례들은 이러한 경향을 보여 주고 있습니다.

피험자: 아브디 가프 – 62세, 오지 마을 출신의 문맹인 농부.

과제를 설명한 후에 그에게 칼-톱-바퀴-망치를 제시했다.
"그것들은 전부 여기에 필요해요. 모두 다. 톱은 장작을 쪼개는 데, 다른 건 다른 일에 필요해요."
:: 그것들을 분류하지 않고 '필요'에 의해 대상을 평가함.
• 아니에요. 이것 중에서 세 개는 한 무리에 속해요. 당신은 다른 하나에 사용할 수 없지만 그 세 개에 한 낱말을 사용할 수 있어요.
"그럼 그게 망치인가? 그런데 그것도 필요한데. 당신은 그것을 가지고 못을 박을 수 있어요."
• 분류의 원리를 설명했다. "대상 중에 세 개는 모두 '도구'예요."
"그러나 당신은 바퀴를 가지고 물건을 날카롭게 만들 수 있어요. 만약에 아라바(우마차의 일종)에 있는 바퀴라면 여기에 그걸 놓지 못할 이유가 뭔가요?"

• 분류의 원리를 학습할 수 있는 피험자의 능력을 다른 그림(총검-총-큰 칼-단도)을 통해 테스트했다.
"여기서 당신이 뺄 수 있는 게 없네요! 총검은 총의 일부고요. 남자는 왼쪽에 단검을 걸치고 오른쪽에 총을 차지요."
:: 다시 대상을 무리 짓는 데 '필요'의 관념을 사용함.
• 분류의 원리를 설명했다. "대상 중에 세 개는 자르는 데 사용할 수 있지만 총은 그럴 수 없어요."
"총은 먼 곳에서 쏠 수 있지만 가까이에서 쏘면 총도 자를 수 있어요."
• 이어서 그에게 손가락-입-귀-눈 그림을 제시하고 세 대상은 얼굴에 있지만

다른 하나는 다른 신체 부분에 있다고 이야기했다.

"당신은 지금 손가락이 여기에 필요하지 않다고 이야기하는군요. 그러나 만약에 어떤 이가 귀를 다쳤다면 그는 들을 수 없지요. 이 모든 것이 필요해요. 그것들은 아주 잘 어울려요. 사람이 손가락을 다친다면, 그는 어떤 것도 못하고, 심지어 침대를 나를 수도 없어요."
:: 이전 반응처럼 '필요'의 원리를 적용함.

• 원리를 다시 한 번 더 설명했다.

"아니에요. 그건 잘못되었어요. 당신은 그것을 그런 식으로 할 수 없어요. 당신은 이 모든 것을 가지고 있어야 해요."

일부 사람에게 추상적 분류가 아주 낯선 절차라는 것을 입증할 수 있는 더 확정적인 사례를 발견할 수 없을 것입니다. 심지어 우리가 분류의 원리를 아주 상세하게 설명했을 때도 피험자들은 자기 자신의 접근 방식을 고집했습니다.

그런 접근 방식의 특징적인 자질들은 집단 실험에서 명백하게 두드러졌습니다. 집단 실험에서 대상들을 어떻게 무리 지을 것인가에 대한 논쟁은 활발한 토론을 불러일으켰습니다. 다음 내용은 그 실험에서 끌어낸 반응 중에서 선별한 두 사례일 뿐입니다.

피험자: 칼 파르프-25세(Ⅰ), 야르브 마마르-32세(Ⅱ), 매드 수레임-26세(Ⅲ)

이 세 피험자는 팔만 지역에 있는 마을 출신으로 문맹인 농부이며, 도시를 방문한 적이 없거나 어쩌다 한번 방문하였습니다. 망치-톱-통나무-손도끼를 제시했습니다.

Ⅰ. "모두 다 비슷하네요. 톱은 통나무를 자를 것이고 손도끼는 통나무를 작은 조각으로 쪼갤 것입니다. 만약에 이것 중에 하나가 빠져야 한다면, 나는 손도끼를 포기하겠어요. 손도끼는 톱만큼 일하는 데 편하지 않아요."

:: 실천적 상황에 대상들을 포함시킴.

Ⅱ. "저도 그것들이 다 비슷하다고 생각해요. 당신은 톱으로 통나무를 자를 수 있고, 손도끼로 통나무를 쪼갤 수 있고, 만약에 쪼개지지 않으면 망치로 손도끼 위를 칠 수도 있어요."

• 다른 사례(세 개의 모자와 하나의 셔츠)를 통해 과제를 명확히 했다.

Ⅱ. "아니에요. 당신은 이것 중에서 어느 것도 뺄 수 없어요. 이 네 개 다 비슷해요. 당신은 모자를 쓸 수 있고 셔츠를 입을 수 있어요. 여기서 빠진 것은 장화고 하나 더 빠진 게 있다면 허리띠겠네요."

Ⅰ. "그래요. 이 네 개는 비슷해요."

Ⅲ. "나는 성직자용 모자를 빼겠어요. 그건 너무 구식이고 셔츠와 잘 어울리지 않아요."

• 한 번 더 원리를 설명했다. "모자는 머리에 쓰는 것이고 셔츠는 옷에 걸치는 겁니다."

Ⅰ. "아니에요. 그건 틀렸어요. 어쨌든, 나도 성직자용 모자를 빼겠어요. 너무 구식이에요."

• 그렇다면, 당신은 셔츠를 머리에 쓸 수 있는 것인가요?

Ⅰ. "성직자용 모자 옆에 정말 멋진 셔츠가, 바지가, 장화가 있다면, 나는 일하러 갈 때 모자를 쓰고 찻집에 갈 때는 다른 모자를 쓰겠어요."

:: 추상적 분류에 사용되는 원리를 설명했음에도 불구하고 구체적 생각을 고집함.

• 모자는 당신의 머리에 쓸 수 있는 것이지만 셔츠는 그럴 수 없는 것이라고 말하는 게 옳지 않을까요?

"네, 당신은 그런 식으로 할 수 있어요. 네, 물론 그렇지요."

• 그러면 이 무리에서 셔츠를 제외한 친구 말이 맞지 않나요?

"네, 그런 면도 있지요."

:: 두 가지 방법이 가능하다는 것을 인정하지만, 추상적 분류를 오직 부분적으로만 옳다고 간주함.

• 우리는 처음 제시한 망치-톱-통나무-손도끼 그림으로 돌아갔다.

Ⅰ. "어울리지 않는 건 망치네요! 당신은 늘 톱을 가지고 일할 수 있지만 망치는 늘 그 작업에 적합하지는 않아요. 어쩌다가 망치를 가지고 일을 하지요."

Ⅱ. "당신은 망치를 뺄 수 있지요. 통나무를 썰 때 통나무에 쐐기를 박아야 하잖아요."

:: 전과 같은 경함을 보임.

• 그렇지만 한 친구는 통나무를 제외했어요. 그는 망치, 톱, 손도끼는 어떤 면에서 모두 똑같지만 통나무는 다르다고 말했어요.

Ⅲ. "만약에 그가 판자를 만들고 싶다면, 통나무가 필요 없겠네요."

Ⅰ. "만약에 난로에 넣을 장작을 얻고 싶다면, 우리는 망치를 뺄 수 있지만, 우리가 판자를 다듬는다면, 손도끼 없이도 그 일을 할 수 있지요."

:: 묘사된 상황에 따라 무리 짓는 방법이 변함.

• 만약에 당신이 어떤 원칙에 따라 놓는다면, 통나무를 이 무리에서 뺄 수 있지 않을까요?

Ⅰ. "아니에요. 만약에 통나무를 뺀다면, 다른 것을 가지고 무엇을 할 수 있겠어요."
- 하지만 이 세 개는 도구잖아요. 그렇지요?

Ⅰ. "네, 그것들은 도구지요."
- 그런데 통나무는 도구인가요? 아니지요?

피험자 셋 다. "그래도 통나무는 여기에 속해야 돼요. 당신은 통나무가 있어야 뭔가를 만들 수 있어요. 손잡이, 문, 심지어 도구의 손잡이도 나무로 만들어요."

Ⅱ. "우리는 다른 게 나무로 만들어지기 때문에 통나무를 도구라고 말할 수 있어요. 그래서 통나무도 다른 것과 함께 도구에 속해요."
- 제가 통나무 대신에 개를 여기에 놓는다면 어떻겠어요?

Ⅰ. "그러면 개는 어울리지 않겠지요. [다음에 제시될 그림을 지적하면서] 그건 총과 어울려요."

:: 새로운 상황을 창출함.
- 그러면 어떤 면에서 이 세 개는 비슷하겠네요?

Ⅱ. "만약에 저게 미친개라면, 당신은 그걸 손도끼와 망치로 때릴 수 있고, 개는 죽겠네요."

:: 지배적인 접근 방식을 고집함. 대상들을 엄격하게 실천적 용도에 따라 무리 지었음.
- 그런데, 어떤 면에서 이 세 개는 다르잖아요?

Ⅱ. "아니요. 여기서 빠진 게 있다면 그건 사람, 일하는 사람이지요. 일하는 사람이 없다면, 이것들 중에 비슷한 건 하나도 없어요."

Ⅲ. "당신은 여기에 나무를 둬야 해요! 통나무가 여기에 없다면 이것들 중에 비슷한 건 하나도 없어요. 만약에 당신이 통나무를 여기에 두었

다면, 이 모든 게 필요하지요. 하지만 당신이 그렇게 하지 않는다면, 나머지 것들이 무슨 소용이 있겠어요."

• 그렇지만 당신은 이것들을 나타내는 한 낱말, 도구라는 낱말을 사용할 수 있지요. 그렇지요?

피험자 셋 다, "네, 물론 그렇지요."

• 그러면 당신은 통나무를 나타내는 데 도구라는 낱말을 사용할 수 없겠지요?
"네."

• 그건 이 세 개 다 어떤 비슷한 점이 있다는 것을 의미하지 않을까요?
"그렇지요."

• 만약에 제가 한 낱말로 대상을 부를 수 있는 것 세 개를 선택하라고 요청하면, 당신은 어떤 것을 선택하시겠어요?

I. "당최 이해를 못하겠어요."

II. "네 개 다 선택하겠어요."

III. "만약에 우리가 통나무를 선택하지 않으면, 다른 세 개가 도대체 어디에 필요하겠어요."

:: 일반적인 용어를 사용하는 것을 실천적 기능들에 대한 주장으로 대체함.

• 그렇지만 다른 친구는 나에게 통나무는 도구가 아니라고 말했어요. 결국 통나무는 쪼갤 수도, 톱질할 수도 없어요.

III. "아니지요. 당신에게 그렇게 말한 사람은 미친 게 틀림없어요. 도구를 만들기 위해 통나무가 필요해요. 통나무의 일부는 톱의 손잡이를 만드는 데 들어가고, 그렇게 통나무가 지닌 힘은 자르는 데 사용되는 거예요. 통나무 자체는 무엇을 자를 수 없지만 손도끼와 함께 쪼갤 수는 있어요."

• 그렇다면, 제가 나무를 도구라고 불러도 되나요?

Ⅲ. "네, 당신은 그렇게 해도 돼요. 손잡이는 나무로 만들어졌잖아요."
Ⅱ. "이 뽕나무를 보세요. 당신은 이것으로 도구의 손잡이를 만들 수 있어요."

도구라고 부를 수 있는 대상들에 대한 오랜 토론 후에 우리는 유리잔-냄비-안경-병 그림을 제시했다.

Ⅲ. "냄비와 안경은 잘 어울려요. 유리잔은 병과 매우 잘 어울려요. 만약에 병에 보드카가 가득하다면, 당신은 그늘진 곳에 가서 한잔할 수 있어요. 멋지네요! 이것들은 정말 잘 어울려요!"
∷ 구체적 상황에서 필요한 것들을 잘 어울리는 것으로 간주함.
Ⅲ. "우리는 냄비를 사용해서 국수를 먹을 수 있어요. 그렇지만 안경은 필요 없네요."

• 그렇지만 우리는 어떤 점에서 비슷한 것 세 개를 골라야만 해요.

Ⅱ. "병이 여기 어울리지 않아요. 그 안에 뭔가 채우려면 돈이 많이 들어요."
∷ 이전과 똑같은 원리를 적용함.
Ⅲ. "내가 한마디 하자면, 만약에 돈이 많다면 술 한 병 사서 보드카를 마시겠네요."

• 만약에 당신이 공통된 자질에 따라 세 개를 선택해야만 한다면, 뭘 선택하시겠어요?

Ⅱ. "만약에 내가 유리잔을 선택한다면, 그건 차를 마시는 데 유리잔이 필요하기 때문이에요. 냄비는 요리하는 데 필요하고 시력이 나쁜 사람에게는 안경이 필요하지요. 심지어 일 년에 한 번만 아프다고 해도 안

경은 수중에 있어야 해요. 보세요. 당신도 알다시피 사람들이 필요하기 때문에 이 모든 것을 가게에서 살 수 있어요. 그래서 당신은 넷 다 골라야 해요."
• 그런데 한 친구는 안경을 뺐어요. 안경은 다른 종류의 물건이라고 말했어요.
II. "틀렸어요. 그는 바보예요! 눈을 다치면 어떻게 해야 할지 생각해 보세요."
• 그런데 다른 세 개는 요리 용기지요. 그렇지요?
II. "그런 식이면 다른 하나도 마찬가지로 용기예요."
• 그렇지만 다른 세 개는 음식을 요리하는 데 관련이 있잖아요?
III. "네, 그렇지요. 하지만 한 친구가 서른 혹은 마흔 살 정도가 되면, 그에게 안경이 필요할 거라는 생각이 들지 않나요?
• 물론 그렇지요. 그러나 당신은 어떤 면에서 서로 비슷한 세 개를 골라야 해요. 그런데 다른 세 개와 안경은 달라요.
II. "아주 자세히 보면, 어느 것도 비슷한 게 없어요. 하지만 확실히 병은 유리잔과 비슷해요. 그리고 냄비는 우리가 사용하는 물 끓이는 팬과 비슷해요. 그리고 안경은 우리 눈을 위한 거지요."
:: 비슷한 자질이 아니라 대상이 실천에서 행하는 작용에 따라 무리 지음.

• 병과 안경과 유리잔을 한 무리에 함께 무리 지을 수 있나요? 그것들은 무엇이 비슷한가요?
III. "당신은 병과 유리잔을 함께 둘 수 있어요. 그러나 안경은 아니에요. 안경은 녹이 슬어요. 종이로 싸 가지고 보관해야 돼요."
:: 논리적 연결로 '함께 두는 것'을 옆에 나란히 두는 것으로 이해함.
• 그래도 당신은 이 세 개가 다 같은 재료로 만들어졌다고 말할 수 있지 않을

까요?

피험자 셋 다, "그렇게 말할 수 있지요. 셋 다 유리로 만들어졌지요."
• 그러니까 그건 셋을 한 무리로 묶을 수 있다는 것을 의미하지 않을까요?
Ⅱ. "그렇겠네요."
Ⅲ. "아니에요. 안경은 녹이 슬 수 있어요. 안경은 따로 두어야 해요."
Ⅱ. "그렇지만 병과 유리는 매우 비슷해요. 병이 더러워지면 유리잔으로 병을 헹굴 수 있어요."
∷ 대상을 분류하지 않고 실천적 상황에 따라 무리 지음.

여러분은 우리가 이 피험자들을 논리적 사고 단면으로 옮기는 데 실패했다는 것을 확인할 수 있습니다. 대상들이 '비슷한' 자질을 가지고 있다는 사실이 그들에게는 무관한 것으로 보였습니다. 결과적으로 그들은 반복적으로 대상들이 함께 기능할 수 있는 구체적인 상황을 끌어들였습니다.

다른 다양한 테스트에서도 비슷한 결과를 얻었습니다. 우리는 이 '선택하는' 방식에서 피험자에게 대상이 둘 혹은 셋 그려진 그림을 보여 주었습니다. 그런 후에 두세 개의 대상들이 그려진 그림을 보충적인 무리로 제시했습니다. 그들에게 이 보충적인 무리에서 첫 번째 무리와 관련 있는, 첫 번째 무리와 '비슷한' 것을 하나 고르도록 요청했습니다. 대체로 피험자들은 첫 번째 무리와 같은 추상적 범주에 속하는 대상들을 무시하고 어떤 실천적 방식에서 함께 기능할 수 있는 대상들을 선택했습니다. 다음의 사례는 선택하는 방식의 실험에서 얻은 결과의 전형을 보여 주고 있습니다.

피험자: 쉬르 – 57세, 요르단 지역 마을 출신의 문맹인 농부.

그에게 도끼-낫을 보여 주고 비슷한 형태의 대상을 톱-통나무-밀 이삭으로 이루어진 두 번째 무리에서 고르도록 요청했다.
- 이것들 중에 어느 것이 첫 번째 무리에 있던 것들과 가장 비슷한가요?

"만약에 당신이 그것들과 같은 것이기를 원한다면, 밀 이삭을 선택해야만 해요. 낫은 곡식을 베어 추수하지요. 그렇게 밀 이삭은 이 낫으로 벨 수 있어요."

:: 실천적 기능에 따라 대상을 선택함.
- 그런데 그 세 개가 정말로 같은 형태일까요?

"아니요. 도끼는 낫만큼이나 밀 이삭과 비슷하지는 않아요. 도끼는 통나무와 어울려요. 도끼는 통나무를 쪼갤 수 있어요."
- 하지만 당신은 모두 비슷한, 같은 형태인 세 개를 취하기 위해 하나를 골라야만 해요.

"그러면 그건 밀 이삭일 수밖에 없겠네요. 톱과 통나무는 저기에 남겨지겠네요. 그 둘은 비슷해요."

:: '적합성'이라는 실천적 관념으로 '유사성'이라는 추상적 관념을 대체함.
- 이 셋이 정말로 비슷한가요?

"아니요. 이런 식으로 당신은 그것들을 배열해야만 해요. 낫으로 밀 이삭을 자를 수 있도록 밀 이삭을 낫에 더 가까이 이동시켜야 해요. 그리고 도끼는 통나무에다 둬서 둘이 함께 있도록 해야 돼요."
- 그러면 그것들이 다른 것과 정말로 비슷해지나요?

"네, 정말 아주 비슷해져요."
- 도끼가 통나무에 가까이 있지 않다면 어떻게 되나요?

"그러면 그것들은 비슷해지지 않아요. 그러나 만약에 당신이 서로 더 가까이 둔다면, 도끼는 통나무를 쪼갤 수 있어요. 그것들은 매우 잘 어울리고 편리해요. 자, 우리가 장작을 쪼개기 위해 하루 일꾼을 고용했다고 가정해 봐요. 그런데 도끼가 통나무에서 멀리 떨어진 곳에 있다면, 그는 도끼를 찾느라고 많은 시간을 낭비할 거예요."

:: 대상들 사이의 관계를 결정하기 위하여 분류보다는 실천적 상황을 사용.

• 그런 게 아니에요. 제가 설명해 볼게요. 도끼는 어떤 면에서 낫과 비슷하냐는 거예요. 그게 비슷한 형태의 대상인가 하는 것이지요.

"네, 알겠어요. 둘 다 도구지요."

• 만약에 제가 여기에 보리를 두면 어떻게 될까요?

"안 되지요. 그건 틀렸어요. 보리는 음식이지, 도구가 아니에요."

:: 범주적 용어를 자연 발생적으로 사용함.

• 만약에 제가 여기에 보리를 놓는다면 그 무리는 비슷해질까요?

"그렇겠지요. 당신은 도끼로 쪼갤 수 있고, 낫으로 추수할 수 있고, 보리를 먹을 수 있기 때문에 그렇지요."

• 제가 여기에 톱을 놓는다면 어떻게 될까요?

"네, 잘 어울리네요. 톱도 도구니까요."

:: 범주적 분류의 원리가 강화됨.

한 번 더 분류의 원리를 설명하려고 많은 단순한 사례들을 사용한 다음에, 우리는 피험자에게 이 규칙을 다음에 제시할 대상들을 무리 짓는 데 적용해야만 한다고 상기시켜 주었다. 이어서 피험자에게 나무-밀 이삭을 제시하고 대안적인 무리인 새-장미나무-집을 보여 주면서 피험자가 그렇게 할 수 있는 능력이 있는지를 테스트했다.

"누구라도 장미나무를 선택하겠네요."

• 왜 그렇게 생각하셨어요?

"이것은 나무예요. 이것은 꽃(밀 이삭)이에요. 이것은 새예요. 이것은 장미나무예요. 당신은 장미나무를 있던 곳에 그대로 둘 수가 있겠네요. 그러면 그게 집 옆에서 자라겠지요."

:: 가상적 상황에 따라 대상을 무리 지음.

• 그렇지만 만약에 똑같은 형태의 무리를 만들어야만 한다면, 당신은 어느 것을 선택하시겠어요? (예를 들어서, 우리는 그에게 '도구'로 여러 개를 하나로 묶어 냈던 원리를 상기시켰다.)

"그렇다면 나는 장미나무를 선택해야만 하겠네요. 그러면 그것들은 모두 나무가 되네요. 하지만 새는 나무 밑에 놓을 수 있겠네요. 새는 나무를 계속 보겠지요. 새는 나무가 자라는 걸 좋아하겠지요."

:: 추상적 분류를 선택했지만 곧 상황적 생각으로 돌아감.

피험자에게 다른 그림을 제시했다. 보충적인 무리로 낙타-양동이-집을, 그리고 첫 무리로 말-양을 제시했다. 해야 할 내용을 반복했고, 피험자에게 '도구'를 잣대로 하여 대상을 하나로 묶어 냈던 원리를 상기시켜 주었다.

• 같은 종류의 무리가 되도록 하려면 당신은 어느 것을 선택해야만 하나요?

"낙타는 이 위쪽으로 와야만 해요. 그러면 모두 동물이 되네요. 동물들이 모두 여기에 서 있으니 참 보기 좋네요."

:: 추상적 원리에 따라 분류를 하기 시작했지만 곧 시각적 생각으로 빠져들어 감.

• 그것은 양동이와 집은 다른 것과 어울리지 않는다는 의미지요?

"그것들은 있던 곳에 그대로 두는 게 좋겠어요. 양동이는 집 옆에 있어야만 하고, 양동이는 매우 유용한 것이지요. 당신이 보다시피, 말, 양, 낙타는 여기에 두어야 해요. 왜냐하면 그것들은 모두 살아 있는 생명체예요. 그렇지만 이 아래 있는 것들도 잘 어울리네요. 가족이라면 이 모든 걸 사용할 수 있겠네요."

:: 무리 짓는 두 원리가 정신 속에 공존하고 있음을 보여 줌.

피험자들이 추상적 분류의 원리를 배운 것처럼 보일 때조차도 피험자가 이것을 파악하는 능력은 너무도 견고하지 못하다는 것을 위 사례들은 보여 주고 있습니다. 피험자가 문제를 풀어 가며 생각을 진전시킬 때, 그는 대상들이 함께 기능하는 가상적 상황들을 구성하는 자신의 습관으로 되돌아가곤 했습니다. 앞선 테스트처럼, 여기서 그의 사고는 무엇보다도 실천적이었습니다. 많은 테스트가 이 사실을 확증해 주었습니다. 우리는 두 번째 집단 실험으로부터 얻은 결과들을 단지 몇 개만 인용하겠습니다.

참가자: 야르브 마드마르 – 32세(Ⅰ), 마다즈 수레임 – 26세(Ⅱ). 파르만 지역 출신의 문맹인 농부들.

과제에 대한 상세한 설명 후에, 그들에게 도끼-낫-손도끼가 있는 그림을 제시했고 다음 중(톱-밀 이삭-통나무)에 하나를 선택하여 대상들의 모임을 완성하라고 요청했다.

Ⅰ. "당신은 밀 이삭을 여기에 놓아야 해요."

Ⅱ. "그렇다면 당신은 도끼를 빼내서 통나무 옆에 놓아야겠네요."
∷ 한 번 더 피험자의 실천적 상호 관계에 따라 대상들을 무리 지음.
• 그렇게 하는 게 아니에요. 당신은 첫 번째 무리에서 어떤 것도 뺄 수 없어요. 당신은 두 번째 무리에서 하나를 빼내 첫 번째 무리에 더해야 하는 거예요. 그렇게 해서 당신이 모아 놓은 네 개를 한 낱말로 명명할 수 있도록 만드는 것이지요.
Ⅰ. "그렇다면 당신은 거기에 밀 이삭을 놓아야겠네요."
• 만약에 제가 톱을 여기 두면 어떨까요?
Ⅰ. "그러면 당신은 그것들을 도구라고 명명할 수 있겠네요. 밀 이삭도 여기에 어울리지만 다른 방식으로 어울리네요."
∷ 무리 짓는 데 가능한 두 도식을 지각함.

피험자들이 원리를 파악하고 있는지를 결정하기 위하여, 우리는 다른 자료(첫 번째 무리에 나무-밀 이삭, 두 번째 무리에 장미나무-새-집)를 제시했다.

Ⅱ. "제비가 여기 있어야겠네요. 나무 옆에 두지 말고 가지 위에 두어야겠어요. 그래야 새가 노래를 하지요."
• 아니에요. 당신은 하나를 더해서 한 낱말로 그 무리를 명명할 수 있도록 해야 해요.
Ⅰ. "그렇다면 꽃을 취할 수밖에 없네요. 그러면 모두 다 나무와 비슷하네요."
Ⅱ. "그렇지만 새도 나무로 날아가야지요. 새는 계속해서 한 곳에 앉아 있어서는 안 돼요."
∷ 분류의 원리를 숙달했지만 다시 상황적 생각으로 돌아감.

더 많은 실험 결과를 인용할 필요는 없습니다. 왜냐하면 그것들의 두드러진 동일성은 단지 이 피험자들의 생각 방식에 대한 우리의 결론을 확증해 주기 때문입니다. 특정한 범주에 속하는 대상들을 필요 혹은 도해적인 상황에 관련되는 실천적 원리에 따라 무리 지었습니다. 우리가 일반을 나타내는 용어(도구, 용기, 동물)를 반복적으로 언급한 것이 이들이 대상들을 범주적으로 분류하는 데 약간의 도움이 되었습니다. 그렇지만 그들은 그런 추상적 분류의 원리를 중요한 것으로 간주하지 않고, 즉시 대상들이 무리 속에서 기능하는 상황을 구성하려는 경향으로 돌아갔습니다.

그런 도해적이고 상황적인 생각이 홀로 농사를 짓고 대도시에서 생활해 본 적이 거의 없는 외딴 지역 출신의 문맹인 농부에게는 통제적인 요인이었습니다. 이에 반하여 우리의 두 번째 피험자 집단(단기 교육 과정을 거친 혹은 새로이 조직된 집단농장에서 공동체적인 노동에 참여한 사람들)은 이행적인 단계에 있었습니다. 그들은 실천적 무리 짓기에 대한 대안으로 범주적 분류를 채택할 수 있었습니다. 다음의 사례는 이를 명확히 보여 주고 있습니다.

피험자들: 커르브 – 50세, 집단농장 출신의 문맹인 노동자(Ⅰ). 카이다르 – 26세, 거의 문맹, 러시아인들과 상당한 시간을 같이함(Ⅱ).

망치-톱-통나무-손도끼 그림을 제시했다.
Ⅱ. "망치는 여기에 속하지 않네요. 손도끼는 통나무를 쪼개고, 톱은 통나무를 썰지만 망치는 어울리지 않네요. 하지만 만약에 통나무를 썰려면 당신은 통나무에 쐐기를 박아야 해요. 그러면 당신은 망치도 필

요하겠네요."

:: 상황적 생각을 사용하는 것으로 시작함.

Ⅰ. "아니지요. 당신은 여기에 망치가 필요 없어요. 손도끼를 사용할 수 있잖아요."

• 그렇지만 당신은 톱, 손도끼, 망치를 같은 형태의 사물이라고 말할 수 있나요?

Ⅱ. "물론이지요. 그것들은 비슷해요. 그것들은 다 일하는 데 필요해요."

Ⅰ. "당신은 곡괭이로 나무를 쪼갤 수 있지만 먼저 뿌리를 뽑아야 해요. 그래서 이 둘은 비슷해요."

:: '비슷한'을 '대상들 간의 작용으로 만들어지는 효과'로 해석함.

• 어떤 면에서 톱과 통나무가 비슷한가요?

Ⅰ. "나무를 자르는 작업을 할 때 그것들은 다 필요해요. 작업할 때 그 둘이 하는 것은 비슷해요. 만약에 당신 주위에 손도끼가 없다면, 통나무를 가지고 아무것도 할 수 없어요. 마찬가지로 톱이 없으면 썰 수가 없어요."

:: 이 응답에서도 똑같은 경향이 드러남.

• 당신이 작업을 할 때 톱과 손도끼를 사용한다는 것은 이해했어요. 그런데 통나무와 손도끼가 같은 종류의 사물인가요?

Ⅰ. "그것들은 비슷하게 보이지는 않지만, 작업할 때 하는 것은 비슷해요."

Ⅱ. "아니에요. 그것들은 달라요. 톱은 금속으로 된 도구이고 반면에 통나무는 나무로 되어 있어요."

:: 범주화를 토대로 자질을 추출함.

• 그렇다면 어떤 것들을 하나의 무리로 묶어 내야만 할까요?

Ⅱ. "통나무가 다르군요. 나머지 것들은 다 금속으로 된 도구네요. 그런

데 당신이 모두 다 그려 놓았으니, 우리는 통나무가 여기에 속한다고 생각했지요."
∷ 과제를 해결. 대상을 범주화함.
• **다른 도구들을 말씀해 주시겠어요.**
Ⅱ. "도끼, 대패, 톱, 망치, 낫."
• **그렇게 우리는 여기서 비슷한 것들을 분류했어요. 당신은 통나무와 손도끼가 비슷하다고 말할 수 있나요?**
Ⅱ. "아니요. 그렇게 말할 수 없지요."
Ⅰ. "그게 아니지요. 나는 통나무를 자를 때 톱이 필요하고 통나무를 쪼갤 때는 손도끼가 필요해요!"
Ⅱ. "당신은 잘못 이해하셨어요. 그것들은 다 도구예요!"
Ⅰ. "아니에요. 당신은 통나무를 자를 때 톱을 사용해야 하고, 만약에 통나무를 치워 버린다면, 톱이 할 일은 아무것도 없어요."
∷ 두 수준의 분류(이론적·개념적 분류와 실천적·상황적 분류) 사이에서 갈등을 보임.

다시 한 번 더 분류의 원리를 설명한 다음에, 피험자들에게 다른 그림(유리잔-냄비-안경-병)을 제시했다.

Ⅰ. "냄비와 유리잔은 비슷해요. 당신은 냄비에서 유리잔으로 쏟아부을 수 있어요. 그리고 안경도 병과 비슷해요. 왜냐하면 병은 그 속에 잉크를 담고 있기 때문이에요."
∷ 도해·기능적 상황에서 대상을 무리 지음.
• **어떤 면에서 어느 것 세 개가 비슷한가요?**

I. "냄비, 유리잔, 병이겠군요. 왜냐하면 당신은 어느 것에서 다른 것으로 쏟아부을 수 있기 때문이지요. 하지만 사람이 뭔가를 하는 동안 그는 안경을 써야만 해요."

:: 대상들이 하는 기능에서의 유사성을 확립함.

• 네 개 중에서 어느 것 하나가 여기에 속하지 않나요?

I. "병이 여기에 어울릴 수는 없지요."

• 당신은 비슷한 세 개를 찾아야 해요. 어느 것 세 개를 한 낱말로 명명할 수 있지요?

I. "병, 안경, 유리잔이 같네요. 병, 안경, 유리잔은 아마도 모두 같은 공장에서 만들어질걸요. 그것들은 다 유리예요!"

:: 문제를 해결함.

• 한 친구는 나에게 어떤 면에서 냄비, 병, 유리잔이 비슷하다고 했어요. 그는 왜 그렇게 말했을까요?

I. "아니에요. 그건 잘못되었어요. 이것들은 모두 유리로 만들어졌어요. 유일한 차이점은 당신이 다른 곳으로 쏟아부을 수 있지만 안경을 가지고는 그렇게 할 수 없다는 거예요. 하지만 핵심은 그것들이 유리로 만들어졌다는 거예요."

이러한 응답들은 두 분류 형태 사이에 존재하는 갈등을 분명하게 보여 주고 있습니다. 젊은 피험자는 쉽게 대상을 추상적 범주로 할당하는 방법을 배웠습니다. 반면에, 나이가 좀 더 든 피험자는 결국에는 추상적 방법을 적용하는 것을 배웠지만, 두 방법(도해적 방법과 추상적 방법)을 사용하려는 경향 사이에서 투쟁해야만 했습니다. 두 번째 피험자 집단에서 실시된 다른 변화된 테스트(이전에 언급했던 '선택하는' 테스트)에서도 마찬가지 결과를 얻었습니다.

피험자: 카릴 – 49세, 문맹인 농부.

도끼-낫-손도끼를 먼저 제시하고, 보충적인 무리(톱-밀 이삭-통나무)에서 유사한 대상을 하나 선택하도록 요청했다.
"톱이 여기에 속하네요. 만약에 도끼를 가지고 있다면 톱이 꼭 필요해요. 또 톱은 손도끼와 잘 어울려요. 그렇지만 낫이 있다면 당신은 밀 이삭이 필요해요."
:: 실천적·상황적 생각으로 대상을 무리 지음.
- 당신은 첫 번째 세 개와 어울리는 것을 딱 하나만 골라야 해요.
"처음에 선택한 건 톱이고, 다음에는 밀 이삭이에요."
- 어느 게 더 정확할까요?
"만약에 딱 하나만 골라야 한다면, 나는 톱을 선택하겠어요. 그 다음에는 낫을 빼고 통나무를 여기에 놓겠어요. 당신은 밀 이삭을 위해 낫이 필요하고 톱은 통나무를 자르는 데 필요해요. 그 후엔 도끼를 가지고 통나무를 쪼개야겠네요."
:: 상황적 생각 사용을 고집함.
- 그런데 첫 번째 무리의 모든 것은 비슷해요. 같은 종류의 사물이지요.
"그러면 전 밀 이삭을 택하겠어요. 왜냐하면 우리는 무엇보다도 밀이 필요해요."
:: '필요'라는 자질을 사용함.
- 그렇다면 당신은 도끼, 낫, 톱을 선택할 수도 있잖아요?
"아니요. 밀 이삭은 낫 근처에 있어야 하고 톱은 도끼 옆에 있어야 해요."
∷ 또 실천적 상황을 사용함.
• 그럼 이 모두가 농사 도구인가요?
"물론이지요. 그렇지만 각각은 자신의 일과 연결되어 있어요."
∷ 범주적 분류가 가능하다는 걸 인정하지만 그것을 중요한 것으로 간주하지 않음.

이어서 피험자에게 나무-밀 이삭을 제시하고 새-장미나무-집 중에서 하나와 연결시키라고 요청했다.

"나무와 꽃(밀 이삭) 옆에 집이 있어야 해요."
∷ 무리 짓기에 실천적 도식을 사용함.
• 그런데 집은 어떤 면에서 나무와 정말로 비슷한가요?
"만약에 장미나무를 여기에 둔다면, 사람에게 어떤 소용도 없어요. 하지만 만약에 집을 여기에 둔다면, 사람은 집에서 살 수 있고 주위에 아름다운 것들이 있어요. 장미나무는 그늘에 어울리지 않아요. 우리는 장미나무가 꽃피기를 원하잖아요."
∷ 다시 유용성의 관념을 채택하고 실천적 용어로 무리 지음.
• 그렇다면 나무와 집은 어떤 면에서 비슷한가요?
"그것들은 비슷해 보이지는 않지만 매우 잘 어울려요. 만약에 당신이 비슷한 것을 골라야 한다면, 장미나무를 선택하는 게 좋아요."
∷ 주의가 '비슷함'에 맞춰진 후에야 범주적 분류로 옮겨 감.

이 사례에서는 도해 같은 상황에서 대상을 무리 지으려는 피험자의 경향이 우세했습니다. '비슷함'에 근거하여 대상을 선택해야만 한다고 상기시킨 다음에야 피험자는 대상들을 범주적으로 분류할 수 있었습니다. 다음의 사례는 일부 피험자들이 사고의 두 단면에서, 분류의 한 방법에서 다른 방법으로 이동하면서 조작한다는 것을 아주 선명하게 보여 주고 있습니다.

피험자: 러스트 – 56세, 관개시설에서 물을 분배하는 노동자. 거의 문맹.

먼저 도끼-손도끼-낫을 제시하고 톱-밀 이삭-통나무 중에서 하나를 골라 앞의 무리에 어울리는 것을 고르도록 요청했다.
"톱이 다른 것들과 어울리네요. 그것들은 모두 농사 도구네요."
• 그럼 밀 이삭도 잘 어울리나요?
"그것들은 농사 도구예요. 반면에 밀 이삭은 아니지요. 물론 당신은 낫으로 밀 이삭을 추수하겠지만."
:: 두 방법이 사용되기는 했지만 범주적 분류가 우세함.

피험자에게 나무-꽃-밀 이삭을 먼저 제시하고 보충적인 무리로 장미나무-새를 제시했다.

"만약에 당신이 나무를 본다면, 그 옆에 있어야 할 것은 장미나무겠네요."
• 또 다른 어떤 게 이 무리에 어울릴까요?
"제비가 어울리네요. 여기에 나무와 꽃이 있어요. 아름다운 정경이네요. 제비는 여기에 앉아 노래를 부를 거예요."

:: 이전 반응과 똑같은 경향을 보임.

• 만약에 내가 어떤 식으로 정렬을 하도록 요청한다면, 어느 것을 여기에 놓겠어요?

"장미나무를 놓겠어요. 그렇지만 순서 있게 배열한다면, 여기에 제비도 놓을 수 있겠네요."

:: 다시 똑같은 경향을 보임.

• 비슷한 것을, 같은 종류의 사물을 함께 놓아야 한다면, 제비가 어울릴까요?

"아니요. 꽃만이 어울리겠네요."

:: 범주적 배열을 정확하게 형성함.

피험자에게 말-양을 먼저 제시하고 대안적인 것으로 낙타-양동이-집을 제시했다.

"낙타가 여기에 어울리네요. 여기에 있는 건 모두 동물이네요."

:: 즉각적으로 범주를 구별함.

• 그렇다면 다른 것들은 여기에 어울리지 않나요?

"어떤 건 어울리겠지요. 당신이 동물에게 물을 주기 위해서는 양동이가 필요하지요."

:: 구체적 생각으로 끝냄.

• 만약에 그것들을 어떤 방식으로 배열해야만 한다면, 당신은 어떤 것들을 함께 두겠어요?

"만약에 일에 따라 그것들을 배열한다면, 오직 낙타만이 어울려요. 양은 어울리지 않아요. 양은 가축이지요. 그건 고기를 먹기 위해 키우는 거지요."

:: 범위를 줄여서 구체적으로 무리 지음.
- **집은 첫 번째 무리와 어울리지 않나요?**

"집은 어울리지요. 만약에 당신이 모든 동물을 모은다면 집에서 그것들을 위한 공간을 발견할 수 있어요."

- **만약에 당신이 그것들을 순서에 맞게 놓는다면, 어느 게 첫 번째 무리와 어울릴까요?**

"낙타지요. 당신은 모든 동물을 정렬해야만 그것들을 집으로 몰아갈 수 있어요."

:: 범주적 생각과 상황적 생각 둘 다 사용함.

이 사례는 일부 피험자가 무리 짓는 두 양식을 사용하는 이행적 단계에 이르렀다는 것을 선명하게 보여 주고 있습니다. 범주적 양식은 피험자들이 '순서에 맞게' 대상들을 배열하는 것에서, 상황적 양식은 그들이 독립적으로 추리할 때 되돌아가는 보조적 조치에서 잘 드러납니다.

우리의 세 번째 피험자 집단(비록 교육 경력이 일천하지만 1~2년 정도 학교를 다녔고, 군대를 제대하고, 집단농장의 활동가가 된 젊은 사람들)은 전적으로 다른 장면을 보여 주었습니다. 이들은 어떤 추상적 자질에 따라 대상을 분류하는 데 어려움을 겪지 않았습니다. 비록 그들 중에 일부가 상황적 생각을 사용하려고 했지만, 그들은 그런 경향을 극복하고 추상적 생각으로 잘 나아갔습니다. 일단 추상적인 분류 양식이 제시되면 대상들을 새롭게 무리 짓는 데 활용했습니다. 이 피험자들은 훨씬 덜 엄격하고 분류를 위한 토대로 사용될 수 있는 다양한 자질들을 쉽게 다시 고려했습니다. 다음의 사례들은 그들의 행동을 나타내고 있습니다.

피험자: 야드가르 – 18세, 사크히마르단에 있는 마을 학교에서 2년 동안 공부함. 집단농장에서 시간 기록원으로 근무함.

유리잔-냄비-안경-병 그림을 제시했다.
"유리잔, 안경, 병은 모두 잘 어울리네요. 그것들은 유리로 만들어졌지만 냄비는 금속으로 만들어졌어요."
:: 즉시 범주적 용어로 분류함.
- 하지만 어떤 친구는 나에게 안경이 여기에 어울리지 않는다고 말했어요.

"아니요, 그것들은 유리예요. 반면에 냄비는 금속으로 만들어졌어요. 나는 왜 그 친구가 그렇게 말했는지 이해하지 못하겠어요."
- 한번 곰곰이 생각해 보세요.

"그 친구랑 논쟁을 해야겠네요. 전 그것에 동의할 수 없어요. 이 모든 건 유리고 냄비는 금속인데. 어떻게 그것들이 비슷하다고 말할 수 있는지 궁금하네요."
:: 계속해서 같은 자질에 근거하여 범주화함.
- 유리잔, 냄비, 병, 안경 사이에는 어떤 비슷한 점이 있나요?

"그렇게 보면, 각각이 다 필요하지요. 각각은 쓸모가 있어요. 그러나 유리로 된 이 세 개는 정말 비슷해요."
- 당신은 이것들을 나타내는 데 한 낱말을 사용할 수 있나요?

"네, 당신은 그것들을 '그릇'이라고 부를 수 있지요."
- 그 말은 저 세 개가 다 그릇이라는 뜻인가요?

[잠시 침묵이 흐름] "아니에요. 그것들은 비슷하지 않아요. 이 세 개가 어울리네요. 그것들은 그런 식으로 분류할 수 없네요. 그것들은 유리 공장에서 만들어졌어요."

∷ 약간 도와주면 쉽게 다른 범주에 적용할 수 있는 일반적인 개념을 변별하지만 이미 선택한 자질을 고수함.

피험자: 술트 – 20세, 거의 문맹, 단기간 타슈켄트에 거주함.

망치-톱-통나무-손도끼 그림을 제시했다.
"나무가 여기에 어울리지 않네요. 나무는 바로 땅 위에 있어야 해요. 반면에 다른 세 개는 다른 종류의 작업에 사용할 수 있어요."
∷ 범주적 용어를 사용하지는 못했지만 범주적으로 분류함.
• 하지만 어떤 사람은 망치가 여기에 어울리지 않는다고 말하더군요.
"전 그게 맞는지 틀리는지 모르겠어요. 이것은 통나무고, 이것은 손도끼예요. 만약에 손도끼로 잘 쪼갤 수 없다면, 당신은 손도끼를 치기 위해 망치를 사용할 수 있어요."
∷ 상황적 생각으로 돌아감.
• 이 세 개를 나타내는 데 한 낱말을 사용할 수 있나요?
"당신은 그것들을 도구라고 명명할 수 있어요."
• 다른 어떤 것들을 도구라고 부를 수 있나요?
"대패, 삽, 가위, 칼."
• 당신은 통나무를 도구라고 부를 수 있나요?
"없어요. 그건 나무지요."

단도-새-총-총알 그림을 제시했다.
"새가 여기에 어울리지 않네요. 그건 깃털로 덮여 있어요."
∷ 범주적 분류를 사용함.

병-유리잔-냄비-안경 그림을 제시했다.
"안경이 여기에 어울리지 않아요. 아니에요, 냄비가 어울리지 않네요. 다른 건 괜찮은데, 냄비는 금속으로 되어 있네요."
:: 다른 자질을 추출하려고 시도함.

나무-꽃-밀 이삭-새 그림을 제시했다.
"새가 어울리지 않네요. 다른 것은 나무예요."
:: 범주적 분류를 사용함.

'선택하는' 실험에서도 유사한 결과를 얻었습니다.

피험자: 야드가르 – 18세, 사키마르단 지역의 마을에서 2년 동안 학교를 다님.

먼저 도끼-낫-손도끼 그림을 제시하고 통나무-톱 그림을 나중에 제시했다.
"톱이 여기 속해요."
- 왜 그럴지요?
"이것들은 모두 금속으로 만들어졌어요."

관목-나무 그림을 제시하고 장미나무-새-집 그림을 나중에 제시했다.
"장미나무가 여기 있어야겠네요."
- 왜 그럴지요?
"이 모든 것은 자랄 수 있는 나무이기 때문이지요."

피험자: 누르제브 – 16세, 2년간 마을 학교에 출석.

도끼-낫-손도끼 그림을 먼저 제시하고 통나무-톱을 나중에 제시했다.
"저는 톱을 선택하겠어요. 이 모든 것은 작업을 하는 데 필요해요. 하지만 다른 건 아니에요. 통나무는 다른 것과 같이 금속으로 되어 있지 않아요."

나무-곡물 이삭 그림을 먼저 제시하고 장미-새-집 그림을 나중에 제시했다.
"저는 장미를 선택하겠어요."

이때 다른 피험자가 끼어들었다.
"나무도 사람에겐 매우 중요한 거예요. 당신은 장미를 손에 들고 다닐 수 있지만 나무는 열매를 맺어요."
"아니에요. 장미는 꽃이고 밀 이삭도 꽃이고, 나무도 자라면 꽃이 펴요."

말-양에 이어 사람-낙타-우마차 그림을 제시했다.
"낙타가 여기에 어울리네요. 저것들은 모두 생물이네요."

피험자: 라크흠 – 26세, 2년간 학교에 다녔음.

도끼-낫 그림에 이어 통나무-톱 그림을 제시했다.
"저는 톱을 선택하겠어요. 톱이 다른 것과 잘 어울려요. 모두 금속이잖아요."

낙타-양 그림에 이어 말-마차-사람 그림을 제시했다.
"저는 말을 선택하겠어요. 그러면 모두 같은 게 돼요. 그것들은 모두 동물이에요."

나무-관목 그림에 이어 새-장미-집 그림을 제시했다.
"꽃이 여기 어울리네요. 모두 자라는 것이에요."

우리는 분류 테스트에 대한 반응을 고찰하여 흥미 있는 패턴을 찾았다고 확신합니다. 전적으로 땅에 의존하여 살았던 오지 마을 출신의 피험자들은 땅에서 일했던 풍부한 경험이 있지만 교육을 받지 못한 문맹이고, 우리가 관습적으로 사용하는 분류 방법과 근본적으로 다른 분류 방법을 사용했습니다. 적합한 대상들이 속할 수 있는 추상적 범주를 구성하기 위해 자질을 분리해 내는 절차는 그들의 생각 방식에 너무도 어울리지 않았습니다. 그들은 그런 '범주적' 분류를 전적으로 거부하거나 그것을 가능하지만 관련이 없는 대안으로 간주했습니다.
이 피험자들은 우리가 실험을 설계할 때 예견하지 못했던 조작을 수행했습니다. 그들 중 일부는 대상들의 실천적 가치 혹은 '필요'를 즉흥적으로 평가하여 대상들을 분류했습니다. 그렇게 하면서 그들은 각 대상이 수행했던 기능을 보여 주었지만 대상들 사이의 더 밀접한 어떤 연결을 확립하려 노력하지 않았습니다. 다른 피험자들은 대상들이 실천적인 상호 관계를 가지게 되는 어떤 상황을 생각하려 애썼습니다. 일반적으로, 이 피험자들은 자신들의 일상적 경험에 터하여 구체적 상황을 재구성했습니다. 그들은 톱, 도끼, 통나무를 하나로 무리 짓기를 주저하지 않았습니다. 그들은 실제로 이렇게 말했습니다. "당신은 통나무를 톱질해야 해요, 그리고 도끼로 통나무를 쪼개야 해요, 이 모든 게 일하는 데 다 필요해요." 또한 우리에게 "만약에 우리가 이 무리에 통나무를 포함시키지 않으면, 도끼와 톱이 할 일이 없어져요."와 같은 내용을 상기시키곤 했습니다. 그들은 집, 새, 장미나무를 함께 무리 지었는데, 그 까닭으로 "장미는 집 근처에 있어야만 해요. 그래야 새가 나무에 앉아 노래를 할 수 있어요."라고 제시했다. "이것들을 모으는 데 시간이 많이 든다."라고 하면서, 일부 피험자는 심지어 대상들의 그림을 좀 더 가깝게 놓아야 한다고 주장하기도 했습니다.

범주적으로 무리 짓는 게 가능하다고 제안할 때마다 그러한 시도는 저항에 직면했습니다. "그건 틀렸어요. 어떤 어리석은 친구가 당신에게 그렇게 말했는지 모르지만, 그는 정말 아무것도 이해하지 못하고 있네요." 심지어 우리가 '단순한' 대상들이 한 범주에 속한다고 지적해도, 이 피험자들을 설득할 수는 없었습니다. 그들은 "비슷한 것들을 무리 지으라는" 지시 내용을 '필요한' 혹은 '적합한' 대상들을 선택하라는 뜻으로 해석했습니다. 일반적인 용어를 언급하는 것도 대상을 구체적이고 효과적인 방식으로 무리 지으려는 그들의 경향을 제어할 수 없었습니다. 그들은 일반적 용어를 무시하거나 그것들을 중요하지 않은 것으로, 본질적인 것을 분류하는 일을 본질적이지 않은 것을 분류하는 일로 취급했습니다. 명백하게도 다른 심리 과정이, 언어의 일반화 기능에 수반되는 추상적 조작보다는 구체적인 상황적 생각에 전적으로 의존하는 심리 과정이 그들의 무리 짓는 방식을 결정했습니다.

이들 피험자와 두 번째 집단의 피험자 사이에는 두드러진 차이가 있었습니다. 두 번째 집단의 피험자는 (집단농장 활동가 중에서) 단기 교육을 받았거나 집단농장에서 일하는 사람들로 이루어져 있었습니다. 비록 이들 피험자가 상황적 생각을 사용하는 경향이 있었지만, 상대적으로 쉽게 그들은 말로 하는 논리적 조작으로 옮아갔고 특정한 범주를 잣대로 대상들을 분류했습니다. 그렇기는 해도 그들은 범주적 생각을 확고하게 파악하고 있는 것은 아니었습니다. 그들이 독자적으로 문제를 해결해 나갈 때, 자신들이 생각하기에 추상적 분류에 대안을 제공하는 그리고 빈번하게 추상적 생각에 우위를 보이는 시각적 생각으로 즉시 빠져들어 갔습니다.

세 번째 집단의 피험자는, 주로 1~2년 동안 학교에서 체계적으로 교육을 받았던 젊은 사람들로 이루어졌는데 이들은 앞선 두 집단의 사람들과 확연하게 달랐습니다. 그들은 무엇보다도 말로 하는 논리적 생각을 요구하는 논리적 조작들을 사용했습니다. 범주화를 위한 토대로 특수한 자질을 변별하는 과제를 해결하는 절차는 그들에게 자연스럽고, 확신에 찬 과정이었습니다. 〈표 7〉은 집단 간의 차이를 확연하게 보여주고 있습니다.

〈표 7〉 무리 짓기와 분류

집단	피험자 수	도해처럼 무리 짓는 방법	도해처럼, 범주처럼 무리 짓는 방법	범주적 분류
오지 마을 출신 문맹인 농부	26	21(80%)	4(16%)	1(4%)
집단농장 활동가(거의 문맹)	10	0	3(30%)	7(70%)
1~2년 학교 교육을 받은 젊은이	12	0	0	12(100%)

너무도 분명하게, 나중 두 집단은 도해와 기능에 따라 일반화하는 양식에서 추상적인, 범주적 분류로 옮아가는 데 어려움이 없었습니다. 사람들과의 조직화된 접촉, 경제 문제에 대한 집단 토론, 공동체적 삶에의 참여를 수반하는 최소한의 교육과 집단농장에서의 노동을 경험한 것이면 그들의 사고 습관에서 근본적인 변화를 불러일으키는 데 충분했습니다. 이론적 조작이 그들 삶에서 효과적인 역할을 행하지 못했기 때문에 그들은 이전에는 이해할 수 없었던 이론적 조작들의 원리를 이제는 파악할 수 있었습니다.

우리는 지금까지 기술했던 테스트에서 얻은 중요한 사실들을 요약하여 강조하고자 합니다.

1. 대다수 피험자들은 말로 하는 논리적 원리가 아닌 실천적 도식들을 따라 대상들을 분류했습니다. 이런 사실에도 불구하고 그러한 구체적인 생각은 결코 생득적이거나 유전적으로 결정된 것은 아니었습니다. 그것은 일상적 경험에 우세한 이 피험자들의 초보적인 활동 형태와 문맹에서 유래한 것입니다. 그들은 삶의 패턴이 변화하고 경험의 범위가 확장되면, 그들이 읽고 쓰는 것을 배워 더 진전된 문화의 일부가 되면 활동의 복잡성이 더 증가하게 되고, 이렇게 복잡성이 증가한 활동은 새로운 관념을 촉진하게 됩니다. 이러한 변화들은 반향을 바꿔 급진적으로 그들의 생각 습관을 다시 조직화하게 됩니다. 그렇게 그들은 이전에는 관련이 없어 보였던 이론적 절차를 사용하고 그 가치를 제대로 인식하게 됩니다.

2. 우리가 이미 언급했듯이, '비슷한' 대상을 무리 지으라는 요청을 받은 피험자들에게는 공통적인 특징이 있었습니다. 우리가 좀 더 명

확히 해야 할 점은, 그들이 '비슷한'이라는 낱말을 우리가 사용하는 것처럼 해석했느냐 아니면 다른 피험자 집단에게 다른 것을 의미했느냐는 것입니다. 우리는 일부 피험자가 그 낱말을 무시하거나 그것을 (심지어 우즈베키스탄 언어에 이에 해당하는 특정 낱말이 있음에도 불구하고) '일반적 상황에 적용할 수 있는' 것으로 해석하는 장면을 반복적으로 관찰했습니다. 이들 피험자에게는 '도구' 혹은 '용기' 같은 총칭 용어도 추상적 사고 체계에서 이 낱말들이 행하는 것과 같은 '범주적인' 의미를 지니지 않은 것처럼 보였습니다.

이런 결과로 인해 우리는 다음과 같은 의문을 확인하기 위하여 특별한 테스트를 구안해야만 했습니다. 우리의 피험자들이 본질적으로 추상적이고 범주적인 간단한 논리적 조작들을 정확하게 수행하기 위하여 도대체 어느 정도나 구체적 생각을 사용했는가? 그들이 대상들을 무리 짓는 데 사용한 총칭 용어들이 그들에게 도대체 무엇을 의미했는가? 그들이 이러한 용어를 사용하는 것이 우리가 사용하는 것과 같았는가, 아니면 확연히 달랐는가?

비슷한 것 감지 테스트

비슷한 것을 감지할 수 있는 능력은 대상을 분류하는 과정에 맨 먼저, 통합적으로 관여합니다. 가장 단순한 형태의 추상화는 두 대상을 비교하고 둘 사이의 유사성을 결정하는 과정입니다. 그렇기 때문에 비슷한 것을 찾아낼 수 있는 능력은 비교를 위한 토대로 두 대상의 공통된 자질을 변별하는 (추상화하는) 능력을 전제합니다. 실험 조작이 단순하기 때문에, 비교와 일반화에 대한 실험은 지금도 개념 형성 과정에 관한 조사·연구의 표준적인 절차입니다.

비네(Binet)와 다른 심리학자들의 고전적 연구들은, 사람은 대상들에서 비슷한 점의 토대를 확립하기 훨씬 전에 대상들의 다른 점을 인지할 수 있다는 것을 오래전에 입증했습니다. 이렇게 되는 까닭은 너무도 자명합니다. 대조되는 두 대상이 어떻게 다른지를 분별하기 위해서 사람은 그저 대상의 물리적 자질들을 기술하기만 하면 됩니다. 그러므로 전체 절차는 즉각적인 인상들 혹은 시각적 기억에 의존합니다. 반면에 대상들 사이의 유사성을 확립하는 것은 (특히나 즉각적인 인상들에 근거할 때 유사성이 명확하지 않은 경우에) 훨씬 더 어려운 일입니다. 이것이 자질들을 분별하고 비교하는 능력을 함축하고 있는 한, 그런 절차는 필연적으로 어떤 말로 하는 논리적 요소들을 포함하게 됩니다.

우리는 피험자의 비교와 일반화(즉, 비슷한 것을 감지하는 과정)에 접근하는 방식이 언어적이고 논리적인 특별한 점과 관련되는지 여부를 판단하고자 했기 때문에, 두 대상들(하나는 명백하게 다른 대상들, 다른 하나는 실천적 도식에 통합시키기가 어려운 대상들)을 비교해야만 했습니다. 두 경우 다 피험자의 즉각적인 인상이 피험자로 하여금 다른 자질들을 상세히 기술하도록 몰아갔습니다. 이들 대상의 은밀한 비슷한 점(일반적으로 대상들의 범주적 관계)을 감지하기 위하여, 피험자들은 확연한 차이를 보이는 두 대상의 물리적 자질들을 무시해야만 했고 각각이 기능할 수 있는 다른 상황들을 시각화하려는 시도를 포기해야만 했습니다. 우리가 피험자에게 비교하도록 요구한 대상들의 전형적인 예는 오이와 장미, 까마귀와 물고기, 말과 사람, 지주와 농장 노동자였습니다.

피험자에게 그들이 관찰한 대상의 물리적 차이점을 기술하는 데 대답을 한정하라고 요청했을 때, 우리는 일반화에 도움이 되는 몇몇 용어를 제안하면서 과제 해결을 촉진시키려 했었습니다. 그렇지만 우리는 비슷한 것의 실제 토대를 드러내기를 원하지 않았기 때문에, 다소 모호한 방식으로, 중국어에서는 (물론 지어낸) 한 낱말이 두 대상을 표현했다고 알려 주는 식으로 그것을 감춰야 했습니다. 우리는 피험자에게 왜 중국 사람들이 그런 용어를 쓰는지 생각해 보라고, 또 그것이 의미하는 바가 무엇인지 추정해 보라고 요청했습니다. 출신 배경과 교육 정도에서 분류 실험에 참가한 집단에 상응하는 규모로 피험자 숫자를 확보하여 실험을 진행했습니다.

이 일련의 실험 결과와 교육을 어느 정도 받은 혹은 문화를 약간 획득한 성인들을 대상으로 얻은 실험 결과는 아주 차이가 컸습니다. 후자는 두 대상을 비교하는 데, 그리고 비슷한 것에 근거하여 두 대상을 하나의 일반적 범주(오이와 장미는 식물, 까마귀와 물고기는 동물)에 할당하는 데 문제가 없었습니다. 우리의 피험자들 중 첫 번째 집단인, 문맹인 농부는 그 절차가 아주 달랐습니다. 때때로 그들은 대상들에 공통점이 하나도 없다고 하면서 대상들 각각을 그저 기술하기만 했습니다. 그들은 대상이 행할 수 있는 목적들을, 통상적으로 대상을 직면하게 되는 상황들을 상세하게 설명하곤 했습니다. 아니면 두 대상이 얽히는 구체적인 경우를 상상하면서 두 대상의 밀접한 어떤 연결을 확립하곤 했습니다. 일부 사례에 따르면 피험자들은 두 대상이 비슷한 것의 기능적 근거를 확립할 수 있다고 가정하면서 두 대상이 동일한 조작을 수행하는 어떤 상황을 생각해 내려 노력했습니다. 다른 방식은, 범주화 작업과 전적으로 무관한 방식은 두 대상의 어떤 물리적 유사성을 결정해 버리는 것이었습니다.

대부분의 경우 피험자들은 우리가 그들에게 비교하도록 요청한 대상들('그렇게 다른 것들')이 중국어에서는 한 용어로 표현되는 까닭을 찾아보는 것을 거부했습니다('중국어' 용례에 대한 참조는 그들을 조금도 설득하지 못했습니다). 어떻게 두 대상이 한 범주에 속하게 되는지를 정말 상세하게 설명한 후에야 피험자들은 그 발상을 적어도 외관상으로는 받아들였습니다. 문제를 충분히 생각하면서, 피험자들은 두 대상을 한 상황에 무리 짓는 것이 불가능하다는 걸 설명하며 두 대상이 같지 않다는 것을 계속해서 강조했습니다. 이런 측면에서 보면 이 조사에서 우리가 얻은 데이터는 이전 실험 결과와 아주 유사한 패턴을 보여 주었습니다.

피험자: 마크수드 – 38세, 문맹. 라라자르 지역에서 노동.

• 닭과 개는 어떤 공통점이 있나요?
"그것들은 비슷하지 않아요. 닭은 다리가 두 개고, 개는 네 개예요. 닭은 날개가 있지만 개는 없어요. 개는 귀가 크지만 닭은 작아요."
:: 비슷한 점보다는 다른 점을 기술함.
• 당신은 둘이 무엇이 다른지에 대해 말하셨어요. 그것들이 비슷한 점은 무엇인가요?
"그것들은 전혀 비슷하지 않아요."
• 닭과 개 둘 다를 위해 사용할 수 있는 한 낱말이 있나요?
"없어요, 물론 없지요."
• 닭과 개 둘 다에 어울리는 낱말이 무엇일까요?
"모르겠는데요."
• '동물'이라는 낱말이 어울리나요?

"네."

:: 일반화를 위한 용어를 받아들임.

- **물고기와 까마귀는 어떤 공통점이 있나요?**

"물고기는 물에 살고 까마귀는 날아다니지요. 만약에 물고기가 물 위로 다니면 까마귀가 물고기를 쪼아 먹을 수 있어요. 까마귀는 물고기를 먹을 수 있지만 물고기는 까마귀를 먹을 수 없어요."

:: 다른 대상의 짝에 이월(carryover)하지 못함. 비슷한 점을 찾는 데 영향을 미치지 못하고 대신 대상들을 일반적 상황에 포함시킴.

- **닭과 개 둘 다를 위해 사용할 수 있는 한 낱말이 있나요?**

"만약에 당신이 그것들을 동물이라고 명명한다면, 그건 맞지 않을 거예요. 물고기는 동물이 아니고 까마귀도 동물이 아니에요. 까마귀는 물고기를 먹을 수 있지만 물고기는 새를 먹을 수 없어요. 사람은 물고기를 먹을 수 있지만 까마귀를 먹을 수는 없어요."

:: 함께 사용할 수 있는 용어를 발견할 수 없었음. 다른 점 기술로 되돌아감.

피험자: 사크훔 – 34세, 요르단 마을 출신 농부, 문맹.

- **피와 물은 어떤 공통점이 있나요?**

"그것들의 비슷한 점은, 물은 더러운 것들을 모두 씻어 주니까 물은 피도 씻어 줄 수 있어요."

:: 대상들의 비슷한 점이 아니라 함께 어울리는 것을 지적함.

- **까마귀와 물고기는 어떤 공통점이 있나요?**

"까마귀와 물고기는 아주 많은 차이가 있어요. 물고기는 물에 살고, 까마귀는 날아다니지요. 그것들이 유일하게 비슷한 점은 물고기는 물을 이용하고 까마귀도 때때로 갈증을 느낄 때면 물을 이용한다는 거예요."
:: 대상 사이의 밀접한 연결을 확립하려고 공통된 기능을 언급함.

• 산과 포플러는 어떤 공통점이 있나요?

"포플러는 자라기 위해서 물이 필요하지만 산은 신이 만들었어요. 그래서 그것들은 저기에 저렇게 존재하고 있어요."
:: 다른 점을 설명함.

• 그것 말고요, 둘 사이에는 어떤 비슷한 점이 있나요?

"비슷한 점이 없어요. 우리는 오랫동안 이 산에 살고 있는데 그것들에서 어떤 비슷한 점도 보지 못했어요(산과 포플러를 바라보고는 고개를 가로저었다)."

• 산과 포플러는 둘 다 크다고 말할 수 있잖아요?

"산은 매우 크지만 포플러는 작아요. 어떤 곳에서 보면 둘이 같을 수도 있지만 산은 크고 포플러는 작아요. 제가 지금 둘 다를 보고 있는데 당최 비슷한 점을 찾을 수 없네요."[7]
:: 비슷한 점을 찾으려 하지 않음.

---

7) 일반화 과정과 추상화 과정이 별개로 작동하는 것이 아니라 분류 과정에 같이 참여합니다. 『생각과 말』 5장에서 비고츠키는 이를 '한 과정의 두 측면'이라고 비유했습니다. 일반화 과정이 두드러지면 일반화라고 하고 추상화 과정이 두드러지면 추상화라고 합니다. 이 조사에서 닭과 개를 동물로 묶어 내는 것은 일반화입니다. 이것은 쉽게 해결했습니다. 애매한 피와 물을 액체로 묶어 내는 것은 일반화라고 해야 할지 추상화라고 해야 할지 애매합니다. 그럼에도 불구하고 학교 교육을 받은 사람이라면 과학 시간에 배운 개념을 떠올리며 쉽게 해결할 수 있습니다. 하지만 산과 포플러를 묶어 내는 것은 추상화 과정이 두드러집니다. 이렇게 일반화보다 추상화가 훨씬 어렵습니다. 대한민국 현직 초등 교사도 "흙, 초록색, 아니네, 모양이 뾰족하다, 사람이 쉴 수 있다."고 대답했습니다. 높이가 높은, 키가 큰, 영어로 'Tall Things'로 추상화하는 것이 쉽지 않았습니다. 아마도 한국어 의미 체계의 특수성이 반영된 결과인 듯합니다. 우리는 '산이 높고 나무가 크다, 높은 산 큰 나무' 식으로 표현하기 때문인 것 같습니다.

피험자: 카드지 말 – 45세, 요르단 마을 출신 농부, 문맹.

• 산과 포플러는 어떤 공통점이 있나요?

"산이요, 이게 산이에요. 하지만 포플러는 물을 먹기 때문에 자라지요. 만약에 우리가 산에 포플러를 심으면, 포플러는 자라지 않을 거예요. 그러려면 좋은 토양이 필요해요."

:: 한 상황에서 대상들을 연관시키려 노력함.

• 어떤 면에서 그것들이 비슷한가요?

"당신이 멀리 떨어져서 그것들을 본다면, 산은 크지만 포플러는 작아요."

• 그렇지만 거기에는 비슷한 게 있잖아요?

"조금 비슷하네요. 포플러도 크네요."

• 장미와 오이는 어떤 공통점이 있나요?

"비슷한 점은 둘 다 자란다는 거예요. 오이가 자랄 때, 그건 꽃이 피고, 장미도 마찬가지지요. 이 경우를 제외하면 장미는 늘 그렇게 있지만 오이는 당신이 먹을 수 있도록 열매를 맺지요."

:: 비슷한 물리적 자질을, 둘 다 '꽃이 핀다'는 것을 예로 듦.

• 지주와 농장 노동자는 어떤 공통점이 있나요?

"둘은 아주 다르지요. 지주가 스스로 구할 수 있는 것을 농장 노동자는 결코 구할 수 없어요."

• 둘 사이에 어떤 비슷한 점이 있을까요?

"비슷한 점은 지주는 어떤 걸 가지고 있고 농장 노동자는 가지지 못했다는 거예요. 지주가 먹고 싶은 게 있으면 그는 먹을 수 있지만, 농장 노동자가 먹고 싶을 때는 먼저 지주에게 가야만 하지요."

:: 다른 점을 나타냄.
- **그게 아니고요. 둘 사이에 어떤 공통점이 있냐고요?**

"지주와 농장 노동자는 똑같은 길을 걸어 다니지만, 지주가 할 수 있는 것을 농장 노동자는 할 수 없어요. 지주는 말하고 농장 노동자도 말하지만, 지주가 농장 노동자에게 말한 것을 농장 노동자는 해야만 해요."
:: 비슷한 자질을 결정하려 도해적 상황을 사용하지만, 단순하게 둘이 함께 얽혀 있는 것을 예로 듦.

이 사례들이 피험자 집단의 대다수가 사용한 접근 방식을 전형적으로 보여 주고 있기 때문에, 사례가 적지만 충분할 것입니다. 그들의 대답은 피험자들이 상충되는 대상을 비교해야만 하는 작업에 직면했을 때, 피험자들이 거의 전적으로 도해 용어로 조작했다는 것을 보여 주고 있습니다. 한 사례에서 피험자는 두 대상을 일반적·추상적 범주에 관련시키려는 시도도 하지 않았습니다. 다른 사례에서 피험자는 (추상적 사고에 이르는 경로의 어느 곳에서) 추상적 범주를 곰곰이 생각해 보았지만, 거기에 미치지 못하고 두 대상이 같은 기능을 수행하는 상황을 시각적으로 그려 냈습니다("지주는 걷고 농장 노동자도 걷는다." "오이는 자라고 장미도 자란다."). 일부 피험자는 공통적인 물리적 자질을 탐색했습니다("오이가 꽃을 피울 때 마치 꽃 같고 장미도 꽃이다."). 다른 접근 방식은 두 대상의 상호 관련성을 인용하는 것이었습니다("까마귀는 물고기를 쪼아 먹을 수 있다." "포플러는 산에서 자랄 수 있다.").

두 대상을 비교하고 비슷한 점의 토대를 확립하는 과제는 우리의 두 번째 피험자 집단에게는 무시해도 좋을 그들의 일천한 교육에도 불구하고 별문제가 되지 않았습니다. 그들은 비록 각각을 완벽하게 다른 상황에서 심상으로 그려 내야 했지만 두 대상을 쉽게 한 범주에 할당했습니다.

개념 정의에 관한 테스트

특정한 대상, 현상 혹은 활동을 더 큰 범주로 분류하면서 개념을 정의하는 작업은 추상적 사고의 가장 초보적인 조작 중 하나에 해당합니다. 우리가 표준적인 심리학 실험들을 통해 알고 있는 것처럼, 개념을 정의하는 것은 당연하게도 모든 논리 외적인 고려를 무시하면서 일반적 결론에 도달하기 위하여 논리적으로 종속적인 일련의 관념들을 사용하는, 부정할 수 없는 말로 하는 논리적 조작입니다. 사과나무를 나무로, 염소를 동물로 정의하는 사람은 사과나무나 염소의 고유한 속성을 무시하고 일반 범주에 속하는 각각의 본질적인 성질을 변별해 냅니다.

우리는 사람이 무엇보다도 교육을 통해 사고의 어떤 원리를 숙달함으로써 개념을 정형화할 수 있는 능력을 발달시킨다는 것을 아주 잘 알고 있습니다. 비고츠키는 두 부류의 개념을 탐구했습니다. '학문적' 개념과 '일상적' 개념이 그것입니다.[8] 초등학생도 비록 처음에는 일상적 생활에서 자신이 겪은 것에 근거하여 개념들과 사건들 사이의 어떤

---

[8] 『생각과 말』 6장에서 비고츠키는 '과학적(scientific) 개념'과 '일상적(everyday) 개념'을 구분 정립했습니다. 제가 판단컨대, 여기서 언급된 '학문적(academic) 개념'은 '과학적 개념'보다 포괄적인 개념이고 '일상적(mundane) 개념'은 '일상적(everyday) 개념'보다 더 포괄적인 개념입니다. 전자는 학문의 하위 분야로 과학이 위치한다는 뜻이고, 후자는 어린이뿐만 아니라 성인도 포함하다는 뜻입니다.

연관을 확립하는 데 실패하지만 학문적 개념을 정의하는 것은 쉽게 배울 수 있습니다. 이에 반하여 실천적 경험이 상당히 풍부함에도 불구하고 일상적 개념이 그의 학문적 삶에서 어떤 역할을 하지 못하기 때문에 어린이는 '일상적' 개념을 정의하는 것이 훨씬 더 어렵다는 것을 발견하게 됩니다. 체계적인 정보 체계를 습득하게 되는 만큼 그는 두 부류의 개념 사이의 더 밀접한 관계를 식별하기 시작합니다. 어느 정도의 교육을 받은 청소년 혹은 성인은 점차 일상적 개념과 학문적 개념을 평가하며 통합하고, 일상적 개념을 범주화하고 이어서 일상적 개념을 좀 더 넓은 개념적 도식 내에서 정의하는 경향을 보입니다.

우리의 피험자들이 말로 하는 논리적 절차를 도해적 조작으로 대체하면서 이론적 용어보다는 실천적 용어로 생각했다는 것을 고려해 보면서, 그들이 어떻게 개념을 정의할 것인가를 관찰하는 일은 우리의 호기심을 자아냈습니다. 그들은 어떤 심리적 자질들을 보여 줄까요? 그들의 응답은 사고의 어떤 진전을 드러내는 것일까요? 이론적 용어로 개념을 정의하는 데 그들을 인도하는 어떤 전제들이 있는 것일까요?

개념 정의의 심리적 측면에 관한 조사는 교육 심리학 분야에서 매우 큰 가치가 있으며 특별한 탐구가 행해져야 할 영역입니다. 이것이 우리 탐구 계획의 그저 보조적인 부분이기에 우리는 그것을 상세하게 논의하지 않고 단지 실험을 통해 얻은 가장 두드러진 데이터만 고려할 겁니다.

우리는 두 가지를 관찰하고자 했습니다. 한편으로는 흔히 사용되는 대상들('일상적' 개념)을, 다른 한편으로는 사회적 체계에 의해 교육된 추상적 관념들('학문적' 개념)을 피험자들이 어떻게 정의하는지를 관찰하고자 했습니다. 전자의 사례는 '나무', '태양', '자동차' 같은 것이고, 후자의 사례는 '협동조합', '자유' 따위였습니다. 일반적으로 우리는 대화를 나누면서 피험자에게 이러한 것들에 대해 질문했습니다. 게다가 많은 피험자가 '개념 정의'를 해 본 적이 없었기 때문에, 우리는 과제를 좀 더 의미 있게 보이도록 만들려고 가상적 상황을 창안했습니다. 우리는 피험자에게 특정한 대상 혹은 낱말을 처음 접하는, 그것이 의미하는 바를 모르는 어떤 사람에게 어떻게 설명할 것인지 고민해 보라고 요구했습니다.[9]

실험을 수행하면서 우리는 우선 피험자들이 개념을 정의하는 데 사용한 방법에 집중했습니다. 22명의 피험자 중 11명은 확실한 문맹이었고 나머지는 조금(1~2년) 교육을 받은 사람과 집단농장에서 노동한 경험이 있는 사람이었습니다. 응답이 너무 획일적이라 좀 더 많은 표본을 살펴야 할 필요가 없었습니다.

대부분의 경우, 우리의 첫 번째 집단에 속하는 피험자들(외지 마을에 사는 문맹인 농부들)은 너무도 명백한 것을 '정의'하거나 '이야기'하는 것을 무의미한 일이라고 주장하면서 제시된 개념을 정의하는 작업 자체를 거부했습니다. "태양은 태양이지요. 누구나 그걸 다 알고 있지요." "자동차는 어디에나 있어서 사람은 자동차가 무엇인지 다 알지요." 그들은 만약에 그런 것이 무엇인지를 모른다면, 유일한 해결책은 그 사람이 스스로 보게 만드는 것이라고 주장했습니다.[10] 우리가 어떤 정의를

---

9) 격언을 통해 익히 알고 있는 것처럼 아는 것과 가르치는 것은 별개의 일입니다. 마찬가지로 아는 것과 설명하는 것도 별개의 일입니다. 이 차이를 어떻게 해결할 것인지 궁금했지만, 이런 세세한 부분은 피험자들의 대답 수준의 차가 워낙 심해 여기서 고민할 문제로 부각되지 않았던 것 같습니다.
10) 민초의 지혜는 어디나 비슷한 듯합니다. 백문(百聞)이 불여일견(不如一見)이고 백견(百見)이 불여일행(不如一行)이라는 말이 연상됩니다.

유도하려고 노력하면, 피험자들은 통상 동어반복으로 응답했습니다. "자동차는 자동차예요." 몇몇 경우에 그들은 우리에게 차의 기능을 설명하면서, 차의 외형(차의 물리적 속성)을 묘사하면서 차가 어떻게 조작되는지 말했습니다. 그들이 과제에 좀 더 능숙해졌을 때만 그들은 대상을 다른 것과 비교하는 것이 한 대상의 성질을 명료하게 하는 데 도움이 된다는 사실을 깨달았습니다. 그렇지만 그렇게 해 보았기에, 피험자들은 비교와 대조에 관한 실험에서 사용했었던 조작과 똑같은 조작을 나중에 정확하게 수행했습니다. 이와 같이 일상적 개념과 학문적 개념을 정의하려는 피험자의 시도는 대상의 기본적인 속성 혹은 실천적 기능을 묘사하는 데 한정되었습니다.

피험자: 일리 코쯔 – 22세, 오지 마을 출신의 농부, 문맹.

• 나무가 무엇인지 설명해 보세요.
"내가 왜 설명을 해야 하나요? 누구나 나무가 뭔지 알아요. 누구도 나한테 그걸 말하라고 할 필요가 없어요."
∷ 설명할 필요가 없다고 거절함.
• 그래도, 한번 설명해 보세요.
"여기도 저기도 나무가 있어요. 나무가 없는 곳을 찾을 수 없을 거예요. 그러니 내가 설명하는 게 무슨 의미가 있겠어요?"
• 그렇지만 어떤 사람은 나무를 본 적이 없어요. 그러니 당신은 설명을 해야 해요.
"알았어요. 그 사람들이 온 곳에는 나무가 없다고 이야기하셨지요. 그렇다면 나는 그들에게 씨를 키워서 비트 뿌리를 어떻게 심는지, 그 뿌

3. 일반화와 추상화 147

리가 땅에 어떻게 자리 잡고 떡잎이 위로 어떻게 싹트는지 말해 주겠어요. 그게 우리가 나무를 심는 방법이고, 뿌리가 내리는 방법이고……."
:: 대상의 분명한 자질들을 지적하면서 설명함.

• 나무를 어떤 두 낱말로 정의해 보세요.

"두 낱말로 정의하라고요. 사과나무, 느릅나무, 포플러 나무."
:: 정의 대신에 사례를 나열함.

• 차는 무엇인가요? 차가 무엇인지 설명해 주실 수 있겠어요?

"차는 동력으로 불을 사용하고, 사람이 운전하지요. 만약에 기름이 떨어지면 누구도 운전할 수 없고, 차가 움직이질 못해요."
:: 차의 자질을 인용하면서 대상을 정의하려 시도함.

• 당신은 차를 한 번도 본 적이 없는 사람에게 어떻게 설명하시겠어요?

"누구라도 차가 무엇인지 알고 있어요. 세상 천지에 차는 다 있어요. 너무도 많은 차가 있어서 누구라도 한번쯤은 차를 볼 수밖에 없어요."
:: 가설적 경우를 거부함.

• 차가 하나도 없는 곳을 방문했다고 가정해 보세요. 그곳에 사는 사람에게 차에 대해 무엇을 이야기하시겠어요?

"만약에 그런 곳에 가게 된다면, 나는 그들에게 버스는 바퀴가 네 개고, 사람들이 앉을 수 있는 의자가 있고, 그늘이 지게 위를 막은 지붕이 있고, 엔진이 있다고 말해 주겠어요. 그런데 그 사람이 차에 관심이 많다면, 차를 타 보고 운전을 해 보면 차를 정확히 알게 될 거라고 말해 주겠어요."
:: 처음에는 도해적 묘사를 통해 대상을 정의하려다가 나중에는 직접 경험의 필요를 강조함.

피험자: 아크흐메트 – 44세, 오지 마을에서 온 키르치즈인, 문맹.

• 저에게 차가 무엇인지 말해 주세요.

"차는 부릉부릉 소리를 내면서 도로 위로 다니고요, 이곳저곳 다니고, 안에는 불이 연소하고 있고……"

:: 물리적 측면을 묘사함.

• 차를 본 적이 한 번도 없는 사람이 당신의 말을 이해할 수 있을까요?

"그가 한 번만 차를 운전해 본다면, 차가 무엇인지 자연스럽게 알게 될 거예요. 당신이 이런 산을 본 적이 없다면 내가 눈 덮인 이 웅장한 산에 대해 말하는 걸 당신은 이해하지 못할 거예요. 사람이 무언가를 보지 못하면, 그는 그게 뭔지 이해할 수 없어요. 다 그런 거예요."

:: 정의하려고 하지 않음.

• 태양은 무엇인가요?

"만약에 시각 장애인이라면 내가 그에게 태양이 뜨는군요, 그게 머리 위에 있어요, 태양은 우리를 따뜻하게 해 줘요라고 말해도 그는 이해하지 못할 거예요. 내가 뭐라고 그에게 말해야 할까요? 나는 태양을 가까이서 본 적이 없는데, 내가 태양이 뭐라고 말할 수 있겠어요?"

:: 속성들을 나열함. 자신이 직접 가까이서 보지 못한 대상에 대해 정의하려 하지 않음.

위 사례에서 피험자들의 대답은 둘 중 하나였습니다. 그들은 "본", "가까이서 본" 적이 없는 대상을 정의하려 하지 않거나 그게 아니면 물리적 속성을 상세하게 묘사하는 것으로 정의하는 작업을 대체했습니다. 두 번째 집단의 피험자들은 비교를 통해 정의하려고 했습니다(이들은

3. 일반화와 추상화 149

약간의 학교 교육을 받았거나 노동을 통해 사람들과 체계적인 접촉을 해 본 적이 있는 사람들이었습니다). 다음 내용은 그들이 나타낸 반응의 전형을 보여 줍니다.

피험자: 누르말 - 18세, 시골 마을 출신의 소녀, 문맹 극복을 위한 과정을 이수하였지만 읽고 쓰기를 거의 하지 못함.

• 차가 무엇인가요?
"차요? 차야 차라고 하지요, 소형 기관차는 소형 기관차라고 하고요."
• 차에 대해 한번 설명해 보세요.
"차는 방보다 작고요, 불을 사용하고요, 사람들이 그 안에 앉아요. …… 차에는 작은 차도 있고, 소형 기관차도 있고, 버스도 있어요."
:: 같은 범주에 속하는 다른 대상들을 나열하는 것으로 대상을 정의하려 함.
• 지금 말한 것과 비슷한 다른 것들의 명칭을 말해 보세요.
"택시 운전수, 자전거, 기차…… 제가 본 모든 것을 말씀드렸어요."
:: 좀 다른 방식으로 개념을 정의하려 함.
• 자유는 무엇인가요?
"여자도 자유를 가진다는 말을 들어봤어요. 그게 제가 아는 전부예요. 전에는 지주가 여자를 억압했지만 이제는 여자도 그런 불행에서 벗어났어요."

피험자: 아지즈 - 36세, 미크나트 농장에서 노동, 10주 농업 과정을 이수함.

• 차가 무엇인가요?
"차는 빨리 움직이는 거고요, 전기, 물, 공기를 사용해요. 아주 먼 거리도 갈 수 있어요. 그렇게 차는 어려운 일도 쉽게 해요."

:: 대상의 가장 본질적인 자질들을 추출하는 것으로 대상을 정의함.

• 태양이 무엇인가요?

"밤은 어두워요. 반면에 낮에는 태양이 세상을 환하게 밝혀 줘요. 이렇게 사람은 태양에게 도움을 받고 있어요."

• 태양을 정의하는 가장 좋은 방법은 무엇일까요?

"그것을 설명하기 위해서는 다른 것과 비교해야만 해요. 다른 방법은 없어요. 그래서 제가 밤을 예로 들었던 거예요."

:: 정의를 하려고 비교와 대조를 사용함.

• 협동조합이 무엇인가요?

"지주와 상인들이 가게를 운영했었어요. 그들은 비싼 가격으로 농민에게 상품을 팔았어요. 이제 정부가 직접 가게(협동조합)를 조직했어요. 농민은 거기서 싸게 상품을 구입할 수 있어요. 협동조합은 사람을 공동체의 일부로 만들었고, 사람을 위해 운영되고 있어요."

:: 사회 제도를 도입하여 아주 상세하게 개념을 정의함. 추상적 범주를 아주 잘 사용하였음. 다른 개념을 통해 한 개념을 명료하게 함.

피험자: 이사무트 – 34세, 미크나트 농장 노동자, 문맹 극복을 위한 과정을 이수함.

• 태양이 무엇인가요? 시각 장애인에게 설명한다면 태양을 어떻게 묘사하겠어요?

"저는 태양은 아침에 떠오르고 저녁에 진다고 말하겠어요. 태양을 어떻게 설명해야 하는지 잘 모르겠어요. …… 제가 말할 수 있는 건 태양이 떠오르면 햇빛이 자라는 식물에게 따뜻함을 제공하고, 곡식이 잘 자라게 해 준다는 거예요."
:: 대상의 중요한 자질을 인용하면서 정의를 함.

- **차는 무엇인가요?**

"누군가 그런 질문을 하면, 전 차는 일을 쉽게 하도록 해 준다고 말하겠어요. 밀가루나 장작이 없다면, 차는 당신에게 그것들을 빨리 가져다줄 수 있어요."
:: 똑같은 방식으로 접근함.

- **당신은 차를 한 번도 본 적이 없는 사람에게 어떻게 설명하시겠어요?**

"차는 우마차와 비슷하고요. 우마차가 좀 단순하다면 차는 좀 복잡한 거라고 할 수 있어요. 차는 한 사람이 혼자서 만들 수 있는 게 아니고요. 차 만드는 걸 배우려면 많은 시간이 걸려요. 차는 공장에서 만들어요."
:: 정의를 명료하기 위해 비교를 사용함.

- **협동조합이 무엇인가요?**

"누군가 저에게 협동조합이 무엇이냐고 묻는다면, 전 협동조합은 상품과 옷을 보관하는 정부의 창고라고 대답하겠어요. 협동조합은 모든 종류의 부족 현상을 막아 주지요."
:: 그 개념의 본질적 기능과 다른 개념('창고')의 관계를 통해 개념을 정의함.

전적으로 다른 심리 과정이 이들 피험자가 응답하는 정신 과정을 지배하고 있다는 것을 누구라도 알 수 있습니다. 첫 번째 집단과 달리, 그들은 과제를 거부하지 않고 다른 개념과 비교하면서 대상을 논리적으로 개념 규정하려고 했습니다. 비록 그들이 일상에서 마주치는 대상을 논리적 범주로 할당할 수는 없었지만, '학문적' 개념(예를 들면, 협동조합)을 정의할 때 그들은 그 개념의 기원과 사회적 중요성을 분석하거나, 어떤 경우에는 개념을 범주화하면서 좀 더 복잡한 접근 방식을 사용했습니다.

세 번째 집단에 속하는 피험자들(집단농장 활동가 또는 두 번째 집단보다 더 많은 교육을 받은 사람)은 훨씬 더 복잡한 접근 방식을 보여 주었습니다. 그들은 종종 비교를 잣대로 하여 다른 추상적(범주적) 현상을 사용하면서 사회적 개념들을 좀 더 상세하게 정의했습니다.

피험자: 바도우브 - 30세, 읽고 쓸 수 있는 집단농장 노동자, 몇몇 단기 교육 과정을 이수함.

• 태양이 무엇인가요?

"사람이 태양을 본 적이 없다는 게 가능한 일일까요? 태어나자마자 죽은 사람이나 그럴 수 있겠네요. 제가 태양을 어떻게 묘사할 수 있겠어요? 태양은 세상에 빛을 제공하지요. 태양이 없다면 사람은 살 수 없고, 죽게 되겠지요."

:: 본질적 속성을 인용하면서 개념을 정의함.

• 차가 무엇인가요?

"차는 공장에서 만들어져요. 여행을 할 때 차는 빨리 갈 수 있어서, 말을 타고 열 번 가야 할 먼 거리를 한 번에 갈 수 있게 해 줘요. 차는 불과 증기를 사용해요. 증기가 차에게 기계를 움직일 수 있는 동력을 제공해요. …… 전 차 안 어디에 물이 있는지는 몰라요, 하지만 틀림없이 차에는 물이 있어요. 하지만 물만으로 충분한 건 아니에요. 불도 필요해요."

:: 차의 구조와 조작을 묘사하면서 대상을 정의함.
- **협동조합이 무엇인가요?**

"협동조합은 우리를 공동체의 구성원이 되게 해 줘요. 그건 산업이에요. 당신도 아시겠지만, 일부 가게 주인은 일 루블밖에 하지 않는 물건을 십 루블에 팔아요. 반면에 협동조합은 우리가 생산한 무명을 받고 그걸 싸게 팔아요."

:: 협동조합의 목적을 기술하면서 그것과 관련 있는 다른 추상적 개념을 인용하면서 개념을 정의함.

    세 집단 모두의 대답은 아주 명확한 결론을 도출할 수 있는 충분한 증거를 제공했습니다. 공동 노동의 경험이 전혀 없는 문맹인 피험자들은 대상을 말로 정의하는 것을 거부하거나 상세한 도해적 묘사를 통해 정의하였습니다. 반면에 문화적으로 좀 더 진전된, 약간의 교육을 받았던, (효과적인 의사소통이 요구되는) 체계적인 집단 노동을 해 보았던 피험자들은 개념을 정의하는 다른 수단을 발달시켰습니다. 비록 그들의 생각 방식이 일차적으로 이론적이지 않고 도해적이고 기능적이었지만, 그들은 적어도 주어진 부류에 속하는 대상의 다양한 자질들을 상술하기 위하여 비교와 대조를 사용하면서 개념을 정의하려고 했습니다. 심지어 이 단계에서도, 피험자들은 일상적 개념보다 사회적 개념을 정의하는 데 그리고 사회적 개념을 범주화하는 데 더 능숙했다는 것은 주목해야 할 가치가 있습니다.

    집단노동을 훨씬 많이 했었던 그리고 다소 나은 교육을 받은 피험자들은 확연히 많은 개념을 정의할 수 있었습니다. 그들은 상세하게 대상의 본질을 분석하고 때때로 다른 개념과 그 개념의 관계를 지각했습니다.[11] 이런 형태의 분석도 일상적 개념을 정의하는 데 전이되었습니다. 우리가 시험했던 피험자들은 광범위한 개념적 도식으로 생각하면서 '간단명료한' 정의를 내놓을 만큼 충분히 문화적으로 발달하지 못했습니다. 그럼에도 불구하고 그들이 도식적·상황적 사고 양식에서 개념적 생각의 초기 단계로 이행할 수 있었다는 사실은 이루 헤아릴 수 없이 중요합니다.

총칭 용어의 의미

우리 조사는 사람들이 인지 발달 과정의 어느 단계에서 대상을 무리 짓는 말로 하는 논리적 방법을 채용하지 않고 도해적 방법이 기능하는 도해적 상황을 재구성함을 보여 주었습니다. 결과적으로 이 사고 양식에서 언어의 일차적 기능은 범주적 관계를 일반화하고 추상화하는 것이 아니고 적합한 도해적·실천적 상황을 재현하는 것이었습니다.

우리는 피험자들의 언어 사용에 관한 여러 질문을 명료하게 하고 싶었습니다. 그들의 지배적인 시각적 생각 형태가 추상적 사고에서 사용되는 총칭 용어의 의미를 변화시켰는가? 즉, 그들은 우리에게 일반적·범주적 중요성을 지닌 몇몇 용어에 훨씬 더 구체적인 의미를 담는가? 이런 추정은 낱말 가치(의미+뜻)는 인지 발달 과정에서 변한다는 비고츠키의 발상과 완벽하게 일치합니다. 심리학은 우리가 기술한 몇몇

---

11) "다른 개념과 그 개념의 관계"라는 표현은 '개념 체계'를 지칭하는 것 같습니다. 이에 대한 자세한 설명은 『생각과 말』 6장 6절을 참고하십시오.

사실에 따르면 너무도 타당한 비고츠키의 가설을 지지하는 추가적인 자료로부터 도움을 받을 수 있습니다. 앞서 언급한 것처럼 피험자들은 반복적으로 정확한 사전적 의미가 '비슷한'이라는 낱말을, 주어진 상황에 적용된 물건들을 나타내기 위하여 사용하면서, '적합한' 혹은 '적절한'으로 이해하고 있었습니다. 그들은 별 제약을 느끼지 않으면서 통나무와 도끼가 '함께 잘 어울리는' 것을 의미하며 두 낱말이 비슷하다고 말했습니다. 그래서 그들의 언어 사용에 관한 우리의 가정을 공고하게 하기 위하여, 우리는 사전에 일반적으로 반영되어 있는 것이 아니라 오직 언어 사용의 다양한 역사적 단계에서만 출현하는 의미 변화(semantics)의 양상을 분명히 하고자 했습니다.

우리는 또한 우리의 피험자들이 '도구'나 '용기' 같은 낱말에 다른 의미를 담았는지 여부를 정말 알고 싶었습니다. 이 지점은 특별한 증명을 필요로 했습니다. 왜냐하면 우리의 피험자들이 제공한 실천적으로 배열한 많은 무리가 무리를 배열하기 위해 그들이 공식화한 일반적인 개념들과 모순되지 않았기 때문입니다. 오히려 그것은 대상의 구체적 상호 관계들이 아니라 추상적 범주에 속하는 그런 개념인 것 같았습니다.

분석을 통해 우리는 다음을 더 잘 이해하게 되기를 희망했습니다. 우리가 관찰한 사실이 (언급된 사례에서는 낱말의 외연과 일치하는) 낱말 의미를 완전히 무시하는 것을 보여 주고 있는지 궁금했습니다. 실천적 고려가 그들에게서는 의미를 압도하게 되는 것인지 알고 싶었습니다. 또한 그 사실들이 더 깊은 함의를, 예를 들면 실천적 경험이 낱말의 의미 자체를 변화시키는지를, 우리가 여기서 다루고 있는 것이 의미 변화의 다른 도식인지를 확인하고 싶었습니다.

이 지점을 명료하게 하기 위하여 구안된 특별한 실험에서 우리는 극단적으로 간단한 방책을 사용했습니다. 우리는 분류 실험에 참가했던 피험자들에게 그들이 무리 지었던 대상들의 무리를 적합한 총칭 용어('도구', '기구', '용기 따위)로 나타낼 수 있는지를 물어보았습니다. 그들이 긍정적으로 대답한다면, 우리는 그들에게 그 낱말이 나타낼 수 있는 다른 대상들을 특정하거나 우리가 제시한 보조적인 무리에서 다른 대상을 고르도록 요청했습니다(어떤 경우에 보조적인 무리가 대상들의 같은 범주와 일치했지만, 다른 경우에는 오직 대상들의 실천적 상호 관계에서만 일치했습니다). 실험 과정에서 우리는 피험자가 제시된 총칭 용어에서 찾아낸 의미를 명료하게 하고자 피험자에게 상세하게 질문했습니다.

실험에 참가한 15명 중에서 10명은 피험자 중에서 주요 집단(문맹인 농부)이었습니다. 나머지 5명은 너무도 적은 교육을 받았지만 공동 노동에 능동적으로 참여했던 집단에서 선발되었습니다. 이들 실험의 결과는 비록 이것이 우리가 획득한 최초의 대답과 달라 보였지만 낱말 의미의 변화에 관한 우리의 가정을 확증해 주었습니다.

첫 번째 집단 피험자의 대다수는 낱말을 정의하는 과제를 나타내고자 하는 대상을 즉각적으로 실천적 도식에 통합시키는 시각적 생각으로 대체하는 (이론적 생각과) 무관한 절차로 간주했습니다. 이러한 경우에, 낱말의 '의미'는 도해적·기능적 내포가 '과대 확대'되어 있었습니다. 이렇다고 해서 관습적으로 그 낱말에 부착되어 있는 의미가 그 낱말에서 제거되는 것은 결코 아니었습니다. 그럼에도 불구하고 심리적 견지에서 보면 이들 피험자는 낱말을 너무나도 비전형적인 방식으로 사용했습니다. 그들 중 일부는 일반화하는 용어를 구체적 상황에 적용하는 데 주저하지 않았습니다. 다른 피험자들은 먼저 대상들이 서로 얽히는 특수한 방식을 드러냈습니다. 그렇게 함으로써 그들의 정신에서 유용성의 원리가 총칭 용어의 우선적 의미를 모호하게 했다는 것을 보여 주었습니다. 이러한 관찰 내용을, 우리가 믿건대 충분히 진지하게 고려할 가치가 있는 관찰 내용을 더 견고하게 하기 위해서는 전문가들이 부가적인 심리·언어적 연구를 행할 필요가 있습니다. 아래 인용된 내용은 우리 연구의 이 부분을 진행하면서 획득한 대답들의 일부입니다.

참가자들: 칼 파르필 – 25세, 팔만에 있는 마을 출신 농부(Ⅰ). 야르브 마드마르 – 32세(Ⅱ). 마드 – 26세, 짐마차꾼(Ⅲ). 세 피험자 다 문맹임.

톱-도끼-망치 그림을 제시했다.
• **이것들을 도구라고 말할 수 있나요?**
세 피험자 다, "네."
• **통나무도 도구라고 말할 수 있나요?**
Ⅰ. "통나무도 이것들과 마찬가지로 도구지요. 우리는 통나무로 많은 것(손잡이, 문, 도구들의 손잡이)을 만들어요."
Ⅱ. "우리는 통나무가 도구라고 말할 수 있어요. 왜냐하면 통나무는 어떤 것을 만들기 위해 도구와 함께 사용되기 때문이지요. 통나무의 일부가 도구를 만드는 데 들어가요."
• **그런데 어떤 사람이 통나무는 도구가 아니라고 해요. 왜냐하면 통나무는 자르고 쪼갤 수 없기 때문이래요.**
Ⅲ. "어떤 미친 친구가 그렇게 말한 게 틀림없어요! 어쨌든 당신은 도구를 만드는 데 통나무가 필요해요. …… 쇠와 함께 통나무는 자를 수 있어요."
∷ 피험자들은 '도구'라는 개념에 도구로 만들어지는 대상도 포함시킴.

• 하지만 저도 나무를 도구라고 말할 수 없어요!

Ⅲ. "네에, 당신은 통나무 없이 손잡이를 만들 수 있겠지요."

• 하지만 당신은 정말 나무를 도구라고 말할 수 있나요?

Ⅱ. "그럼요! 장대도 나무로 만들어요, 손잡이도 …… 우리는 우리가 필요로 하는 모든 것을 '도구'라고 말해요."

:: '필요'의 원리가 '도구'라는 낱말 사용을 결정함.

• 그럼 당신이 생각하는 모든 도구를 말해 보세요.

Ⅲ. "도끼, 모스퀘(용수철이 달린 가벼운 운반 기구), 주변에 기둥이 없을 때 말을 매어 두는 나무. 보세요, 여기에 이 널빤지가 없다면, 우리는 이 관계 수로에 물을 보낼 수 없어요. 그래서 그것도 도구예요, 그리고 칠판을 만드는 데 사용하는 나무도 마찬가지지요."

:: 똑같은 원리를 적용함.

• 물건을 생산하는 데 사용되는 도구를 모두 말해 보세요.

Ⅰ. "이런 말이 있지요. 들판을 보라, 그러면 도구를 찾을 수 있을 것이다."

:: '도구'라는 낱말에 아주 광범위한 의미를 부여함.

Ⅲ. "손도끼, 도끼, 톱, 멍에, 안장에 쓰이는 가죽 끈."

• 정말로 당신은 나무를 도구라고 말할 수 있나요?

Ⅱ. "네, 물론이지요! 만약에 도끼와 함께 사용할 나무가 없다면, 우리는 쟁기질을 할 수 없고, 수레도 만들 수 없어요."

피험자: 나지르 사이드 - 27세, 유크하르 마크홀라 지역에서 온 문맹인 농부. 망치, 톱, 통나무, 손도끼를 고르고 그것들을 '도구'라고 말함.

• 당신은 통나무를 정말 도구라고 말할 수 있나요?

"당신은 그럴 수 있지만 요즘에는 안 돼요. 왜냐하면 다른 것들이 다 도구가 되었고, 반면에 통나무는 문을 만드는 데만 쓰여요."

:: 도구와 재료를 함께 무리 지음.

피험자: 미르자 쉬랄 – 57세, 요르란에 있는 마을 출신 농부. 읽고 쓰기를 거의 못함. 망치, 톱, 통나무, 손도끼를 무리 짓고 그것을 '도구'라고 말함.

• 다른 어떤 것을 도구라고 말할 수 있나요?

"도끼, 손도끼, 톱, 톱을 가지고 있는 두 사람, 이게 모두 다 도구예요."

• 당신은 정말로 사람을 도구라고 말할 수 있나요?

"아니요. 그러나 모든 생물은 하나가 되지요. 사람과 어울려 함께 일을 해요."

• 통나무를 도구라고 말할 수 있나요?

"네, 이 모든 것이 도구에 속해요. 만약에 당신이 통나무를 쪼개는 데 도끼를 사용한다면, 나무가 통나무를 쪼갠 거예요."

:: 작업을 수행하기 위해 함께 기능하는 대상들에 용어를 적용함.

• 그렇지만 만약에 제가 손으로 통나무를 쪼갠다면, 당신은 나의 손도 도구라고 말할 수 있나요?

"네, 물론이지요! 손은 힘을 가지고 있고, 이 힘을 가지고 우리는 나무를 쪼개는 거예요."

• 다른 어떤 것을 도구라고 부를 수 있나요?

"트랙터, 도끼를 단 황소, 곡물. 곡물로 사람들에게 영양을 공급할 수 있어요. 우리들 위로 갈 수 있는 건 다 도구예요. 사람은 처음에 자신의 힘을 씨를 심는 데 사용하고, 그러면 씨가 자라고 나중에 우리는 다 자란 곡물을 먹을 수 있어요."
∷ 도구와 도구가 생산한 것 둘 다를 개념에 포함시킴.

피험자: 카이드 – 48세, 마샤린아나 출신의 문맹인 키르기스인. 망치, 톱, 통나무, 손도끼를 함께 무리 짓고 그것들을 '도구'라고 명명함.

• 당신은 다른 어떤 것을 도구라고 말할 수 있나요?
"도끼, 톱, 칼, 면도기, 송곳."
• 당신은 (구두 직공이 사용하는) 송곳을 꿰는 실도 도구라고 말할 수 있나요?
"네, 그것도 물건을 위해 사용할 수 있기 때문에 도구라고 해야 돼요."
∷ 개념에 부속하는 광범위한 것들도 포함시킴.
• 당나귀도 도구인가요?
"네, 여행할 때 필요하기 때문에 도구라고 해야 돼요."
• 그럼 장작도 도구인가요?
"물론이지요! 장작은 가장 중요한 도구예요. (거름용 밀짚을 집어 들며) 이것도 도구예요. 왜냐하면 이걸 가지고 불을 피울 수 있기 때문이지요."
• 다른 어떤 걸 도구라고 할 수 있나요?
"누에고치, 그것들도 필요해요. 그건 가장 중요한 도구예요. 풀, 밧줄, 두건, 열로부터 머리를, 사람을 보호해 주지요, 이 모든 게 우리가 살아가는 데 필요해요."
∷ 관련 있는 것들의 범위를 확장함.

피험자: 미르자브 – 39세, 키질키야 출신의 농부. 혼자 공부했지만 거의

읽고 쓰지 못함. 유리잔, 냄비, 병, 안경을 함께 무리 짓고 그것들을 가사도구라고 명명함.

- 안경을 가사도구라고 말할 수 있나요?

"네."

- 다른 어떤 것을 가사도구라고 말할 수 있나요?

"수저, 냄비, 그런 것들. 나는 안경을 쓰지 않지만 다른 사람은 안경을 쓰지요. 이렇듯 안경은 유용해요."

:: '유용성'을 일반화의 원리로 사용함.

- 불도 가사도구라고 말할 수 있나요?

"네, 물론이지요! 불이 없으면 우리는 요리를 할 수 없어요."

- 수프도 가사도구인가요?

"네, 당신은 냄비로 수프를 만들 수 있어요."

:: 가사도구와 요리 용기를 함께 무리 지음.

피험자가 요리 용기를 의미하는 다른 낱말을 도입하여 그에게 어떨 때 사용하는 것인지 설명을 요청했다.

"만약에 병에 보드카가 담겨 있다면, 전 병이 다른 것에 속한다고 말하지 못할 거예요. 그렇지만 병에 물이 담겨 있다면, 병이 다른 것에 속한다고 말하겠어요. 안경도 이것들과 잘 어울려요. 당신의 눈이 나쁘다면 안경이 필요해요."

:: 다시 '유용성'의 원리로 무리 지음.

- 장작도 요리 용기라고 말할 수 있나요?

[잠시 생각한 후에] "네. 사람은 요리하는 데 장작을 필요로 하고, 요리한 것을 담는 요리 용기에도 필요해요."
- 정말로 당신은 장작을 요리 용기라고 말할 수 있나요?

"잘 모르겠어요. …… 장작은 음식을 요리하는 데 여러 방식으로 사용돼요."
- 수프도 요리 용기라고 말할 수 있나요?

"그게 요리 용기인지 아닌지 잘 모르겠어요."
:: 그 용어를 광범위하게 해석하는 데 약간 주저함.

피험자: 두스마트 – 30세, 문맹. 전에는 농장 노동자였고 지금은 채석장에서 노동함. 망치, 톱, 통나무, 손도끼를 함께 무리 짓고 그것들을 '도구'라고 말했다.

- 다른 어떤 것을 도구라고 말할 수 있나요?

"곡괭이, 삽, 쇠지레, 드릴, 망치."
- 널빤지도 도구라고 말할 수 있나요?

"네."
- 그럼 통나무도 도구라고 말할 수 있나요?

"네, 그건 가장 중요한 도구예요. 만약에 마차에서 무엇인가가 고장 났는데 수중에 나무가 없다면, 당신은 곤란할 거예요."
- 그럼 석탄도 도구인가요?

"물론이지요. 석탄이 없다면 시멘트를 섞을 수 없어요."
- 사람도 도구인가요?

"사람도 역시…… 만약에 위장이 텅 비어 있다면 그는 일할 수 없어요."

3. 일반화와 추상화

• 어떤 종류의 물건들을 당신은 요리 용기라고 말할 수 있나요?

"큰 접시, 지저분한 통, 머그컵, 양동이, 거기에 필요한 물."

• 그런데 물이 정말 요리 용기인가요?

"네, ……아니요! 그게 흘러내려요. 용기에 구멍이 났다면, 물은 흘러내려요."

:: 요리 용기와 함께 기능하는 대상들을 포함하는 방식으로 되돌아가다 무리에 속하는 것의 범위를 좁힘.

• 다른 어떤 것을 요리 용기라고 말할 수 있나요?

"컵, 큰 접시."

• 장작은 요리 용기일까요?

"장작은 필요는 하지만 요리 용기는 아니에요."

• 그럼 불은 요리 용기인가요?

"아니요. 당신이 직접 불을 붙이면 불도 요리 용기지만 다른 경우에는 요리 용기가 아니에요."

• 성냥은 요리 용기인가요?

"네, 물론이지요. 당신이 걸어서 먼 길을 가는데, 담배와 담배를 싼 종이는 있는데 성냥이 없다고 해 봐요. 그러면 어떻게 담배를 피울 수 있겠어요? 당신은 성냥이 필요해요, 그래서 성냥은 요리 용기예요."

:: 다시 '필요'의 개념을 사용함.

• 그러면 필요한 모든 것이 요리 용기인가요?

"아니요. 도구도 있어요. 전 필요한 것들에 대해 이야기한 거예요."

이러한 대답에 주목해야만 합니다. 이러한 대답은 피험자들이 제시된 용어의 추상적·범주적 의미를 정의할 때, 사실상 나타내려는 범주에 속하는 항목들을 나열하면서 정의를 시작한다는 것을 보여 주고 있습니다. 하지만 그들은 곧 단순히 함께 마주했던 혹은 유용한 것으로 간주했던 대상을 포함시키면서 이러한 한계를 넘어섰습니다.

그런 행동이 단순히 상황적 생각으로 되돌아가는 것을 보여 주는 것인지 아니면 이러한 사고 양식에서 총칭 용어의 의미가 결정되지 않은 의미 범위를 가지는지, 즉 특수한 범주에 포섭될 수 없지만 대상과 어떤 실천적 연합을 가지는 대상들을 포함하는 것을 용인하는지를 확정하기 위해서는 조사가 더 행해져야만 합니다. 우리는 후속 조사에서 얻은 사실들이 후자의 결론에 실체를 담게 되리라 믿습니다. 우리 피험자들의 대답에 근거하여 판단한다면, 낱말은 우선적으로 그 낱말의 어휘적 의미를 가지지만 특정한 무리의 대상들뿐만 아니라 실제적 실천에서 그것과 관련된 대상들에게도 충분히 적용될 수 있는 광범위한 내포도 가집니다.[12]

그렇게 언어를 사용하는 현상은 오직 우리의 첫 번째 집단에 속하는 피험자들의 대답에서만 분명했습니다. 우리의 두 번째 집단에 속하는 피험자들은 총칭 용어에 그런 광범위한 해석을 부여하지 않았고 총칭 용어를 정확한 범주적 의미로 사용했습니다.

---

12) 『생각과 말』 각주에서 언급한 마르크스의 상품 가치, 교환 가치, 사용 가치와 비교했던 '낱말 가치', '낱말 의미', '낱말 뜻'의 관계가 연상된다. 낱말 가치는 낱말 의미와 낱말 뜻으로 나눌 수 있다. 여기서 사전적 어휘적 의미는 '낱말 의미'로, 화자가 실제로 사용하여 다양한 대상에 적용하는 의미는 '낱말 뜻'으로 볼 수 있다. 피험자들이 낱말 뜻을 학문적 기준에서 보면 적절하게 사용하지 못했다는 지적이 따르겠지만, 그렇다. '낱말 가치'라는 전체 현상은 '낱말 의미'와 '낱말 뜻(대립물)'의 갈등에 따라 다양하게 발현된다.

우리가 검토한 자료는 우리와 다른 사회적·경제적·문화적 조건에서 형성되었던 사람들의 생각을 정형화하는 일반화 양식을 입증하였습니다. 수집된 증거는 추상화와 일반화를 표현하는 과정들이 정신 발달의 모든 단계에서 그 형태가 변한다는 것을 보여 주었습니다. 그런 과정들은 그 자체가 사회적·경제적·문화적 발달의 산물입니다.

대다수 피험자는 가장 기본적인 실천적 기능들이 인간 활동의 근본을 이루고 있었던 사회의 구성원이었습니다. 체계적인 지적 발달을 보장하는 형식 교육을 받지 못했기 때문에 이들은 범주화하는 논리적 절차를 그들과 관계없는, 실천적 가치가 없는 것으로 간주했습니다. 이렇기 때문에 그들은 기능적 상황과의 관련 여부에 따라 대상을 분석하면서 그들에게 더 의미 있는 절차들을 채택했습니다. 이러한 접근 방식이 추상적 생각 과정에 전형적인 말로 하는 논리적 조작보다 우선했습니다. 이렇게 그들은 별개의 대상들을 통일할 토대가 될 수 있는 상황을 재구성하기 위하여 구체적 생각을 줄기차게 사용했습니다.

이런 생각 양식의 의미·심리 구조(the semantic and psychological structure)는 독특합니다. 낱말은 추상적 사고 체계에서 기능하는 것과 전적으로 다른 기능을 합니다. 낱말은 개념적 도식에 근거하여 대상들에 의미를 담지 않습니다. 낱말은 대상들의 실천적 상호 관계를 설정하는 데 사용됩니다.

그렇지만 일단 삶의 조건이 변화하면, 이 사고 양식은 근본적인 변형을 겪게 됩니다. 그들이 교육을 좀 받고 중요한 사회적 쟁점에 대한 집단 논쟁에 참여하게 되면, 그들은 쉽게 추상적 생각으로 이행할 수 있습니다. 새로운 경험과 새로운 관념을 습득하게 되면, 그들은 언어 사용에 추가된 의미를 담게 됩니다. 그래서 낱말은 추상화와 일반화를 행하는 데 주요한 동인이 됩니다. 이 지점에 이르면 사람은 도해적 생각을 하지 않고 우선적으로 개념적 도식을 통해 관념을 의미화합니다.

당연한 일이지만, 구체적 생각에서 이론적 생각으로 이행하면서, 사람은 (이행기에 들어서자마자) 즉시 그들의 관념을 간단명료하게 공식화할 수 있는 능력을 획득하지는 못합니다. 그들은 이전 사고 습관을 특징지었던 바로 그 산만함의 경향을 많이 드러냅니다. 그렇지만 시간이 경과하면서 그들은 시각적 용어로 생각하려는 성향을 극복하고 더 정교한 방식으로 추상화를 행할 수 있게 됩니다.

교육은 인지 활동의 성질을 근본적으로 변화시킵니다. 교육은 실천적 조작에서 이론적 조작으로 이행하는 것을 엄청나게 촉진시킵니다. 일단 사람이 교육을 받게 되면, 그들은 객관적으로 실재를 반영하는 관념을 표현하기 위하여 범주화를 점점 더 많이 사용합니다.

추상화와 일반화의 다양한 방법을 결정하는 특정한 문화적 조건들을 역사적 방법으로 분석하는 것은 심리학에 결정적으로 중요한 일입니다. 이런 분석은 근본적인 사고 범주의 불변성에 관한 오래된 철학적·심리학적 견해를 재검토해야만 하는 시점에 이르렀음을 보여 주고 있습니다.[13]

---

13) 근본적인 사고 범주의 불변성을 재검토하고 이를 폐기하여 역사박물관에 진열했어야 합니다. 특히나 20세기도 아니고 21세기에는 더 말할 것도 없습니다. 하지만 우리는 이를 실행에 옮기지 못하고 있고, 그 병폐는 사회 전반에 만연되어 있습니다. 교육에서도 '구성주의'라는 망령이 설치고 있습니다. 근본적인 사고 범주의 불변성을 전제하는 '구성주의'를 학계에서 제대로 비판하게 되기를 꿈꾸어 봅니다.

4
연역과 **추론**

우리는 앞에서 특정한 사회·경제 체제에 사는 사람들에게 전형적인 도해적·기능적 일반화 과정을 기술했습니다. 우리는 이 과정들의 심리 구조와 그 구조의 이동을 분석하고자 했었습니다. 구조의 이동은 사람들의 활동 형태가 재편될 때 발생합니다. 실재를 도해적·기능적 형태로 반영하는 이 단계에서 이루어지는 논증적·논리적 생각의 본질은 무엇일까요?

문제

결과적으로 개념(에 근거한) 생각은 인지 활동의 형태가 엄청나게 확장하는 데 관련됩니다. 추상적 사고를 할 수 있는 사람은 외부 세계를 더 심대하고 완벽하게 반영하고, 자신의 개인적 경험뿐만 아니라 인지 활동이 상당히 진전된 발전 단계에서 객관적으로 형태를 갖추게 된 논리적 생각의 도식들에 근거하여 지각한 현상으로부터 결론과 추론을 내립니다.

사람들이 대상들의 본질적 자질들을 추상화할 수 있게 해 주고 그래서 이 대상들을 일반적인 범주에 할당할 수 있게 해 주는 말로 하는 논리적 의미 체계(code)의 출현은 더 복잡한 논리적 장치(apparatus)의 형성으로 연결됩니다. 이 체제로 인해 즉각적인 도해적·기능적 경험에 의존하지 않고 제시된 전제로부터 결론들이 도출될 수 있고, 결론들을 도출하는 논증적이고 말로 하는 논리적 방식으로 새로운 지식을 획득할 수 있게 됩니다. 이렇게 마르크스주의 고전들이 역사에서 가장 중요한 것 중 하나로 간주했던 현상, 감각적 의식에서 이성적 의식으로의 이행이 이루어집니다.

더 개별적인 개념들이 위계상 종속하게 되는 일반 개념들이 출현하면 의미 체계의 논리적 장치가 창조됩니다.[1] 이 의미 체계로 인해 사물들이 어떤 무리에서 다른 무리로 변할 수 있고, 인간이 개념을 교류할 수 있는 말로 하는 논리적 관계들의 체계가 창조됩니다. 이론적 사고가 발달함에 따라 체계는 더욱더 복잡해집니다. 이 체계는 낱말들(더 정확하게 표현하면, 더 복잡한 개념 구조를 지닌 의미들)과 문장들(문장의 논리적 구조와 문법적 구조로 인해 문장들은 판단을 위한 기본 기제로 기능할 수 있음)뿐만 아니라 마찬가지로 직접적 경험에 의존하지 않고 연역과 추론 조작 활동을 할 수 있게 해 주는 더 복잡한 말로 하는 논리적 '장치'도 포함합니다.

인지 활동의 발전 과정에서 제기된 객관적 장치 중 하나가 삼단논법(객관적으로 자신과 다른 것에 필요한 어떤 관계들에서 변화하는 일반성의 정도에 따른 개별적 판단들의 집합)입니다. 첫 번째 문장('귀금속은 녹슬지 않는다.')은 성

---

[1] 이 부분은 『생각과 말』 6장 6절에 나오는 개념 체계에 대한 설명과 관련됩니다. 6장에서 가장 어려운 부분입니다.

질상 일반적 판단이자 대전제가 되고, 반면에 두 번째 문장('금은 귀금속이다.')은 개별 명제이자 '소전제'가 되는 두 문장을 잘 숙달한 의식을 지닌 자는 이 두 문장을 병치된 개별적인 두 문장으로 지각하지 않습니다. 이론적 사고 과정들이 잘 발달된 사람은 이 두 문장을 '그러므로 금은 녹슬지 않는다.'는 결론을 함축하는 완벽하게 논리적인 관계로 지각할 것입니다. 이 결론은 어떤 개인적 경험을 요구하지 않습니다. 즉, 역사적 경험을 통해 객관적으로 창조된 삼단논법을 통해 이 결론에 도달하게 됩니다. 우리의 지적 조작의 상당한 부분은 이런 말로 하는 논리적 체계들과 맞물려 진행됩니다. 이 체계들이 논증적인 인간의 사고에서 연결이 맺어지게 되는 의미 체계의 기본 연결망을 구성합니다.

이러 논리적 도식들의 기본 성질이 너무도 명백하게 드러나 많은 심리학자들(예를 들면, 현상학자들 혹은 뷔르츠부르크 학파의 지지자들)이 그것들을 인간 의식의 기본 속성으로 간주했으며, 암묵적으로 모든 역사 단계에 동일한 형태인 '논리적 감정(logical feelings)'이 존재한다고 가정하면서 '논리적 감정'에 대해 이야기했습니다.

피아제(Piaget)는 이에 의혹을 제기한 최초의 학자였습니다. 지적 조작들의 개체 발생에 대한 너무도 유명한 연구들을 통해 피아제는 귀납과 연역의 형태로 진행되는 논리적 사고의 기본 과정들이 발달의 결과임을 그리고 어린이 인지 활동의 초기 단계들에서 이런 논리적 과정들이 덜 정교한 형태인 '초월 추론(transduction)'으로 대체됨을 보여 주었습니다. 피아제에 따르면, 이 '초월 추론'에서는 아직 덜 발달된 말로 하는 논리적 도식들보다 직접적인 인상이 훨씬 더 많은 역할을 합니다.

피아제의 고전적 조사들에 이어 너무도 많은 연구들이 뒤를 이었으며 이러한 연구 결과는 새로운 과학 분야를, 발생적 논리학을 생성하게 했습니다. 이 분야는 논리적 범주들이 보편적이고 항구적이라는 관념이 틀렸다고 주장했습니다. 또 앞서 의식 존재의 기본적이며 항구적인 형태로 간주되었던 '논리적 도식들'이 실제로는 복잡한 심리 발달의 결과물이라고 주장했습니다.

그러나 이러한 피아제의 주장들은 좀 더 개선되어야 하며 혹독하게 검토되어야만 합니다. 앞서 언급한 논리적 도식들이 사회적 진전과 역사 발전의 상이한 단계에서 불변일 수 있을까요? 논리적 도식들이 상이한 문화에서 생산적인 생각 과정들에서 동일한 형태를 가질 수 있을까요? 그것들이 문화발달의 후속하는 단계들에서 구체적인 생각 과정들에 똑같은 정도로 관여할 수 있을까요? 자신들의 삶을 구체적인 실천 활동에 의존하는 사람들의 연역적 과정들과 추론적 과정들의 구조가 도대체 무엇일까요? 이런 질문들에 대답하기 위해서는 특별한 실험들이 필요합니다.

삼단논법을 활용한 실험들

처음에 시도된 우리의 실험들은 어떻게 삼단논법을 활용하는 추론 과정들이 우리 실험의 피험자들에게 발생하는지를 보여 주려는 의도로 실시되었습니다. 우리는 논증적 조작의 가장 단순한 모형인 삼단논법의 절차를 어떻게 이용하는지에, 부연하면 삼단논법을 구성하는 각 부분의 논리적 관계가 그들의 생각에서 어떻게 기능했는지에 그리고 대전제와 소전제의 관계로부터 이론적 추론의 조작이 그들이 즉각적인 경험으로부터 결론을 도출하는 것과 어떻게 상호작용하는지에 관심이 있었습니다.

절차

우리는 피험자에게 대전제와 소전제를 포함하는 온전한 삼단논법을 제시했습니다. 그런 후에 먼저 전체 내용을 반복하게 했으며 이어서 그들이 구성 요소를 단일한 논리적 도식의 부분으로 파악했는지 아니면 개별적 판단들로 지각했는지 결정하라고 요청했습니다. 반복하는 전제들과 질문을 왜곡하는지에 일정한 주의를 기울였습니다. 이러한 왜곡들은 삼단논법을 통일된 체계로 지각하는 정도를 구별할 수 있는 신뢰할 수 있는 기준을 제공할 수 있었습니다.

삼단논법을 반복하게 한 후에 우리는 전제들을 적절한 연역 조작에 사용할 수 있는지를 살피고자 했습니다. 삼단논법이 정정되면(만약에 삼단논법을 반복할 때 오류가 만들어진다면), 우리는 피험자에게 삼단논법을 완성하라는 질문에 자신의 뜻대로 대답해 보라고 요청했습니다. 특정한 판단이 만들어진 근거가 명확해질 수 있도록 하고자 우리는 피험자에게 왜 당신이 그런 특정한 결론에 도달했는지를 설명해 달라고 요청했습니다.

판단이 대전제와 소전제의 논리에 근거하여 만들어졌는지 아니면 피험자 자신의 실제 경험으로부터 도출되었는지 판단하기 위하여 우리는 모든 삼단논법을 두 부분으로 나누었습니다. 한 부분은 피험자의 즉각적인 실제 경험으로부터 내용을 취한 삼단논법으로 되어 있었습니다. 삼단논법의 다른 부분은 그런 경험과 무관한 내용으로 되어 있었습니다. 후자의 경우 추론은 오직 논리적 연역으로만 만들어질 수 있었습니다.

20명의 피험자가 실험에 참여했습니다. 그들 중 15명은 대도시에서 살아 본 적이 거의 없는, 오지에 살고 있는 교육을 받지 못한 농민이었습니다. 앞선 실험들처럼 비교 집단이 있는데, 집단농장 활동가와 단기간(1년 혹은 2년)의 학교 교육을 받은 젊은이 5명이 비교 집단이 되었습니다(비교 집단에서 얻은 자료는 너무도 똑같아서 더 많은 자료를 수집하는 것은 의미 없는 일이라 판단했습니다).

삼단논법의 반복

이론적 사고에 잘 확립된 형태를 사용하는 피험자는 전반적인 논리 구조를 파악하고, 대전제와 소전제의 관계를 쉽게 재생하고, 이어질 질문을 즉시 만들어 내는 경향이 있었습니다.

실험 집단 피험자들은 아주 다른 행동 유형을 보여 주었습니다. 대체로 이 피험자들은 삼단논법의 각 부분 사이의 논리적 관계를 즉각적으로 지각하지 못했습니다. 그들에게 분리된 세 구절의 각각은 개별적 판단일 뿐이었습니다. 그러므로 이들 피험자는 분리된 문장들이 서로 관련이 없고 분리된 판단인 것처럼 각각의 문장을 재생하고, 빈번하게 문장들을 단순화하고, 그 형태를 수정하면서 분리된 문장들을 반복했습니다. 대전제와 소전제의 같은 성질을 명확하게 인식하지 못했으며, 결국 세 문장이 지닌 삼단논법 성질이 실질적으로 각 문장에서 사라졌습니다.

피험자들에게 "귀금속은 녹슬지 않는다. 금은 귀금속이다. 금은 녹이 슬까요, 슬지 않을까요?"라는 삼단논법을 제시했습니다. 아래 내용은 이 삼단논법이 어떻게 반복되었는지를 보여 주는 사례들입니다(괄호 속의 숫자는 삼단논법이 제시된 횟수를 나타냅니다).

피험자: 커얼브 – 18세, 오지 출신 농부, 문맹.

"귀금속은 녹이 슬까요, 슬지 않을까요? 금은 녹이 슬까요, 슬지 않을까요?"(1)

피험자: 갈 – 오지 출신 농부, 거의 문맹.

"귀금속은 녹이 슨다. …… 다른 뭔가가 있었는데, 내가 잊어버렸네."(1)
"귀금속은 녹이 슬까요, 슬지 않을까요?"(2)

피험자: 술트 – 20세, 오지 출신 농부, 거의 문맹.

"귀금속은 녹이 슨다."(1)
"귀금속은 녹이 슬까요, 슬지 않을까요?"(2)

피험자: 르간버르디 – 34세, 키르기스 출신, 문맹.

"귀금속은 녹이 슨다."(1)
"귀금속인 금은 녹이 슬까요, 슬지 않을까요?"(2)
"귀금속은 녹이 슬까요, 슬지 않을까요? 귀금속인 금은 녹이 슬까요, 슬지 않을까요?"(3)

피험자: 맘라크 – 32세, 농민, 거의 문맹.

"그것들은 모두 귀금속이다. …… 금도 귀금속이다. …… 금은 녹이 슬

까요, 슬지 않을까요?"(1)

피험자에게 "토끼는 큰 숲에 산다. 도시에는 큰 숲이 없다. 도시에 토끼가 있을까요, 없을까요?"라는 삼단논법을 제시했습니다.

피험자: 쿨 – 오지 출신 농부, 거의 문맹.
"한 도시에 숲이 있다. 거기에 토끼가 있을 수 있을까? 거기에 다른 숲이 있다. 거기에 토끼가 있을 수 있을까?"(1)

피험자: 갈 – 17세, 농부, 거의 문맹.
"한 마을에 숲이 있고, 거기에 토끼가 있다. 다른 큰 마을에는 숲이 없다. 거기에 토끼가 있을 수 있을까?"(1)

피험자: 카다르 – 32세, 오지의 유목인 캠프에 거주하는 키르기스 출신, 문맹.
"여기에는 큰 숲이 있다. …… 거기에 토끼가 있을까?"(1)
"여기에 큰 숲이 있고, 거기에는 토끼가 있다. 왜 큰 도시에는 토끼가 없을까?"(2)

피험자에게 "백곰은 매우 춥고 눈이 있는 곳에서만 산다. 누에고치는 아주 더운 곳에서만 산다. 백곰과 누에고치가 둘 다 사는 곳이 있을까?"라는 삼단논법을 제시했습니다.

피험자: 쿨 – 26세, 농부, 거의 문맹.

"백곰과 흰 눈이 있는 나라가 있다. 그런 것이 있을 수 있을까? 흰색의 누에고치가 거기서 자랄 수 있을까?"(1)

"흰 눈이 있는 곳에 백곰이 산다. 더운 곳에 누에고치가 산다. 이게 맞는 거야?"(2)

"흰 눈이 있는 곳에 백곰이 산다. 더운 곳에 하얀 누에고치가 산다. 도대체 그런 곳이 있을 수 있을까?"(3)

피험자: 러스트 – 42세, 농부, 문맹.

"흰 눈이 있는 곳에 백곰이 살고, 더운 곳에 누에고치가 있을까, 없을까?"(1)

"추운 곳에 백곰이 산다. 더운 곳에 누에고치가 있을까? 도대체 그런 곳이 있을까?"(2)

"추운 곳에 백곰이 살까? 더운 곳에 누에고치가 있을까? 도대체 그런 나라가 있을까?"(3)

피험자에게 "책은 송이로 만들어진다. 일본에서 종이는 비단으로 만들어진다. 일본에서 책은 무엇으로 만들어질까요?"라는 삼단논법을 제시했습니다.

피험자: 갈 – 17세, 농부, 문맹.

"일본에서 책은 무엇으로 만들어질까? 이런 책들은 무엇으로 만들어질까?"(1)

"모든 곳에서 책은 무엇으로 만들어질까? 아냐. 만약에 내가 다른 말

을 하면, 그건 안 돼지."(2)

피험자: 아브두르 – 30세, 요르단 마을에 사는 농부, 문맹.
"모든 종이는 비단으로 만들어진다. 일본도 종이는 비단으로 만들어진다."(1)
"모든 책은 종이로 만들어진다. …… 일본에서 책은 비단으로 만들어진다. 왜?"(2)

이 사례들을 통해 우리는 이들 피험자에게 삼단논법이 통일된 논리적 체계로 지각되지 않는다는 것을 확인할 수 있었습니다. 피험자들은 삼단논법의 다른 부분들을 개별적인, 논리적으로 무관한 문구같이 반복했습니다. 몇몇 경우에는 피험자들이 의문형의 마지막 문장을 파악할 수 있었습니다. 그래서 피험자들은 마지막 문장을 두 전제를 만드는 데 사용했으며, 고립된 두 질문으로 표현했습니다. 다른 경우에는 삼단논법으로 만들어진 질문이 앞선 전제들과 관계없이 반복되었습니다. 이처럼 질문은 서로 연결된 두 전제와 무관한 것으로 지각되었습니다. 모든 경우에서 피험자가 전제들을 반복했을 때, 그는 전제들에서 보편적인 단정의 성질을 찾지 못했습니다. 도리어 피험자는 각각의 전제를 논리적으로 다른 것과 관련이 없고 적합한 논리적 결론을 도출하는 데 사용할 수 없는 특수한 단정으로 전환시켰습니다.

이로부터 우리는 다음과 같은 결론을 도출할 수 있었습니다. 삼단논법이 반드시 통일된 논리 구조를 구성하는 변화하는 일반성의 정도를 지닌 일련의 명제들로 지각되지는 않는다. 삼단논법은 특정한 추론을 낳지 않는, 그래서 연역의 수단이 되지 못하는 일련의 고립적이고 구체적이며 논리적으로 관계가 없는 판단들로 지각될 수 있습니다.

실험이 진행되는 동안 논리적 조작들에 대한 더 진전된 연구는 피험자가 지니고 있는 삼단논법의 자질들을 파악하는 선행 작업이, 특히 전제들과 그들의 논리적 상호 관계들의 보편적 성질을 명확히 드러내고 피험자의 관심을 이들 관계에 집중시킬 수 있는 작업이 요구된다는 것이 분명해졌습니다.

어느 정도 학교생활을 했던 피험자들은 특별한 어려움 없이 삼단논법을 반복했습니다. 대개 한두 번의 반복 후에 그들은 삼단논법의 자질을 정확하게 재현했습니다.

연역 과정

우리는 두 종류의 삼단논법을 피험자에게 제시했습니다. 하나는 피험자에게 친숙한 그들의 실제 경험(그러나 이 경험은 새로운 조건들에 적합하도록 약간 변경되었습니다)과 관련된 전제들을 포함하고 있습니다. 예를 들어 보면, 피험자에게 무명은 덥고 건조한 곳에서 잘 자란다. 영국은 춥고 습한 곳이다. 무명은 영국에서 자랄까 자라지 못할까? 같은 삼단논법을 제시했습니다.

나머지는 피험자에게 낯선 자료로 된 삼단논법이고, 여기서 그 추론 과정은 순전히 이론적일 수밖에 없었습니다. 예를 들어 보면, "북극은 눈이 있는 곳이고 모든 곰의 털은 하얀색이다. 노바야젬랴는 북극에 있다. 노바야젬랴에 있는 곰의 털은 무슨 색인가요?" 같은 삼단논법을 제시했습니다.

가장 후진적인 조건에서 살고 있는 피험자들(우선적으로 이츠카리 여성)은 심지어 첫 번째 종류의 삼단논법으로도 어떤 추론을 하지 않으려 했습니다. 대개 그들은 자신들은 그런 낯선 곳에 살지 않았었고 무명이 영국에서 자라는지 모른다고 단언했습니다. 단지 실험 시간이 연장되고, 질문에 답하도록 요구("제 말이 뭘 암시했지요?") 받았을 경우에만 결론을 도출하는 데 동의했습니다("당신 말대로라면, 영국이 춥고 습한 곳이라면, 영국에서는 무명은 자랄 수 없겠네요. 춥고 습할 곳에서는 무명이 자라지 못하지요.").

그들은 두 번째 유형의 삼단논법으로부터 추론하기를 더욱더 단호하게 거부했습니다. 대체로 많은 이들이 자신들은 "북극에 가 본 적이 없고, 곰도 본 적이 없어요. 정히 답을 알고 싶다면 당신은 북극에 살며 곰을 본 적이 있는 사람들에게 질문을 해야 해요."라고 선언하면서 대전제를 받아들이려 하지 않았습니다. 빈번하게 그들은 전제들을 완전히 무시했고 추론 과정을 그들 자신의 진중한 생각으로 대체했습니다. 예를 들면, "다른 종류의 곰들이 있다. 만약 태어날 때 붉은색이면, 계속 붉은색 곰이겠지요." 또는 "세상은 넓지요, 나는 세상에 어떤 종류의 곰이 있는지 몰라요." 그리고 피험자들은 곰에 대한 일반적인, 풍문에 근거한 의견을 제시하곤 했습니다. 요약하면, 각각의 경우에 피험자들은 과제를 해결하지 않으려 했습니다.

몇몇 피험자는 "오직 내가 본 것으로만 판단한다." 혹은 "거짓말하고 싶지 않다." 또는 "질문은 그것들을 보았던 사람만이 혹은 그걸 아는 사람만이 대답할 수 있다."고 단언하면서 이런 종류의 삼단논법으로부터 자신들이 어떤 추론을 도출할 가능성조차 완벽하게 부정했습니다. 심지어 유도 질문("제 말이 뭘 암시했지요?")도 제대로 반응을 끌어내지 못했습니다. 피험자들은 주어진 전제들로부터 논리적 추론을 끌어

내려고도 하지 않았습니다.

그러므로 피험자의 가장 전형적인 응답은, 비록 자신이 직접 겪은 경험으로부터 결론을 도출할 수 있다는 것을 인정했지만, 자신들이 몸소 경험하지 못한 내용을 담은 명제로부터 결론을 도출할 수 있음을 완벽하게 부정하는 것과 순수하게 논리적인 성질의 어떤 논리적 조작에 대해서도 의혹을 드러내는 것이었습니다. 아래 내용은 우리가 도출한 이러한 일반화를 지지하는 사례들입니다.

피험자: 아두라캄 – 37세, 카슈가르의 오지 마을 출신, 문맹.

- 무명은 덥고 건조한 곳에서 잘 자란다. 영국은 춥고 습한 곳이다. 무명이 영국에서 자랄 수 있을까요?

"난 몰라요."

- 그걸 곰곰이 생각해 보세요.

"나는 카슈가르에서만 살았는데, 내가 어떻게 그 밖의 곳에 대해 알아요. ……"

:: 거절; 개인적 경험 부족을 언급함.

- 그렇지만 제가 당신에게 말한 것을 근거로 해서 판단하면, 무명이 영국에서 자랄 수 있을까요?

"만약에 땅이 좋다면, 무명은 영국에서 잘 자라겠지만, 땅이 습하고 척박하면, 무명은 자랄 수 없겠지요. 만약에 영국이 카슈가르 지방 같다면, 무명이 거기서도 자랄 수 있지요. 만약에 땅이 푸석푸석하면, 물론 영국에서도 자랄 수 있지요."

:: 두 전제를 무시. 독자적으로 진척시킨 조건에 근거하여 행해진 추리.

• 삼단논법을 반복했습니다. 제 말에서 어떤 결론을 얻을 수 있지요?

"만약에 영국이 춥다면, 무명은 잘 자라지 않겠지요. 만약에 땅이 푸석푸석하고 좋다면, 무명은 잘 자라지요."

∷ 삼단논법의 조건을 무시.

• 그런데 제 말이 무엇을 암시했지요?

"음, 우리 이슬람교도는, 우리 카슈가르인은 무식한 사람이에요. 우리는 다른 곳을 가 보지 못했으니, 영국이 더운지 추운지 모르지요."

∷ 진척 없음.

피험자에게 "북극은 눈이 있는 곳이고 모든 곰의 털은 하얀색이다. 노바야젬랴는 북극에 있다. 노바야젬랴에 있는 곰의 털은 무슨 색인가요?"라는 삼단논법을 제시했다.

"곰은 여러 종류지요."

∷ 삼단논법으로부터 추론하는 데 실패.

삼단논법을 반복했다.

"몰라요. 나는 검은 곰은 본 적이 있어요. 다른 종류의 곰은 본 적이 없어요. …… 지역마다 거기에 맞는 동물들이 있어요. 만약에 흰색 지역이라면, 거기 사는 동물은 하얀색이지요. 만약에 노란색 지역이라면, 거기 사는 동물은 노란색이지요."

∷ 단지 개인적 경험과 지리적 경험에 의존.

• 그럼 노바야젬랴에는 어떤 종류의 곰이 살까요?

"우리는 우리가 본 것만 이야기해요. 우리가 보지 못한 것은 이야기하지 않아요."

∷ 똑같음.

- 그런데 제 말이 무엇을 암시했지요?

삼단논법을 반복했다.

"글쎄요. 이럴 것 같네요. 우리 황제는 당신의 황제와 다르고, 당신의 황제는 우리 황제와 달라요. 당신의 질문은 거기 사는 사람만이 대답할 수 있을걸요. 그리고 만약에 거기 사는 사람이 아니라면, 그는 당신의 말에 근거해서 어떤 것도 말할 수 없을걸요."

∷ 똑같음.

- 하지만 북극은 늘 눈이 있는 곳이고, 거기 사는 곰은 하얀색이라는 제 말에 근거하여, 노바야젬랴에 어떤 종류의 곰이 사는지 알 수 있지 않을까요?

"만약에 60세 혹은 80세쯤 되고 하얀 곰을 본 적이 있는 사람이 그것에 대해 말한다면 그의 말을 믿을 수 있겠지만, 전 한 번도 하얀 곰을 본 적이 없어서 그것에 대해 말할 수 없어요. 이게 제가 드리는 마지막 답변입니다. 본 사람들은 말할 수 있고, 보지 못한 사람은 어떤 것도 말할 수 없어요!"(이때 한 젊은 우즈베크 사람이 자발적으로 대답했다. "당신 말에 따르면, 노바야젬랴에 사는 곰이 하얀색이겠네요.")

- 음, 그러면 당신 두 사람 중 누가 옳은가요?

"수탉도 제 할 일은 알지요, 그가 맞겠지요. 제가 아는 건 다 말했어요. 그 밖에 건 말할 수 없어요."

피험자: 러스탐 – 47세, 팔멘 마을 출신 농부, 문맹.

무명에 관한 삼단논법을 제시했다.

- 쌀쌀한 지역에서 무명이 자랄 수 있나요?

"아니요. 당신도 아시겠지만 여기 기후가 점점 나빠지고 있어서 무명이 점점 잘 안 자라요."
• 그래요, 만약 비가 일 년 내내 온다면, 무명은 자라나요, 자라지 않나요?
"자라지 않아요. 무명은 비를 좋아하지 않아요. 비 때문에 우리는 수확을 할 수 없어요."
• 자, 그러면 영국은 일 년 내내 춥고 비가 와요. 무명이 영국에서 자랄 수 있을까요?
"몰라요. 나는 영국에 대해서 들은 이야기가 없어요. 그러니 전 영국에서 무명이 자라는지 몰라요."
• 영국은 춥고 비가 많이 내려요. 무명이 영국에서 자랄 수 있을까요?
"만약에 춥고 비가 많이 내린다면, 물이 필요한 종류는 거기서 자랄 수 있겠지만, 그래도 수확은 하기 힘들 걸요."
:: 개인적 경험을 넘어 추론하는 데 실패.
• 그러면 영국에는 무명 재배를 하는 사람들이 있을까요?
"내가 그걸 어떻게 알아요. 씨를 뿌렸다면, 아마도 무명을 재배하겠지요."
:: 전제들의 틀에 맞춰진 추리와 제대로 틀을 갖춘 추론.

이번에는 하얀 곰과 관련된 삼단논법을 제시했다.
• 북극에 사는 곰은 무슨 색인가요?
"만약에 경험이 아주 많고 여러 곳을 다녀 본 사람이라면 그 질문에 대답할 수 있겠네요."
:: 전제로부터 도출되지 않는 추론.
• 그렇지만 제 말에 근거해서 대답하실 수 있지 않을까요?

"많은 곳을 여행하고, 추운 지방도 다녀오고 모든 것을 본 사람은 대답할 수 있겠지요. 그는 곰의 색깔이 무엇인지도 알겠지요."
∷ 삼단논법의 전제로부터 추론하는 데 실패하고 질문에 대답하려면 개인 경험이 필요하다고 호소.
• 들어 보세요. 북극에는, 시베리아에는 늘 눈이 있어요. 제가 당신에게 눈이 있는 곳에 사는 곰은 하얀색이라고 말했어요. 그러면 북극에는, 시베리아에는 어떤 종류의 곰이 있을까요?
"전 시베리아를 여행한 적이 없어요. 작년에 죽은 타쯔히바이 아카는 거기 산 적이 있어요. 그가 시베리아엔 하얀색 곰이 산다고 말한 적이 있지만 그는 무슨 종류의 곰이 사는지를 말한 적은 없어요."

우리는 카슈가르 지역의 먼 오지로부터 최근에 이사 온 이 피험자의 반응보다 삼단논법을 통해 추론하는 이론적 조작이 어떻게 진행되었는지를 보여 주는 더 좋은 사례를 발견할 수 없었습니다. 이 피험자는 자신의 개인적 경험을 넘어서는 어떤 주제도 논의하려 하지 않았습니다. 그는 "사람은 오직 자신이 본 것만을 말할 수 있다."고 주장하고, 그에게 제시된 전제들을 받아들이지 못했습니다. 이 집단의 다른 피험자들도 유사한 자료를 제공했습니다.

피험자: 캄라크 - 40세, 오지 마을 출신의 방앗간 주인, 문맹.

무명에 관한 삼단논법을 제시했다.
• 무명이 춥고 습한 곳에서 자랄 수 있을까요?
"없어요. 토양이 습하고 날씨가 쌀쌀하다면 자랄 수 없어요."

• 그럼, 영국은 습하고 쌀쌀해요. 무명이 영국에서 자랄까요?

피험자의 아내가 자발적으로 "여기도 쌀쌀해요."라고 대답했다.

• 그래요. 영국은 늘 춥고 습한 곳이에요. 무명이 자랄까요?

"몰라요. …… 전 영국의 날씨가 어떤지 몰라요!"

:: 소전제의 자료를 무시. 개인적 경험에 호소.

• 무명은 추운 곳에서는 자랄 수 없어요. 영국은 추워요. 무명이 영국에서 자랄 수 있을까요, 없을까요?

"전 몰라요. …… 날씨가 춥다면, 무명은 자랄 수 없겠지요. 하지만 덥다면, 자랄 수 있겠지요. 당신이 한 말대로라면, 무명은 거기서 자랄 수 없다고 말할 수 있겠네요. 그러나 제가 영국의 봄이 어떤지, 거기 밤 날씨가 어떤지 알아야 하지 않을까요?"

:: "당신의 말"로부터 추론할 가능성을 보였으나 개인적 경험의 부족을 언급.

하얀 곰에 관한 삼단논법을 제시했다.

• 북극에는 어떤 색깔의 곰이 있을까요?

"북극에 어떤 색깔의 곰이 있는지 몰라요, 나는 북극곰을 한 번도 본 적이 없어요."

:: 개인적 경험 부족을 이유로 결론을 도출하길 거절.

• 하지만 당신의 생각은 있잖아요?

"한 번, 박물관에서 곰을 본 적은 있어요. 그게 전부예요."

• 그래도 제가 말했던 것을 근거로 북극에 어떤 색깔의 곰이 살지 생각은 할 수 있잖아요?

"한 가지 색 혹은 두 가지 색의 곰이 …… [오랜 시간 숙고한다.] 사는 장소를 근거로 판단한다면, 북극의 곰은 하얀색일 수밖에 없겠네요. 당신이 북극에는 눈이 많다고 말했으니. 하지만 우리는 거기 가 본 적이 한 번도 없어요."
:: 면담자의 말로부터 결론을 도출하려 시도하지만 다시 개인적 경험의 부족을 언급.

피험자: 이르카쉬 – 30세, 요르단 지역에 있는 마을 출신으로 이전에는 농장 노동자였고 현재는 농부, 문맹.

무명에 관한 삼단논법을 제시했다.
- 무명이 영국에서 자랄까요?

"거기 무명이 자라는지 몰라요."
- 그렇지만, 제 말에 근거해서 생각해 보세요.

"만약에 날씨가 쌀쌀하다면, 눈도 내린다면, 그러면 거긴 무명이 자랄 수 없겠지요. 당연한 거지요."
:: 면담자의 말에 근거하여 추론.

하얀 곰에 관한 삼단논법을 제시했다.
- 북극에는 어떤 색깔의 곰이 있을까요?

"당신은 그걸 봤으니 알지요. 나는 그걸 본 적이 없으니 내가 어떻게 알 수 있겠어요."
:: 도해적 경험이 없다고 결론 도출하기를 거절.
- 그래도 제가 말한 걸 근거로 해서 생각해 보세요.

삼단논법을 반복했다.

"그렇지만 내가 그걸 본 적이 없으니 어떻게 알 수 있겠어요."
:: 똑같음.

피험자: 나지르 사이드 – 27세, 샤키미르단 지역 마을 출신의 농부, 문맹.

피험자에게 "독일에는 낙타가 없다. 베를린 시는 독일에 있다. 베를린 시에는 낙타가 있을까요 없을까요?"라는 삼단논법을 제시했다.
피험자는 삼단논법을 정확하게 반복했다.
• **자, 독일에는 낙타가 있나요?**
"몰라요, 나는 독일이라는 마을을 본 적이 없어요."
:: 추론하기를 거부.

삼단논법을 반복했다.
"아마도 거기엔 낙타가 있겠네요."
• **제가 말한 걸 반복해 보세요.**
"독일에는 낙타가 없다. 베를린 시에는 낙타가 있을까, 없을까? 그럼 아마도 낙타가 있겠네. 만약에 베를린이 큰 도시라면, 거기엔 낙타가 있을 수밖에 없겠지."
:: 삼단논법이 깨지고, 삼단논법의 조건들과 다른 것으로부터 추론.
• **그러면 제가 한 말은 무엇을 암시하고 있나요?**
"아마도 낙타가 있다는 거지요. 베를린 시는 큰 도시이기 때문에 거기엔 낙타가 있을 수밖에 없잖아요."
:: 다시 삼단논법과 다른 조건으로부터 결론을 내림.
• **하지만 독일 어느 곳에도 낙타가 없다면 어떨까요?**

"그래도 만약에 큰 도시가 있다면, 거기엔 카자크인 혹은 키르기스인도 있겠지요."

• 제가 이렇게 말했어요. 독일에는 낙타가 없다. 그리고 베를린은 독일에 있다.

"만약에 이 마을이 큰 도시에 있다면, 아마도 거기엔 낙타를 위한 공간이 없겠네요."

:: 삼단논법과 별개로 추론.

하얀 곰과 누에고치에 관한 삼단논법을 제시했다.
여러 번 제시한 후에, 피험자는 삼단논법을 정확하게 반복했다.

• 당신은 어떻게 생각하세요. 곰과 누에고치 둘 다 사는 곳이 있을까요?

"틀림없이 있을걸요. 세상엔 아주 큰 마을도 있어요. 어떤 집단농장에 하얀 곰이 있을 수 있고, 다른 농장엔 누에고치가 있을 수 있지요."

:: 삼단논법의 조건을 수용. 상상의 도해적 상황에서 해결책을 발견하려고 시도.

• 그럼, 하얀 곰이 누에고치를 훔치는 경우도 있을까요?

"만약에 어떤 게 누에고치를 다치게 하면, 농부가 조치를 취할 거예요. 그런데 당신이 그런 곳이 있을 수 있냐고 묻는 거라면, 난 그런 곳이 있을 수 있다고 대답하겠어요."

:: 삼단논법의 조건과 별개로 추론.

• 그런데요, 하얀 곰은 추운 고장에서만 발견할 수 있고, 누에고치는 더운 곳에서만 발견할 수 있어요.

"그렇다면 이렇게 말할 수 있겠네요. 당신이 여기 샤키미르단처럼 옆에 산들이 있는 큰 도시에 있다고 가정하면, 거기서 당신은 누에고치를 키우고 산에는 곰들이 있을 수 있잖아요."
∷ 후속하는 전부가 다 상상의 타협적 조건에서 행해진 추리임.

• **한번 잘 들어 보세요. 누에고치는 추운 곳에서는 살 수 없고, 하얀 곰은 더운 곳에서는 발견할 수 없어요.**

"당신이 곰을 한번 가져 봤다면, 곰이 누에고치를 훔칠 수 있다는 걸 알 텐데."
∷ '훔칠 수 있는 곰'이라는 도해적 심상이 지배적임.

피험자: 가주르 아크바르 – 26세, 집단농장에 2년 근무, 겨우 문맹을 벗어남.

무명에 관한 삼단논법을 제시했다.
• **무명이 영국에서 자란다고 생각하세요?**
"아니요, 만약에 영국이 습하고 쌀쌀하다면, 영국에서 자날 수 없지요."

하얀 곰과 관련된 삼단논법을 제시했다.
"당신이 거기는 춥고 눈이 있다고 말했으니, 거기 사는 곰들은 하얀 곰이네요."

하얀 곰과 누에고치에 관한 삼단논법을 제시했다.
"아니요, 누에고치는 봄에 살아요. 그리고 쌀쌀하면 누에고치는 살 수 없어요. 이렇기 때문에 하얀 곰과 누에고치 둘 다 살 수 있는 곳은 없어요. 춥다고 했으니 누에고치는 영국에 살 수 없어요."

피험자: 이산쿨 – 63세, 집단농장 노동자, 문맹. 마을에서 가장 존경받는 사람 중 한 분.

무명에 관한 삼단논법을 제시했다.
- 이렇다면 무명이 영국에서 자랄 수 있다고 생각하세요?

"그건 기후에 달렸네요. 만약에 비가 많이 내리고 춥다면, 무명은 노랗게 변하고 자라지 못하지요."

하얀 곰에 대한 삼단논법을 제시했다.
- 북극에 있는 A라는 도시에 어떤 종류의 곰이 사나요?

"만약에 당신이 추위 때문에 곰이 하얀색이라고 말한 거라면, 거기 사는 곰들은 하얀색일 수밖에 없지요. 아마도 거기 사는 곰들은 러시아에 사는 곰보다 더 하얀 곰이겠네요."

피험자: 아브둘 – 45세, 집단농장 의장, 겨우 문맹을 벗어남.

무명에 관한 삼단논법을 제시했다.
- 그러면, 무명이 영국에 있을까요?

"우리는 그걸 모릅니다. 우리가 아는 건 무명이 우리 지역에서 자란다는 거지요. 요즘은 무명이 타지키스탄에서도 자라지요. 그래서 사람들이 무명에 대해 말하고 생각하지요."

삼단논법을 반복했다.
- 무명이 영국에서 자랄 수 있나요?

"무명이 영국에서 자라지 못하는 건 확실해요. 밀이 거기서 자라겠네요. 밀은 비가 많이 내리는 곳에서 자라지요."

하얀 곰에 대한 삼단논법을 제시했다.
• 이렇다면 북극에 있는 A라는 도시에 어떤 종류의 곰이 사나요?
"만약에 거기가 바람이 많고 춥다면, 곰은 다양한 색깔을 가지고 있겠네요."
• 그럼 제 말이 암시하는 건 뭘까요?

삼단논법을 반복했다.
"당신 말대로 하면, 곰들은 모든 하얀색일 수밖에 없네요."

문맹인 피험자의 경우, 즉각적인 실제 경험과 연관된 추리와 연역 과정이 알려진 원칙을 잘 준수했습니다. 이들 피험자는 그들에게 직접적인 관심거리인 사실들에 대해 훌륭한 판단을 할 수 있었으며, '원칙들'을 벗어나지 않으면서 정교한 세속적인 지능을 과시하며 정말 제대로 된 함축된 결론을 도출할 수 있었습니다. 그렇지만 (이 경우에는 삼단논법에 따른 추론 과정이) 이론적 생각 체계로 변해야만 하는 일이 그들에게 벌어지자마자 전체 그림은 확 변했습니다. 세 가지 요소가 이론적인, 말로 하는 논리적 생각을 행할 수 있는 피험자의 가능성을 상당히 제약했습니다. 첫 번째 요소는 개인적 경험을 재현하는 것과 무관한 최초 전제에 대한 불신이었습니다. 또한 이어지는 추리를 위한 출발점으로 전제를 받아들이고 사용하는 것을 거부했습니다. 빈번하게 피험자들은 철저하게 전제를 무시했습니다. 즉각적인 경험으로만 계속 추리를 하면서, 피험자들은 이 경험 이외의 것으로 판단을 내리려는 마음이 없었습니다. 그들은 그저 "거기에 가 본 적이 없어요." 혹은 질문받은 것들을 "본 적이 없어요."라는 경험적 사실을 언급하면서 "만약에 봤다면" 아니면 "만약에 안다면" 대답할 수 있을 것이라고 했습니다. 그들은 말로 하는 논리적 추리 과정을 도해로 획득한 인상을 회상하는 과정으로 대체했습니다.

두 번째 요소는 전제들을 보편적인 것으로 수용할 수 있는 능력이 없다는 것입니다. 도리어 그들은 몇몇 개별적 현상을 재현하면서 제시된 개별 내용을 취급했습니다. 보편적 속성이 제거된 전제들은 너무도 당연하게도 논리적 추론을 위한 토대나 확고한 논리적 체계를 창출할 수 없는 그저 개별적인 정보를 산출할 뿐이었습니다. 그러므로 심지어 피험자들이 전제를 기억할 수 있을 때도, 그들은 계속해서 개인적 경험에 호소하거나 제멋대로 독립적인 추측을 했습니다.

세 번째 요소는 두 번째 요소의 결과이기도 한데, 통일된 논리가 없고 이 체계 내에서 연결될 수 있는 사고에 접근할 수 없기 때문에 삼단논법을 독립적이고 고립적인 개별적인 세 명제로 쉽게 해체하는 것과 관련되어 있습니다. 피험자들은 그저 조야한 추측 작업으로 혹은 즉각적인 구체적 경험에 호소하여 질문에 대답하려 했습니다. 논리적 추론을 위해 삼단논법을 사용하는 것을 거절하였지만, 논리적 관계가 피험자 자신의 경험에서 파악할 수 있는 경우에는 우리 실험의 피험자들은 아주 객관적으로 논리적 관계를 사용할 수 있었습니다. 그렇지만 담화적인 조작들이 즉각적인 경험과 분리된 것인 경우에는 논리적 관계를 사용하지 않으려 했습니다.

이러한 우리의 언급은 오직 체계적인 교수학습 혹은 더 복잡한 의

사소통의 형태가 아니라 경험에 의해서만 자신의 인지적 활동을 형성했던 피험자들에게만 적용됩니다. 다른 피험자들은 다른 양상을 보여 주었습니다. 그들은 삼단논법의 최초 전제를 이후 추리를 위한 토대로 받아들일 수 있었으며, 삼단논법의 전제에 담긴 보편적 성질을 파악할 수 있었습니다. 추상적인 말로 하는 논리적 연역의 친숙한 자질들을 추정하면서, 처음에는 즉각적인 친숙한 전후 관계에서만 행해졌던 판단 능력이 점차 독립적인 영역으로 전이되었습니다.

우리가 관찰했듯이, 우리는 이론적 생각의 토대들이 형성되는 것을 의식이 역사 과정에서 형성됨에 있어 가장 중요한 과정의 하나로 간주할 수 있습니다. 〈표 8〉에 제시된 요약 자료는 두 종류의 삼단논법을 다루었던 두 피험자 집단의 차이를 명확하게 보여 주고 있습니다.

〈표 8〉 삼단논법을 사용한 추론 조작의 숙달 정도

집단	해결	경험과 연관된 삼단논법		경험과 무관한 삼단논법	
		해결 못함	해결함	해결 못함	해결함
오지 마을 출신의 문맹인 농민 (피험자 15명)	즉각적인 해결	6(40%)	9(60%)	13(85%)	2(15%)
	조건적 추정을 제시한 후 ("당신 말에 따르면, 나는 ○○을 알 수 있는데.")	-	6(40%)	8(60%)	4(30%)
단기 교육을 받은 젊은이와 집단농장 활동가 (피험자 15명)	즉각적인 해결	0	15(100%)	0	15(100%)

5
추리와 문제 해결

우리가 관심을 기울이고 있는 건 역사 발전 단계들에서 무엇이 추리 과정의 구조냐는 것입니다. 우리의 피험자들이 어떻게 논리적 추론 조작, 전제들의 상호 관련성, 연역을 통합시키느냐는 것입니다. 실천 경험과 말로 하는 논리적 추리의 관계는 무엇이냐는 것입니다.

다각도로 고려해 볼 때, 문제 해결 활동은 복잡한 지적 과정의 한 모형이라 할 수 있습니다. 학교에서 친숙하게 행해지는 모든 문제 해결 활동은 복잡한 심리 구조가 관련됩니다. 그 구조에서 문제 해결 활동의 (문제 해결을 요구하는 질문으로 표현되는) 최종적 목적은 특수한 조건들에 의해 결정됩니다. 오직 이러한 조건들을 분석함으로써만 학생은 질문 구조의 구성 성분들에서 필요한 관계들을 확립할 수 있습니다. 이 과정에서 학생은 본질적인 것들을 변별해 내고 비본질적인 것들을 무시합니다. 이렇게 문제 조건에 대한 예비적 이해를 가지게 됨으로써 학생은 그 해결을 위한 일반적인 책략을 공식화하게 됩니다. 바꿔 표현하면, 학생은 진전된 조사를 위한 방향을 결정할 수 있는 일반적인 논리적 도식을 창조하게 됩니다. 이렇게 창조된 논리적 도식은 이제 거꾸로 결정할 수 있도록 이끌어 가는 추리를 위한 방책들과 특정 조작의 선택을 결정하게 됩니다. 일단 이것이 이루어지면, 학생은 결과들과 특수한 조건들을 어우러지게 하는 마지막 단계로 나아갑니다. 만약에 결과들이 (특수한 조건들과) 일치한다면, 그는 작업을 마치게 됩니다. 만약에 조건 중에 어떤 것이 충족되지 못했고 결과들이 최초의 조건들과 일치하지 않는다면, 필요한 해결 방안을 모색하는 활동이 지속됩니다(Luria and Tsvetkova, 1966).

어떤 문제 해결 과정도 그 출발점은 단일한 폐쇄적 논리 체계라는 작업 틀 내에서 문제를 해결할 수 있다는 것입니다. 바꾸어 말하면, 문제를 해결하려는 사람은 문제의 조건들로 표현된 특정 자료들에 의해 제약을 받는 논리 관계들의 체계를 넘어설 수가 없습니다. 그는 부가적인 주장들을, 부속적인 고려들을, 혹은 이전의 경험에 터한 부수적인 연합들을 활용할 수 없었습니다. 그래서 만약에 각각 어떤 무게를 지닌 두 상자에 얼마나 많은 차가 있는지 알아맞혀 보라는 문제를 해결할 사람이 차의 등급을, 혹은 차가 저장되었던 장소를 혹은 차가 저장되는 동안 더 건조해졌는지를 논의하기 시작한다면, 조금도 과장 없이 말해도 이는 너무 놀라운 일입니다. 이 기본 규칙 때문에, 문제 풀이 과정은 형식적 조건들에 제약받을 수밖에 없고, 피험자가 부가적인 고려를 하는 활동은 관련될 수가 없습니다. 문제를 해결하는 사람에게 조건들이 현실적 조건에 맞게 문제 속에 표현되느냐 아니냐는 다른 게 없습니다.

앞 장들에서 인용된 사실들을 통해 우리는 그 과정들이 이 연구에 참여한 교육을 받지 못한 피험자들 사이에서도 다를 것이라고 추정할 수밖에 없었습니다. 그 당시에는 우리 기본 집단에 속하는 피험자들이 개별적인 문제의 구성 요소들 사이의 관계를 확립하는 조작들을 어느 정도까지 숙달할 수 있을지, 또는 그들이 정확한 해답을 얻는 데 필요한 계산을 어떻게 수행할지 우리는 정말 몰랐습니다. 그럼에도 문제 해결의 기본 규칙 (문제 해결이 형식적 성질을 보유하고 있음, 논리 체계들이 폐쇄적 성질을 지님, 그리고 실제 조건들과 내용이 독립되어 있음) 때문에 우리 실험의 피험자들이 확연하게 어려움을 겪을 것이라고 추정할 충분한 까닭이 있었습니다. 피험자들의 논리적 추리는 직접적인 실천적 경험으로 형성되었고 그들의 이론적 생각은 아직까지도 실천적 생각과 충분히 변별되지 못했습니다.

오로지 학교 수업과 특별한 '이론적' 활동에 수반되는 창조 활동을 통해서만, 상황이 확연하게 변할 수 있으며, 문제를 해결하는 과정이 우리가 학교에 다니는 학생에게서 볼 수 있는 말로 하는 논리적이고 담화적인 친숙한 사고의 형태들과 비슷한 형태라고 추정하게 하는 독립적이고 담화적인 활동이 됩니다.

우리가 관심을 두었던 첫 번째 질문은 문제 해결에 필요한 기본 과정(문제의 요구 조건들을 분석하기, 가설들을 설정하기, 해결 책략을 정하기, 그리고 결과들과 최초 조건들을 병합하기)이 어떻게 드러나느냐는 것이었습니다. 두 번째 문제는 문제 해결 과정들이 특수한 내용에 의존하는 정도, 좀 더 정확하게 표현하면 문제의 조건들이 도해적 실천적 경험과 얼마나 다른지 혹은 일치하는지의 정도를 알아야 한다는 것이었습니다. 이 두 쟁점이 우리가 분석하는 데 기본이 되는 접근 방법을 결정했습니다.

우리는 피험자들에게 구체적인 내용으로 되어 있고, 간단한 숫자로 구성된 단순한 문제를 풀도록 요구했습니다. 그런 문제의 예는 다음과 같습니다. A부터 B까지의 거리가 5킬로미터이고 B부터 C까지의 거리는 3킬로미터입니다. 그럼 A부터 C까지의 거리는 몇 킬로미터입니까? A에서 B까지 가는 데 3시간 걸리고, B부터 C까지 가는 데 2시간 걸립니다. 그럼 A부터 C까지 가는 데 몇 시간 걸립니까? 어떤 사람이 A부터 B까지 걷는 데 3시간 걸리는데, 그 사람이 A부터 B까지 자전거를 타고 가면 3배 빨리 갑니다. 그럼 어떤 사람이 A부터 B까지 자전거를 타고 가면 몇 시간 걸립니까? (출발점과 도착점이 피험자들에게 잘 알려진 마을 이름으로 제시된) 이런 문제들은 단순한 실천적 문제이고 특별한 학교 교육을 필요로 하지 않습니다.

피험자들이 문제의 조건들을 받아들이고 문제 해결의 출발점으로 이것들을 사용했는가 아니면 그들이 개별적인 실천적 과제를 집행하는 데 필요한 특수한 조건들이나 자신의 경험에 호소했는가? 달리 표현한다면, 문제의 조건들에 의해 규정된 이론적 조작들의 체계가 출현하는가 아니면 이 구조가 제시된 문제 해결과 이론적 분석에 공통점이 없는 피험자의 실천적 활동에 의해 대체되는가? 이 두 쟁점에 대답하기 위하여 당연하게도 우리는 피험자의 대답들을 기록하는 데 한정하지 않고, 그들의 해결 과정을 임상적 대화에 포함시켰습니다. 이 임상적 대답을 통해 면담 담당자는 이어지는 질문을 던지면서 관련된 정신 과정들의 질적 자질들을 알아낼 수 있었습니다. 문제를 해결하지 못하면, 우리는 문제를 더 특수하고 더 구체적으로 분명하게 조정했고 그 조건들을 더 도해처럼 만들었습니다.

우리는 문제의 조건에 제시된 체계와 피험자의 실천적 경험의 체계가 이야기를 나누는 과정에서 어떻게 얽히는지를 더 정확하게 측정하기 위하여, 실험을 두 형태(version)로 진행했습니다. 첫 번째 형태의 실험에서는 피험자에게 그 내용이 정확하게 그들의 실천적 경험과 일치했던 문제(예를 들면 질문에 들어 있는 두 지점 사이의 거리가 실제 거리와 똑같은 문제)를 제공했습니다. 이런 문제들은 형식적 논리적 조작으로 혹은 직접적 경험에 호소해서 해결될 수 있었습니다. 두 번째 형태의 실험에서는 피험자의 경험과 모순된 내용으로 된 문제(예를 들면 두 지점 사이의 거리가 고의적으로 변경된 문제)를 제공했습니다. 이런 문제를 해결할 수 있는 능력은 다음과 같이 무엇을 행할 수 있는 세 가지 능력이 있음을 보여 줍니다. 이 세 능력은 즉각적인 경험에서 자신을 분리해 낼 수 있는 능력, 문제를 폐쇄적인 가설 체계에서 지각할 수 있는 능력, 그리고 일시적인 추정이 직접적인 실천적 경험과 모순된다 할지라도 이러한 추정을 출발점으로 사용하면서 형식적 조작의 체계를 활용하여 해결할 수 있는 능력입니다.

문제 해결의 어려움이 개별적 의미 구조의 숙달과 관련 있는지 또는 계산 능력과 관련 있는지를 결정하고자, 우리는 문제 조건과 무관하게 제시된 단순한 예시 문제(예를 들면 30÷3= ?)를 해결하게 하는 부차적 연구를 실시했습니다.

오지 지역 출신의 문맹인 농부 16명이 피험자로 참여했습니다. 앞선 실험처럼 비교 집단은 적어도 단기 학교 교육을 받았던 그리고 적어도 지적 이론적 조작 활동에 노출된 적이 있었던 피험자들이었습니다.

문제 해결 과정에서의 추리 활동

먼저 문제의 조건이 실천적 경험과 일치하는 일상적인 문제들(단순한 문제들)을 해결하는 과정을 살펴보겠습니다.

단순한 문제들의 해결 과정

먼 오지 마을에 살고 학교에서 수업을 받지 않았던 피험자들은 심지어 가장 단순한 문제들도 풀 수가 없었습니다. 그 까닭은 직접적인 계산 과정에서의 어려움에 있지 않았습니다(피험자들은 문제를 더욱 구체적이고 특수하게 만드는 특별한 절차를 사용하여 아주 쉽게 문제를 다루었습니다). 근본적인 어려움은 관련 없는 실제 경험에서 문제의 조건들을 추상화하는 데, 폐쇄적인 논리적 체계의 경계 내에서 추리하는 데, 도해적인 실제 경험보다는 문제의 논리에 의해 결정되는 추리 체계로부터 적합한 대답을 도출하는 데 있었습니다.

대체로 이들 피험자는 자신들의 개인적 경험 부족을 언급하면서 요구된 형식적인 논리적 조작을 하지 않으려 했으며, 문제의 조건들과 상관없는 추측들에 직접 호소했습니다. 때때로 그들은 부가적인 실제적 고려를 하기도 했습니다.

피험자: 일리 코쯔 – 24세, 오지 마을 출신의 여자, 문맹.

- 피험자에게 "X마을까지 걸어가는 데 30분 걸리는데, 자전거를 타고 가면 5배 빨리 갈 수 있습니다. 자전거를 타고 가는 데 시간이 얼마나 걸립니까?"라는 문제를 제시했다.

"찌자크에 사는 제 동생은 자전거가 있어요. 그래서 그는 사람이나 말보다 훨씬 더 빨리 가요."

- 문제를 반복했다.

"5배 빠르고 …… 만약 걸어서 가면, 마을까지 30분 걸리지만, 만약에 당신이 자전거를 타고 가면, 물론 당신은 훨씬 빨리 거기에 갈 수 있지요. 아마도 1분이나 2분이면 되겠네요."
:: 전적으로 문제의 조건들을 배제한 채 추리함.

　　피험자는 더 이상의 문제를 풀지 않으려 했습니다. 계산 활동과 나누기 문제를 특정하게 제시하였을 때, 예를 들면 과자 30개를 5명에게 나누어 주는 문제를 해결하도록 요청했을 때, 우리는 초래된 어려움이 나누기 문제를 해결하는 피험자의 능력과 무관하다는 것을 알게 되었습니다.

피험자: 누르마트 – 36세, 요르단 마을 출신의 여자, 거의 문맹.

• 피험자에게 "찌자크까지 걸어서 가면 20시간 걸리고, 자전거 타고 가면 5배 더 빨리 갑니다. 자전거 타고 가면 얼마나 시간이 걸릴까요?"라는 문제를 제시했다.
"찌자크까지 걸어서 20시간 걸리고, 자전거를 타면 5배 더 빠르고 …… 난 계산 못하겠어요. 아마 10시간쯤? 우마차보다 자전거가 더 빠른 건 알아요. 그럼 한 10시간쯤 걸리겠네요."
:: 제시된 조건들을 가지고 조작하는 데 실패함.
• 어떻게 아셨어요?
"혼자 추측했어요."
• 문제를 더 특정하게 만들고자, 피험자에게 단추 20개를 제공했다.
"만약에 걸어서 20시간 걸린다면, 당신은 자전거 타고 거기에 10시간 내에 도착하지 못할지도 모르겠네요. [단추들을 사용해서 분류했지만, 문제를 풀기 위한 수단으로 단추들을 사용하지는 못했다.] 아마도 훨씬 더 빠르겠지만 …… 난 모르겠어요, 전 자전거를 타 본 적이 없어요."

:: 해결을 돕고자 제시한 물건을 사용하지 못하고 피험자는 추측 이상으로 진전하지 못함.

점검해 보려고 피험자에게 30루블을 6명에게 나누어 주는 문제를 제시했었습니다. 그녀는 각각 단추 4개씩 6더미를 만들고 계속해서 각각의 더미에 단추 하나씩 더했습니다.

그런 후에 "만약에 내가 각각에게서 반 루블을 받는다면, 음 그래도 여전히 부족하겠네요. …… 당신은 반 루블을 나눌 수 있나요? 아니면 당신은 그대로 내버려 둘 건가요?" 외적 보조물을 사용하여 단순한 나누기 조작을 하는 건 피험자가 할 수 있는 능력이었지만, 그녀는 관습적인 실천 조작들로 바꾸려 했습니다.

피험자: 무크한메드 – 20세, 카라수 지역 마을 출신의 농부, 조금 읽고 쓸 줄 암.

- 피험자에게 어떤 마을까지 걸어서 30분 걸리고, 자전거를 타고 가면 5배 빠릅니다. 자전거를 타고 가면 얼마나 걸릴까요?라는 문제를 제시했다.

피험자는 즉시 "1분!"이라고 대답했다.

:: 해결 대신에 추측.

- 어떻게 아셨어요?

"만약에 당신이 빨리 가면, 당신은 거기에 1분이면 도착할 수 있어요. 당신이 한 사람이 당신 마을까지 걸어서 갔다고 말했잖아요. 자전거로

5. 추리와 문제 해결 205

가면 얼마나 시간이 걸리는지 물었잖아요."
:: 문제를 조건들로 분해하고 조건들을 반복.

- 문제를 반복했다(피험자는 조건들을 정확하게 반복했다).

"1분이면 될걸요. 아마도 좀 더 걸릴 수도, 좀 더 빠를 수도 있겠네요."
:: 다시 추측.

- 만약에 걸어서 가면 30분 걸리고, 자전거를 타고 가면 5배 더 빨리 간다면, 어떻게 1분 안에 거기까지 갈 수 있나요?

"난 어떻게 그렇게 갔는지 본 적은 없어요. 그렇지만 난 1분 안에 거기에 가는 걸 상상했어요."
:: 다시 추측, 임의적으로 조건을 바꿈.

- 그럼, 이번에는 계산해 보세요.

"글쎄요, 제 계산으로는 아마도 1분, 혹은 30초쯤 되겠네요."
:: 실제로 해 본 경험이 없음을 언급.

- 피험자에게 단추 30개를 주고 그것들을 사용하여 문제를 해결하라고 요청했다. 조건들을 반복했다.

"하지만 어떤 마을인가요? 카라수인가요? 아니지요, 거기라면 이렇게 계산할 수가 없어요. 어림셈을 해도, 아마도 2분은 걸리거나 2분 30초, 아니면 1분 정도 걸리겠네요. 여기엔 계산할 게 없어요."
:: 조건들을 더 특수하게 만들었던 시도는 원하던 결과를 낳지 못함. 논증적인 해결을 추측으로 대체.

- 피험자에게 "5배 더 빠른"이 사람이 걸어서 여행을 할 때 걸리는 시간에 자전거를 타면 5번 더 갈 수 있다는 것을 의미한다고 설명했다. 그럼 자전거를 타고 거기까지 한 번만 가려면 얼마나 시간이 걸릴까요?

"그런데 왜 그는 5번이나 더 가서 그렇게 시간을 낭비하지요?!"

∷ 설명을 "더 가는 것"으로 파악.
- 어찌 되었든 간에, 그가 거기까지 가는 데 얼마나 걸릴까요?

"만약에 당신이 저에게 그 마을까지 거리가 몇 베르스트(verst)[1]인지 알려 준다면, 제가 대답할 수 있어요."

∷ 문제를 더 특수하게 만들려는 시도.
- 그게 아니고요. 생각해 보세요. 자전거를 타는 사람은 5배나 시간이 덜 걸려요.

"그럼, 걸어가는 사람이 오륙 분 걸리지만 자전거를 타고 가는 사람은 1분이면 갈 수 있다는 거예요!"

∷ 문제 해결 대신에 또 추측.
- 자전거를 탄 사람이 전체 거리를 다 가는 데는 얼마나 걸릴까요?

"만약에 걸어가는 사람이 열한두 시간 걸린다면, 자전거를 타고 가는 사람은 같은 시간에 오륙 배를 더 갈 수 있을걸요."

∷ 똑같음. 새로운 임의적 조건을 추가.
- 자전거를 타고 가는 사람은 마을까지 가는 데 시간이 얼마나 걸릴까요?

"우리는 시간으로는 계산할 수 없어요. 대신에 날수로 계산하는 게 더 좋아요."

∷ 더 도해적인 조치에 호소
- 글쎄요. 그럼, 걸어서 가면 30일 걸리고, 자전거를 타고 가면 5배 더 빠르다고 추정해 보세요.

"자전거를 타고 가면 오륙 일 더 일찍 도착하겠네요. 자전거는 걸어가는 사람이 오륙 일 걸릴 때 자전거를 탄 사람은 거기에 이미 도착해 있

---

[1] 러시아의 옛 거리 단위. 1verst = 1.067km.

을걸요."
:: 더 특수화된 조건들에도 불구하고 문제는 해결되지 못함.
• 왜 당신은 삼사 일이 아니라 오륙 일 걸릴 거라고 생각하시나요?
"우리, 우즈베키스탄 사람은 통상 오륙이라고 말해요. 그래서 저도 그렇게 말한 거예요."

이 피험자는 삼십 루블을 다섯 명에게 나누어 주는 통제 문제를, 30개 단추를 다섯 무리로 배열하면서 쉽게 해결할 수 있었습니다.

여기서 근본적인 어려움은 피험자가 문제의 논리적 조건들을 사용하여 폐쇄적인 체계들을 창조하기를 그리고 이러한 조건들의 작업 틀 내에서 추리하기를 거부한다는 데 있었습니다. 이 어려움 때문에 피험자들은 요구된 '이론적' 추리를 직접적인 추측으로 대체했습니다. 우리는 이 집단의 다른 피험자들에게서도 비슷한 자료를 얻었습니다.

피험자: 러스탐 – 34세, 팔만 마을에서 물 배급하는 사람, 문맹.

• 피험자에게 "무얀에서 아크 마자르까지 가는 데 얼마나 걸립니까?"라는 질문을 했다. "한 시간." 그리고 "삼십 분."이라는 대답을 들은 후에, "아크 마자르까지 걸어가는 데는 30분 걸립니다. 자전거를 타고 가면 6배 더 빨리 갑니다. 자전거를 타고 가면 얼마나 걸릴까요?"라는 문제를 제시했다.
"여기서 아크 마자르까지 걸어서…… 자전거를 타고는…… 아마도 육칠 분 걸리겠네요."
:: 문제 해결에 실패.

• 좀 정확하게 계산해 보세요.

"정확하게 말할 수 없어요. 그저 대략 얼마인지 말할 수 있어요. 나는 결코 가 본 적이 없어요! 당신에게 말할 수 있는 사람은…… 그래서 당신에게 대충 말하는 거예요."

∷ 개인의 경험 부족을 언급.

• 그런데요. 전 당신이 그걸 정확하게 계산해 주기를 바라고 있어요.

문제의 조건들을 반복했다. 피험자는 그걸 곰곰이 생각하며 한숨을 내쉬었다.

"거기까지 갔다가 돌아오는 거예요, 아니면 그저 가기만 하면 되는 거예요? 그리고 자전거를 타고 가는 것도 왕복인가요, 아니면 가기만 하면 되는 건가요?"

• 가기만 하면 되는 거예요.

"음, 이건 제 생각인데요. 한 사람은 자전거를 타고 가고, 다른 사람은 걸어서 가는 거예요. 자전거를 타고 간 사람은 6배 더 빨리 갈 수 있어요. 그리고 결국에는 그는 걸어가는 사람과 함께 도착할 거예요. 아마도 6분 걸리겠네요!"

∷ 해결을 위해 더 특수하게 하려 시도한 후에 결국은 추측.

• 왜 6분이라고 생각하셨어요?

"거기까지 가기가 쉬워요."

∷ 구체적 조건들에 유도됨.

• 자 그럼, 다른 사람이 10배 빨리 갔어요. 그는 얼마나 걸린 건가요?

"만약에 그가 더 빨리 갔다면…… 아마 5분이면 갔을걸요……."

∷ 다시 추측.

• 좀 더 정확하게 계산해 보세요!

"이런 거에, 뭐 계산할 게 있나요? 만약에 다른 사람이 첫 번째 사람보다 더 빨리 갈 수 있다면, 그는 거기에 더 빨리 도착하겠지요."

:: 조건들을 임의적으로 변경.

• 아니요. 이 사람은 정확하게 똑같은 시간이 걸려요. 30분 걸려요.

"너무 어려운 문제를 풀라고 하시네요……. 나는 분까지 계산할 수는 없어요."

:: 문제 풀이에 실패

친숙한 구체적 단위를, 베르스타를 포함한 통제 문제를 제시했다.

• 나만간까지 60베르스트입니다. 페르간까지는 3배가 짧아요. 페르간까지는 몇 베르스트인가요?

"20베르스트네요……. 만약에 3배 짧다면, 20베르스트가 틀림없어요!"

:: 구체적인 문제는 쉽게 해결.

이 전 사례들처럼 친숙한 구체적 실재를 가지고 행한 숫자 조작은 어려움 없이 쉽게 해냈습니다. 반면에, 추상적 범주들을 가지고 조작하는 조건들을 포함하면 논리적 조작에 큰 어려움을 겪었습니다. 피험자들은 폐쇄적 논리 체계 내에서의 조작들을 체계의 작업 틀을 넘어 추리하고 추측하는 것으로 대체하거나 문제 풀이에 필요한 형식적 조작을 수행하는 데 의미 없는 방식으로 내용을 변경했습니다. 우리는 아래 예들에서도 유사한 사태를 관찰했습니다.

피험자: 파이줄 - 35세, 팔만 마을 출신의 농민, 문맹.

• 피험자에게 "저 나무까지 걸어가면 5분 걸리지만, 자전거를 타고 가면 5배 더 빨리 갈 수 있습니다. 자전거를 타고 저 나무까지 가는 데 시간이 얼마나 걸릴까요?"라는 문제를 제시했다.

"만약에 그가 자전거를 잘 타면, 그는 2분이면 도착할 겁니다. 아마도 나는 5분 안에 저기까지 걸어갈 수가 없을 거예요. 자전거를 타면 2분 안에 갈 수 있어요."

:: 생생한(도해적) 경험에 호소. 해결 대신에 추측.

• 대충 하지 마시고, 정확하게 계산해 보세요.

"제 생각엔, 1분 30초면 돼요."

:: 똑같음.

• 문제의 조건들을 반복해서 제시했다.

"몰라요······. 물론 그가 자전거를 타고 가면, 그는 우리보다 5배 더 빨리 도착해요. 아마도 2분 30초면 되겠네요."

:: 똑같음.

• 피험자에게 다른 문제를, "페르가나까지 우마차를 타고 가면 3시간 걸리지만 기차를 타고 가면 3배 더 빨리 갑니다. 기차를 타고 거기까지 가는 데 얼마나 걸릴까요?"라는 문제를 제시했다.

"한 시간 걸려요."

• 어떻게 아셨어요.

"난 전에 페르가나까지 한 번 가 봤어요. 그때 쌀을 운반했었지요. 난 말을 타고 갔는데 기차를 따라 잡지 못했어요. 어떤 기차는 정말 빨리 가요."

:: 추측에 의한 해결, 개인적 경험에 의존.
- 그렇지요. 하지만 정확하게 계산을 해 보세요.

문제를 반복해서 제시했다.

"만약에 평균을 계산한다면, 우마차가 한 번 거기 갈 동안 기차는 세 번 갈 수 있지요."

:: 조건을 더 특수하게 만들려 시도.
- 기차가 거기까지 가는 데 얼마나 걸릴까요?

"30분에서 45분 정도 걸리지요. 화물열차라면 한 시간 걸리고요."

:: 다시 추측, 구체적인 경험에 호소.

우리가 작성한 기록은 일상적 실천 사태에 사용된 단순한 계산 조작들을, 비록 이 계산들이 전적으로 구체적인 절차에 의해 수행되기는 했지만, 피험자들이 별 어려움 없이 해냈다는 명확한 증거를 보여주었습니다. 발생했던 어려움은 모두 다 문제의 형식적 조건이라는 작업 틀 내에서 해결하지 못했다는 것, 즉 논증적인 조작을 수행하지 못했다는 것입니다. 문제의 조건들이 적합한 계산 과정이 수행될 수 있게 하는 폐쇄된 논리 체계를 형성하지 못했습니다. 대신에 피험자들은 논증적인 논리적 해결을 자신들의 구체적 경험에 근거한 특수한 조건들을 분석하는 것으로 대체하면서 추측으로 질문에 답하거나 구체적인 개인적 경험에 호소하였습니다. 피험자가 문제를 다른 구체적 수준으로 전이시킬 때, 그는 어려움을 제거하면서 쉽게 문제를 해결했습니다.

가설적 (갈등적) 문제 해결

문제 조건들이 실제의 실천적 경험과 모순될 때는 그 문제를 해결하는 과정이 너무나 자주 기본 집단에 속하는 피험자들의 능력을 완벽하게 넘어섰습니다. 자신들의 실제 경험에서 벗어나거나 실제 경험과 모순된 조건을 듣게 되면, 조건이 잘못되었다고, 그렇지 않다고, 그런 문제를 풀 수 없다고 단정하면서, 피험자들은 대개 문제 해결을 분명하게 거부했습니다. 심지어 만약에 (이전 실험에서는 종종 성공하기도 했던 절차) "면담자의 말에 근거해서" 그것을 푼다면 어떻게 되느냐는 질문도 상황을 진전시키지 못했습니다. 피험자는 문제 해결을 계속 거절했습니다.

이와 같은 결과는 즉각적인 경험과 모순되지 않는 내용으로 된 문제를 푸는 데 어려움을 겪었던 피험자들 사이에서 특히 뚜렷했습니다. 이런 결과는 단순한 문제들은 해결할 수 있었지만 "조건이 담긴" 문제들은 해결하지 못한, 이제부터 언급할 피험자들의 집단에서 훨씬 더 명확했습니다.

피험자: 카심 – 67세, 마을 협동조합 경비원, 문맹.

- 면담자는 피험자에게 "여기부터 우츠 쿠르간까지 거리가 20베르스트입니다. 산크히마르단까지는 4배 가깝습니다. (실제는 그 반대였다.) 산크히마르단까지 거리가 얼마나 되나요?"라는 문제를 제시했다.

"산크히마르단이 4배나 더 가깝다니요?! 아니에요. 훨씬 더 멀어요."

- 네, 우리도 압니다. 그러나 연습 문제로 이 문제를 낸 거예요.

"나는 이제까지 공부한 적이 없어요. 그러니 어떻게 그런 문제를 풀 수 있겠어요! 이해할 수가 없어요! 4로 나누라니? 못해요……. 풀 수 없어요."

- 이 문제 해결을 처음에는 거절.

- 문제를 반복했다.

"만약에 4로 나누면, 그럼…… 5베르스트…… 만약에 당신이 20을 4로 나눈다면, 당신은 5를 얻겠네요."

:: 피험자는 계산을 했고, 올바르게 해결.

- 문제대로 하면 얼마가 될까요?

"그러면 산크히마르단이 훨씬 더 가깝게 되겠네요."

피험자에게 똑같은 문제를 베르스트(구체적 실재)를 추상적 시간으로 바꿔 좀 복잡하게 하여 제시했다.

- 그럼, 산크히마르단까지 가는데 얼마나 시간이 걸릴까요?

"여기서 거기까지 갔었던 사람들은 말 타고는 하루 정도, 걸어서는 이틀 정도 걸린다고 하더군요."

:: 조건들이 더 복잡해지자, 피험자는 다시 구체적 경험 수준으로 되돌아갔음.

- 그렇게 하지 말고 문제대로 해 보세요.

"이해를 못하겠어요! 당신은 하루 걸리는 걸 5베르스트로 바꿨잖아요?! 난 당최 이해를 못하겠네!"

:: 조건들을 출발점으로 받아들이기를 거부.

- 그러지 마시고, 문제대로 하면 어떻게 될지 생각해 보세요.

"말이 하루에 몇 베르스트를 가는지 계산해 보세요. 난 거기 가 본 적이 없어 몰라요."

- 문제대로 하면 산크히마르단까지 가는 데 얼마나 걸릴까요?

"얼마나 걸릴지 도대체 어떻게 알아요? 내가 거기까지 가 본 적이 있다면 말할 수 있겠지만, 쓸데없이 거짓말을 하고 싶지 않아요. 아셨어요?"
:: 개인적 경험이 부족함을 언급.

• 자, 문제에 따르면 우츠 쿠르간까지 거리가 얼마나 되나요?

"20베르스트요."

• 거기까지 가는 데 시간이 얼마나 걸리나요?

"몰라요. 우츠 쿠르간까지 6베르스트지만, 당신 말에 따르면, 그게 20…… 난 당최 당신 말을 이해할 수 없어요. 이 문제는 학교에서 공부했던 사람이 해야 하는 거예요. 난 풀 수가 없어요."
:: 조건적 수준에서 추리하기를 거절.

• 그렇지만 문제에 있는 대로 거기까지 거리가 20베르스트라면, 거기까지 가는 데 얼마나 걸릴까요?

"당신 문제대로라면, 거리가 20베르스트지만, 거기 가 본 사람은 6베르스트라고 말했어요. 난 이해할 수가 없어요."
:: 똑같음.

• 문제는 사실이 아니에요. 제가 당신의 산수 실력을 알아보려고 일부러 낸 문제예요.

"그럼, 어떤 사람이 20베르스트를 가는 데 얼마나 걸릴까?" [숙고한다.]
:: 시간을 계산하려는 새로운 동기와 시도.

• 우츠 쿠르간까지 가는 데 이제 얼마나 되나요?

"가 본 사람은 6베르스트라고 하는데."

• 그럼, 예를 들어 볼게요. 거기까지 가는 동안에 필리프를 준비할 수 있을까요?

"음, 만약에 배가 고프다면, 당신은 서둘러서 요리를 하겠지요. 하지만 배가 고프지 않다면, 당신은 천천히 꼼꼼하게 준비하겠지요. 만약에 배

고픈 사람이 4명이라면, 한 사람은 고기를 자르고, 다른 사람은 홍당무를 자르면, 금방 준비할 수 있지요."
:: 구체적 수준으로 바꾸는 것이 문제 해결에 도움이 되는 수단이 되지 못했음. 무관한 조건도 해결에 도움이 되지 못함.

• 그런데 만약에 문제에 있는 대로 우츠 쿠르간까지의 거리가 20베르스트라면, 얼마나 걸릴까요?

"20베르스트를 4로 나누고…… 만약에 당신이 그런 식으로 하면…… 한 시간에 5베르스트고, 그럼 20베르스트는 4시간 걸리겠네요."
:: 구체적인 숫자 수준으로 바꾸어 주었을 때, 피험자는 숫자 조작을 수행함.

이 기록은 전형적인 것입니다. 피험자들이 구체적 실재(베르스트)를 가지고 조작할 때, 그들은 문제를 해결할 수 있었습니다. 그러나 문제가 추상적 수준(시간)으로 바뀌었을 때, 그들은 실천적 경험과 동떨어진 조건들을 추리할 수 없었고, 경험에 근거한 주장으로 되돌아갔습니다. 오로지 이 경험이 특수하게 좁혀졌을 때만 그들은 적합한 계산을 수행할 수 있었습니다. 관련된 어려움은 다음 피험자의 사례에서 더 분명해졌습니다.

피험자: 캄라크 – 36세, 오지 마을 출신의 농부, 약간 읽고 쓸 줄 암.

• 산크히마르단에서 부아딜까지 걸어서 가면 3시간 걸리지만 페르가나까지는 6시간 걸립니다. 부아딜에서 페르가나까지 걸어서 가면 시간이 얼마나 걸릴까요?

"아니지요, 부아딜에서 페르가나까지는 6시간 걸려요. 당신이 틀렸어요. ……거긴 멀어요. 당신은 거기에 3시간 내에 도착할 수 없어요."

∷ 계산을 쉽게 해냈지만 문제의 조건을 받아들이지 못함.

• 그건 차이가 없어요. 교사는 연습 문제로 이 문제를 제공했어요. 만약에 당신이 학생이라면, 이 문제를 어떻게 풀겠어요?

"그럼, 당신은 걸어서 가요, 아니면 말 타고 가요?"

∷ 구체적 경험 수준으로 되돌아감.

• 같은 거예요. 자, 그럼 걸어서 가는 것으로 해요.

"아니지요. 걸어가면 거기에 도착할 수 없지요! 아주 먼 길인데······ 지금 당신이 출발한다고 해도, 당신은 부아딜에 저녁 아주 늦게 도착할걸요."

∷ 경험과 모순된 조건을 받아들이지 못함.

• 좋아요, 자 이제 문제를 풀어 보도록 해요. 그게 잘못되었다 하더라도 계산해 보세요.

"아니지요! 실제 그렇지 않다면, 제가 어떻게 문제를 풀 수 있겠어요?!"

∷ 조건이 있는 문제를 해결하려 하지 않음.

이 기록은 문제 조건이 실제와 일치할 때 문제를 해결하는 게 얼마나 쉬운지를 그리고 자신의 경험과 일치하지 않는 문제의 조건을 받아들여 연결된 형식적 논리 조작을 수행하는 게 얼마나 어려운지를 보여 주고 있습니다. 몇몇 사례는 실제 경험과 일치하는 문제를 푸는 능력이 문제 조건이 실제 경험과 모순된 문제를 해결하지 못하는 능력과 극명하게 대조됨을 보여 주고 있습니다.[2] 이런 자료들이 피험자들이 형식적

---

2) 교수학습에 주는 시사점이 많은 내용입니다. 추상이 이해하기 어려운 까닭이 구체와 연결되지 못하기 때문입니다. 자신의 경험(구체)과 연결되지 못하는 추상은 그저 유령처럼 허공을 떠도는 관념으로 망령처럼 사라져 버리고 마는 것입니다. 교사들은 학생들의 구체적 경험과 연결시키시는 데 주의를 집중해야 합니다.

인 논리적 추리를 내용과 무관하게 수행하도록 하는 게 얼마나 어려운 지를 설득력 있게 입증하고 있습니다. 여기 사례 하나가 있습니다.

피험자: 카미드 – 37세, (멀리 떨어져 있는 집단농장) 우르세크 출신의 노동자, 문맹.

• 피험자에게 문제의 조건이 실제와 정확하게 일치하지 않는, "부아딜까지 걸어서 4시간 걸리고, 페르가나까지는 11시간 거립니다. 페르가나까지 가려면 얼마나 더 많이 걸어야 하나요?"라는 문제를 제시했다.

"부아딜까지는 거리가 반 정도예요. 여기서 부아딜까지는 3시간 걸리고요, 부아딜에서 페르가나까지도 3시간 걸려요."

:: 실제 경험과 일치하도록 문제의 조건을 변경시킴.

• 그게 아니에요. 문제대로 하면 시간이 얼마나 걸리나요?

문제의 조건들을 반복해서 제시했다.

"3시간 더 걸려요."

• 어떻게 아셨지요?

"제가 말했듯이 부아딜이 절반쯤에 있어요. 그리고 부아딜에서 산크히마르단까지의 길은 나빠요. 거기를 지나면 길이 좋아져요."

:: 구체적 조건들에 의한 해결을 정당화함.

• 그런데 문제가 무엇이었지요?

피험자는 문제의 조건들을 정확하게 반복했다.

• 페르가나까지는 얼마나 더 걸리나요?

"3시간 더 걸려요!"

• 어떻게 계산하셨지요?

"여기서 부아딜까지는 길이 나쁘다니까요!"

∷ 똑같음.

• 그런데 문제에 뭐라고 적혀 있었지요?

"당신은 부아딜보다 페르가나까지 가는 데 얼마나 더 먼지를 알고 싶어 했지요?"

• 문제의 조건들을 반복했다.

"3시간 더 멀어요! 보세요. 여기서 페르가나까지는 11시간 걸려요. 그런데 만약에 당신이 페르가나부터 출발하면, 당신은 부아딜까지 4시간이면 도착하구요, 거기서부터 당신은 7시간이 더 필요해요. 왜냐하면 길이 나쁘기 때문이지요."

• 실제 경험과 모순되는 "조건"이 담긴 문제를, "여기서 페르가나까지 걸어가는 데 6시간 걸리고, 자전거로 가면 2배 느리다고 가정해 보세요."라는 문제를 제시했다.

"그러면 자전거를 타고 거기까지 가는 데 3시간 걸리지요!"

∷ 실천적 실재와 일치하는 수준으로 해결함.

• 아니에요. 어떤 선생님이 이 문제를 연습 문제로 냈어요. 자전거가 2배 느리다고 가정해 보세요.

"만약에 자전거를 타고 가는 사람이 잘 탄다면, 그는 페르가나까지 2시간 30분 혹은 3시간 걸려요. 당신이 낸 문제대로라면, 만약에 자전거가 중간에 고장 나서, 늦게 도착할 수도 있지요. 그래도 두세 시간밖에 늦지 않을걸요."

∷ 문제가 실재에 일치하게 되는 조건들을 찾음.

• 문제의 조건들을 반복했다.

[피험자는 숙고했다.] "아마도 그는 8시간 걸릴 겁니다. ……아마도 자전거

가 고장 난다면, 그는 2시간 늦을 겁니다."
:: 똑같음.
• 그런데 만약에 자전거가 고장 나지 않는다면, 그리고 문제에 있는 대로 간다면 얼마나 걸릴까요?
"만약에 고장이 나지 않으면, 6시간은 아니겠고 3시간 걸리겠네요."
:: 구체적 조건들에 의해 지지받지 못하는 조건적 수준에서 문제 풀기를 거부함.
• 그런데 당신은 어떻게 문제를 풀었지요? 그게 사실이 아니라는 걸 잊으세요. 교사는 학생의 계산하는 능력을 점검하려고 문제를 냈어요.
"그는 거기까지 8시간 걸리겠네요. ……그렇지만 자전거는 아마도 여전히 고장이 났겠네요. 자전거를 탄 사람은 계속 가지 못하고 부아딜에 멈추겠어요. 만약에 뭔가가 잘못된다면, 그는 어쩔 수 없이 멈추어야 하지요. 그게 그가 늦은 까닭이지요."
:: 조건적 수준에서 조작할 때, 곱하기가 더하기로 교체되었다. 구체적 상황을 내세워 다시 정당화를 시도함.

이 모든 예는 구체적인 실천적 경험에 순응하는 것이 얼마나 중요한지를 보여 주었습니다. 만약에 문제의 조건들이 실재와 일치한다면, 피험자들은 그 조건들을 받아들였습니다. 문제의 조건이 실재와 다른 경우에는 그런 조건을 인정하는 것조차도 불가능했으며, 피험자들은 문제를 실재 조건에 일치하도록 바꾸면서 혹은 조건들을 모두 무시하면서 '가설적인' 문제라기보다는 구체적인 문제를 통해 작업하면서 구체적인 실천적 수준에서 조작을 계속했습니다. 이렇게 그들은 실천적 경험을 통해 문제를 해결했습니다. 이 모든 것은 너무도 분명하게 문제 해결을 형식적 조작으로 하는 것이 피험자들에게 때때로 극복할 수 없는 큰 어려운 일이었음을 보여 주고 있습니다. 이런 사실은 우리가 피험자들의 사고 과정이 도해적이고 기능적인 실천적 경험 수준에서 작동한다는 것을 상기한다면 이해할 수 있는 것입니다.

이전 결과들로부터 우리가 예견할 수 있었듯이, 최소한 단기 과정의 학교 교육을 받은 혹은 풍부한 사회적 관계를 지닌 피험자들은 다른 결과를 보였으며, 형식적인 논리적 조작들과 관련된 조건이 있는 문제를 해결할 수 있는 능력이 있음을 확인할 수 있는 증거를 제공했습니다.

피험자: 카드르 – 몇 달 간 마을 학교에 다니는 학생.

- 피험자에게 "마자르까지 걸어서 가는 데 30분이 걸리고 자전거를 타고 가면 6배 빨리 갑니다. 자전거를 타고 마자르까지 가는데 얼마나 걸리나요?"라는 문제를 제시했다.

"30분, 그리고 6배 빠르고…… 이건 30의 6분의 1을 의미하네, 그럼 5분이네요."

- 피험자에게 "조건"이 있는 문제를, "마자르까지 자전거를 타고 가면 40분이 걸리지만 걸어가는 사람은 8배 더 빨리 갈 수 있어요. 걸어서 마자르까지 가는 데 얼마나 걸리나요?"라는 문제를 제시했다.

"그렇다면, 만약에 당신이 8배 빠르다고 말했다면, 그건 걸어가는 사람이 240분 걸리겠네요."

:: '더 빠르다'는 개념과 '더 느리다'는 개념이 혼동을 초래해서 계산이 잘

못됨.
- 그게 맞을까요?

문제를 반복했다.

"그렇다면 반대네요?! 그럼 걸어가는 사람은 5분 걸리겠네요! 이건 40의 8분의 1이지요."

∷ 쉽게 문제를 해결함.

- 피험자에게 실재와 모순되는 다른 '가설'적인 내용이 담긴 문제를, "페르가나까지 걸어서 가는 데 3시간 걸리고 부아딜까지 가는 데 12시간 걸린다고 가정해 보세요(실제로는 거꾸로이다). 페르가나까지 얼마나 빨리 갈 수 있을까요?"라는 문제를 제시했다.

"그렇다면 그는 4배 더 빨리 도착하겠네요."

이 피험자는 자신의 개인적인 실천적 경험과 무관한 가설적이고 이론적인 조작을 수행할 수 있는 능력을 분명하게 보여 주었습니다. 이런 이동과 형식적이며 논증적이고 논리적인 생각을 '이론적'으로 조작할 수 있는 능력이 비교적 단기간의 학교 교육 후에 출현했다는 것은 주목해야 할 흥미로운 지점입니다. 학교 교육의 결정적 중요성은 새로운 지식을 습득하는 데 있지 않고, 즉각적인 실천적 경험과 분리된 논증적인 말로 하는 논리적 생각의 형식적 양식과 이러한 생각을 하려는 새로운 동기를 창조하는 데 있습니다.[3] 아래 제시된 〈표 9〉는 다른 집단의 피험자들이 보여 준 결과를 담고 있습니다.

〈표 9〉 문제 해결 과정의 숙달 정도

집단	해결	간단한 문제		갈등적 문제	
		해결 못함	해결함	해결 못함	해결함
오지 마을 출신의 문맹인 농민 (피험자 16명)	즉각적인 해결	4(25%)	12(75%)	13(81%)	3(19%)
	보다 특수한 조건들이 제시된 후	0	16(100%)	12(75%)	4(25%)
단기 교육을 받은 젊은이(피험자 7명)	즉각적인 해결	0	7(100%)	0	7(100%)

3) 행동주의적 전제인 지식의 양적 누적을 발달로 보았던 시대가 역사의 무덤으로 사라져 가고 있습니다. 적어도 이론적·학술적 측면에서는 그렇습니다. 그런 주장이 여기서 확인할 수 있듯이 이미 80년 전에 비고츠키 학파에 의해 강력하게 제기되었습니다. 또한 그들은 발달의 핵심에 핵심 역량(고등정신기능)을 전면적으로 부각시켰습니다. 이러한 능력은 지적인 것에 한정되는 것이 아니고 정서적인 것도 포함합니다. 여기서 언급되고 있는 새로운 동기가 그런 것입니다. 거의 한 세기 전에 이런 것을 교육 과정에 반영하였다는 것이 믿기지 않습니다. 21세기 대한민국의 현실을 돌아보면 더더욱 믿을 수 없지만 그게 진실입니다.

PISA 평가에서 흥미도 영역이 '새로운 동기'와 관련이 있어 보입니다. 거기서 한국은 비참한 한국 교육 현실을 마주하게 됩니다. 한국 교육의 근본이 무너져 내린 현실은 구성주의 교육 과정의 폐기를, 문화역사적 이론에 근거한 교육 과정 제작을 핵심 과제로 제기하고 있습니다. 한국의 교육 관련자들은 결정적으로 중요한 것을 방기하고, 별 볼일 없는 자질구레한 것에 목숨 거는 짓거리를 더 이상 반복하지 말아야 합니다.

5. 추리와 문제 해결

6
상상하기

우리는 직접적·실천적 경험이 학교 교육을 받지 못한 피험자의 의식을 어떻게 지배하는지를, 그들이 추상적 논리적 조작보다 실천적 활동에서 발생하는 관계를 얼마나 선호하는지를 보여 주는 방대한 자료를 인용했습니다. 그러므로 우리는 당연히 직접적·실천적 경험에서 결과한 관계가 피험자의 상상의 틀을 혹은 공상의 골격을 결정할 것이고, 이 관계가 도식적 경험과 분리되는 것을 어렵게 할 것이라고 예상했습니다.

'재생적(reproductive)' 상상은 창조적 상상과 다르다고 주장하는 것에서 알 수 있듯이 근대 심리학은 상상 과정을 몇몇 수준으로 구별합니다.[1] 상상은 실천적 경험과 확고하게 연관될 수 있고, 그렇지 않고 말로 하는 논리적 생각의 체계에서 발생할 수도 있습니다. 이런 식으로 접근하면 우리는 '공상'과 같은 모호한 언급을 넘어 나아갈 수 있으며, 좀 더 나은 방식으로 사용한 의미 내용에서 그리고 근본적인 심리 체계의 구조에서 (상상의) 다른 수준을 변별하면서 상상을 조망할 수 있

---

1) 비고츠키는 『아동의 상상력과 창조』에서 상상 활동을 현실과 결합시키는 4가지 기본 형태를 제시했습니다. 자세한 설명은 『비고츠키』(1999, 창지사) 2장에 서술된 내용을 참고할 수 있습니다.

습니다.

아동심리학은 상상에 관한 사실들을 차이를 구별하지 않고 기술하던 방식에서 더 많은 것을 연결시켜 분석하는 방식으로 옮겨 갔습니다. 심리학자들은 미취학 어린이는 열정적인, 제약받지 않는 공상적 삶을 산다고 가정하는 것에서 시작하여, 취학 어린이의 상상은 즉각적 기억의 한계에 제약을 받는다는 내용을 정립하는 것으로 끝내고 있습니다. 그것은 오직 '재생적' 성질을 가질 뿐이고, 진정한 의미에서 창조적 상상은 (아동) 발달의 후기 단계에 사실상 처음으로 출현합니다.[2]

'재생적' 상상과 '창조적' 상상을 변별하는 것 말고도 우리는 상상을 출현하게 하는 동기들도 변별해야만 합니다. 우리가 활용할 수 있는 모든 사실에 따르면, 상상은 오직 발달의 아주 후기에야 복합적으로 동기화된 활동의 자질들을 드러내기 시작합니다. 훨씬 초기 단계에서는 한동안 상상은 직접적인 상황과 계속 연결되어 있고, 다른 모든 정신 과정과 마찬가지로 '비자발적(nonarbitrary)' 성질을 지니고 있습니다.

사회 역사적 발전의 다른 단계에서 상상은 어떤 다른 심리적 자질을 드러낼까요? 아직까지 우리는 이 질문에 대한 완벽한 대답을 제공할 수 있는 신뢰할 만한 수단을 확보하지 못하고 있습니다. 따라서 우리가 제시한 사실은 오직 제한된 부분적 정보일 뿐입니다.

우리의 과제는 두 형태의 상상을, 특정한 형태의 상상에 대한 전문성을 지닌 만담가와 예술가(민속 시인 혹은 민요 가수) 같은 고도로 숙련된

---

[2] 진정한 의미에서의 창조적 상상이 발생하는 시기에 대한 비고츠키의 견해는 주류 심리학의 견해와 다릅니다. 아동의 풍부한 상상은 이성적 작용이 결여된 결과이고 이는 빈약한 상상을 뿐이라고 합니다. 이성적 능력과 결합된 상상을 창조적 상상으로 보고 있습니다.

사람이 활용하는 형태의 상상과 특정한 역사적 배경에 전형적인 실천적 경험을 지닌 보통 사람들에게 특징적인 형태의 상상을 연구하는 것이었습니다. 우리가 탐구하던 때에도, 객관적으로 완벽하게 분석될 수 있는 상상 활동의 모델을 산출할 수 있는 연구 절차를 확보하지 못했습니다. 그런 모델은 일반화, 연역, 추리 과정의 모델보다 개발하기가 훨씬 더 어렵습니다. 이렇기 때문에 피험자들이 그들의 이해관계의 정도와 성질을 어느 정도 드러내는 질문을 얼마나 자유롭게 만드는지를 그리고 그들이 어떤 특정한 가정에 근거하여 어떻게 가상적 상황을 설정하는지를 분석하기 위하여 우리는 결국 공상에 대한 탐구 활동을 신중하게 제약했습니다.

자유롭게 질문하는 실험

여기서 실험 목적은 우리의 피험자가 어느 정도까지 자유롭게 질문을 만들 수 있는지를 그리고 만든 질문이 어느 정도까지 즉각적인 실천적 경험을 넘어서는지를 밝히는 것입니다. 우리는 상대적으로 실천적 경험이 제약된 피험자들은 임의적으로 복잡한 질문을 만들 수 없을 것이라고, 또한 그렇게 하는 데 특별한 상황을 요구할 것이라고 추정할 타당한 까닭이 있었습니다. 게다가 우리는 질문을 만들 수 있는 능력과 질문의 내용 그 자체는 둘 다 우리 피험자의 사회적 삶과 실천적 경험에서의 굴곡과 마찬가지로 변할 것이라고 추정할 수 있었습니다. 우리는 적절하게 계속 이어지는 과정을 관찰했습니다. 우리는 이 과도하게 단순한 방법의 한계를 그리고 여기서 도출될 결론의 제한된 성질을 잘 이해하고 있었습니다. 이 실험 절차는 질문지 접근 방법과 어떤 면에서 정반대로 이루어졌습니다. 피험자들 스스로가 실험자에게 아무것이나 세 가지 질문을 해야 했습니다.

(너무 빈번하게 벌어졌지만) 피험자들이 어려움을 호소하면 그들에게 보조적 상황을 제시했습니다. 피험자들에게 그들이 학교를 다니면서 알고 싶은 것을 선생님에게 질문하는 장면을 상상하라고 요청했습니다. 때때로 실험은 가상의 제삼자를 등장시키기도 했는데, 피험자에게 피험자의 이웃이 학교에 가거나 혹은 도시민이 그들의 마을에 온다면 피험자의 이웃이 무엇을 질문할지 말해 보라고 요청했습니다.[3] 조사자는 질문을 만들려는 피험자가 시도한 과정뿐만 아니라 물어본 질문의 내용도 기록했습니다.

53명의 피험자가 이 실험에 참여했습니다. 그들은 오지 지역에서 온 문맹인 농부 21명, 단기 교육 과정을 이수하여 약간 읽고 쓸 수 있는 사람 10명, 1~2년의 학교생활을 한 사람과 집단농장 활동가 22명이었습니다.

대체로 문맹인 농부는 상당한 어려움을 겪었습니다. 대략 그들의 삼분의 일은 애당초 질문하는 것을 거부했습니다. 그들은 자신들은 무엇을 질문해야 하는지 모른다고 또는 그저 자신들의 일만 안다고 주장했으며 ("질문을 할 수 있으려면, 뭘 좀 알아야 하는데, 전 그거에 대해 아는 게 없어요."), 대화가 끝날 무렵에는 피험자들은 면담을 진행하는 사람에게 자

---

[3] 상상력은 창조 능력의 핵심 요소입니다. 상상력의 진전 상태를 알아보기 위해 초등학생들에게 외지에서 전학 온 친구에게 무엇을 질문할 것인지 10가지를 적어 보라고 과제를 제시하고, 학년별로 그 차이를 조사하면 어떤 결과를 얻을까요. 그것을 유치원과 중학교의 결과와 비교하면 경향의 차이가 보일까요.

신들이 대답할 수 있는 질문을 해 보라고 요청했습니다. 심지어 과제를 좁혀서 조사자들이 모스크바에서 왔다고 이야기해 주면서 피험자들이 다른 도시의 삶에 대해 조사자들에게 질문할 수 있다고 제안했지만, 그들은 자신들은 "결코 다른 곳을 가 본 적이 없다."고 말하거나 "어떻게 당신은 본 적도 없는 도시에 관해 질문할 수 있냐?"고 말했습니다. 그들은 능동적으로 질문을 만드는 능력이 이렇게 제한되어 있었습니다. 피험자들은 조사자들이 던진 질문들에 (때때로 아주 상세하게) 대답할 수 있었지만, 본인이 직접 능동적으로 질문을 만들 수는 없었습니다.

피험자: 부르크하쉬 – 우츠 쿠르간 지역의 마을에서 온 키르기스인, 문맹.

• 저에게 아무거나 세 가지 질문을 하세요. 무엇을 알고 싶으신가요?

"전 지식을 얻는 방법을 몰라요. ……제가 질문을 어디서 발견할 수 있나요? 질문을 하려면 당신은 지식이 필요해요. 당신은 당신이 이해하고 있을 때 질문할 수 있어요. 하지만 제 머리는 텅 비어 있어요."

:: 지식의 부족을 언급하며 질문하기를 거절.

• 그럼, 예를 들어 볼게요. 당신이 차를 마시고 있다고 해 봐요, 당신은 차가 더운 나라에서 어떻게 자라는지 알고 있나요?

"전 차에 대해 아무것도 몰라요, 저는 협동조합에서 구입해서 차를 마셔요."

:: 위와 같음. 그가 한 질문을 얻어 보려는 계속된 시도도 실패하였음.

피험자: 타쯔히브 – 30세, 농민, 문맹.

• 저에게 아무거나 세 가지 질문을 하세요. 당신이 관심 있어 하는 건 뭔가요?

"무얼 질문해야 할지 상상할 수 없어요. 전 그저 삽으로 하는 일만 알아요, 다른 건 몰라요. ……질문하려면 뭘 알아야 돼요, 우리가 하는 일이라곤 들에서 잡초를 뽑는 거예요. ……당신이 저에게 질문하는 게 더 좋겠어요."

:: 위와 같음.

피험자: 이르가쉬 – 30세, 요르단에 있는 마을 출신 농부, 문맹.

• 저에게 아무거나 세 가지 질문을 하세요. 당신이 관심 있어 하는 건 뭔가요?

"무얼 질문해야 할지 모르겠어요."

:: 질문하기를 거절함.

• 그럼, 제가 예를 들어 볼게요. 우리는 다른 곳에서, 다른 도시에서 왔어요. 저에게 다른 도시에 관해 질문해 보세요. 당신이 관심 있어 하는 걸 질문해 보세요.

"저는 제가 살고 있는 곳을 가장 좋아해요, 전 다른 도시에 대해 조금도 관심이 없어요."

• 거기에서 사람들이 어떤 걸 하고 있는지 궁금하지 않으세요?

"전 다른 도시에서 사람들이 어떤 걸 하는지 본 적이 없어요. 그런데 어떻게 질문할 수 있겠어요?"

:: 경험 부족을 언급하며 질문하는 게 불가능하다고 함.

• 혹시 거기에는 어떤 동물, 사람, 건물이 있는지 궁금하지 않으세요?

"그러나 전 그런 것을 본 적이 없어요. 그러니 제가 무엇을 질문할 수 있겠어요?"

:: 위와 같음.

이 실험 결과에 근거하여 이들 피험자가 다른 것에 어떤 관심도 없다고 결론 내리는 것은 올바르지 않을 것입니다. 그들은 자신들이 직접 경험한 것에는 능동적인 관심을 보였습니다. 중요한 것은 이 실험적 상황에서 (우리가 상황을 자연스럽게 만들려고 해도, 우리가 긴 일상적 대화에 질문들을 포함하면서 아무리 많이 질문하도록 준비시킨다 할지라도) 피험자들은 스스로 질문을 만들 수 없었다는 것입니다. 그들은 자신들이 "필요한 지식이 부족하다."라고 언급하면서 자신들의 즉각적인 실천적 경험을 재생하는 틀(framework)에 머물러 있었습니다. 더 많은 분명한 설명이 필요하다는 것을 유념한다고 하더라도, 여기서 우리는 즉각적인 경험에서 자신을 분리시키는 데, 그리고 즉각적인 경험을 넘어선 질문을 만드는 데 확연한 어려움이 있음을 알게 되었습니다. 유사한 배경을 지닌 다른 피험자들도 이론적 질문과 실천적 요구를 혼동하고 그들의 즉각적인 바람(wish)과 필요(need)를 표현하거나, 아니면 지식에 대한 질문들이 실천에서 정당화될 수 있는 가상적 상황을 창조했습니다.

피험자: 아크흐메트 – 44세, 오지의 산간 캠프 출신 키르기스인, 문맹.

"우리는 어떤 것에도 관심 없어요, 우리는 그저 낫으로 수확하고, 도끼로 나무를 쪼개기만 하면 돼요. …… 우리는 정부에 많은 말과 땅을 요청했어요. …… 그들이 와서 얼마나 많은 암소를 가지고 있냐고 질문하면, 우리는 알고 있으니까 쉽게 대답해요. …… 가을이 오면 우리는 수확을 하고, 그 정도만 알아요. 그렇지만 우리는 무얼 질문해야 하는지 몰라요."
:: 질문하기를 거절하고 자신의 지식 부족을 언급함.

피험자: 카디르 – 68세, 오지 산간 캠프 출신, 문맹.

스스로 만들어 낸 질문을 얻기 위한 노력이 계속 실패한 후에, 실험 진행자는 기대하는 질문을 더 정확하게 정의하려고 노력했다.
• 다른 나라, 다른 도시에서 당신은 무엇을 보고 싶으세요? 그리고 그것들에 대해 무엇을 알고 싶으신가요?
"당신이 말씀하신 것처럼, 아마도 재미있는 도시가 있을 거예요, 그렇지만 전 그 도시에 재미있는 게 무엇이 있는지 몰라요. 제가 그 도시를 보러 갈 수 없다는 걸 전 알고 있어요. …… 그들이 제 말을 가져가 버렸고 거기까지 가는 길은 멀 거예요. 저는 거기까지 어떻게 갈 수 있는지 상상할 수도 없어요."
:: 실천적인 질문으로 대체함.
• 그렇지만 만약에 당신이 모든 것을 볼 수 있다면, 무엇을 배우고 싶으신가요?
[피험자가 웃었다.] "아니에요. 난 이미 너무 늙었어요, 왜 내가 무엇을 배워야 하지요? 나는 쓸모없는 건 말하지 않아요. 상상할 수 없어요."
:: 질문하기를 거절하고 상상하는 능력이 부족함을 언급함.

피험자: 아사문트 – 34세, 미크나트 집단농장 노동자, 문맹 퇴치 과정을 이수함.

6. 상상하기 233

• 당신이 하고 싶은 질문 아무거나 세 개만 해 보세요.

"좋아요, 만약에 누군가 와서 농업에 관해 질문한다면, 그들은 어떻게 우리 일을 더 쉽게 할 수 있느냐고 묻지요. …… 그러고는 그들은 어떻게 농지에 물을 대느냐고 묻지요. …… 이런 게 그들이 우리에게 하는 질문들이에요."

:: 특별한 조건을 창조해 냄.

• 그게 아니고요, 당신이 저에게 묻고 싶은 질문을 해 보세요. 당신이 알고 싶은 건 뭔가요? 당신이 관심을 가지고 있는 건 뭔가요?

"이런 질문을 제외한다면, 전 공부하는 법, 성공하는 법에 관심이 있어요."

:: 스스로 자신의 계획에 관한 질문들을 행함.

피험자: 아크메찬 – 31세, 사크히마르단에 있는 마을 출신 집단농장 노동자, 문맹 퇴치 과정을 이수함.

• 저에게 당신이 하고 싶은 세 가지 질문을 해 보세요. 그럼 제가 대답할게요.

"제가 관심을 많이 가지고 있는 건 공부예요. 제가 읽고 쓸 수 있게 되고 잘 대답할 수 있게 되면, 당신에게 제가 관심이 있는 것을 말씀드릴 수 있을 거예요. …… 첫 번째 질문하고 싶은 것은, 여기 있는 제가 문맹인데, 신문도 읽지 못하는데, 질문도 할 수 없는데, 어떻게 당신이 제가 읽고 쓸 수 있도록 만들어 줄 수 있느냐는 거예요."

:: 자신이 읽고 쓸 수 있다면 질문할 수 있을 법한 가상적 상황을 창조함. 질문과 바람을 혼동함.

• 그렇지만 저에게 아무거나 질문을 해 보세요.

"좋아요, 당신은 방금 백곰에 관해 이야기했어요. 저는 백곰이 어디서 왔는지 (곰곰이 생각한다.) 알고 싶어요. 그리고 또 당신은 미국을 이야기하셨어요. 미국도 인민이 지배하나요? 아니면 다른 세력이 지배하나요?"

:: 오직 방금 획득한 정보에 관해서만 질문을 만들어 냄.

이처럼 집단농장에 활발히 참여하고 단기 교육 과정을 받은 농민은 능동적으로 질문을 형성할 수 있었지만, 질문 만드는 것을 자연스럽게 만드는 가상적 상황을 창조하는 이상한 절차를 활용하거나, 마지막 사례처럼, 의사소통을 하면서 방금 얻은 자료의 틀 내에서만 질문을 만들었습니다.

직접적 경험에서 스스로를 분리시키는 데 이들 문맹이거나 가까스로 글을 읽고 쓰는 농부들의 능력은 한계가 명확했습니다. 그 결과 그들은 지식을 얻고자 질문을 능동적으로 만들어 내는 데 큰 어려움을 겪었습니다. 체계적인 단기 교육 과정을 이수하고 능동적으로 집단농장 생활에 참여하는 피험자들에게서 얻은 자료는 앞에서 언급한 자료와 대조적이었습니다. 이들 피험자들은 주저 없이 도움을 받고자 가상적 상황에 호소하지도 않고 능동적으로 질문들을 만들었습니다. 그들의 질문은 현저하게 달랐습니다. 훨씬 광범위한 내용을 표현했습니다. 두드러지게 지식에 관한 질문이었고 무엇보다도 사회생활의 급박한 문제에 관한 질문이었습니다. 습득한 지식과 관련 있거나 견고한 인지적 관심과 연결되어 있었습니다. 다음은 이와 관련된 몇 가지 사례입니다.

피험자: 시다크 - 19세, 성인 대상 학교에서 2년간 공부, 집단농장에서 일함.

• 저에게 아무거나 세 가지 질문을 해 보세요.
"알았어요, 우리 협동농장 구성원이 더 훌륭한 사람이 되게 하려면 제가 무엇을 해야 할까요? 우리가 어떻게 해야 더 큰 나무를 길러 내거나 큰 나무로 자랄 수 있을까요? 그리고 저는 세상이 어떻게 존재하게 되었는지, 사물들이 어떻게 생기게 되었는지, 왜 부자는 점점 부자가 되고 가난한 사람은 더 가난해지는지에 관심이 있어요."
∷ 쉽게 지식에 관한 질문을 형성함.

피험자: 쿠쉬브 - 27세, 성인 대상 학교에서 2년간 공부. 집단농장에서 일함.

• 저에게 아무거나 하고 싶은 것으로 질문을 세 개 해 보세요.
"어딘가를 간 적도 어떤 것을 본 적도 없는데 어떻게 질문을 할 수 있어요?"
∷ 질문 만들기를 한 번 거절함.

• 그렇다면 저에게 당신이 좋아하는 것으로 아무거나 질문해 보세요.
"좋아요, 우리는 선생님에게 비단과 우단이 어떻게 생산되는지를 질문했었어요. …… 그는 대답을 하지 못했지요. 이게 제가 관심을 가지고 있는 거예요."
∷ 학교에서 질문했던 것을 다시 질문함. 실천적 질문을 독자적으로 만들어 냄.

• 또 다른 질문은 없나요?

"잘 모르겠어요. …… 음, 예를 들면, 왜 양을 봄에 잡는 게 나쁜 거지요?"
• 마지막으로 하나 더 질문해 보세요.
"왜 사람들이 협동조합을 훨씬 더 필요로 하는 마을에서는 문을 열지 않는 거예요?"

피험자: 아지즈 – 36세, 미크나트 농장 노동자, 두 달 반 동안 농경 교육 과정을 이수함.

• 답을 들었으면 하는 질문 세 개만 해 보세요.
피험자는 즉시 응답했다. "제 삶을 어떻게 하면 더 낫게 할 수 있을까요? 왜 노동자의 삶이 농민의 삶보다 더 나은가요? 어떻게 하면 제가 더 쉽게 지식을 습득할 수 있을까요? 하나 더 할게요. 왜 도시 노동자가 농민보다 훨씬 더 숙련되어 있나요?
∷ 쉽게 질문을 형성함.

피험자: 바다아브 – 30세. 미크나트 농장 노동자. 문맹 퇴치 교육을 이수함.

• 답을 들었으면 하는 질문 세 개만 해 보세요.
"우리는 산업이 급격하게 발전했다는 이야기를 들었습니다. 그런데 왜 우리에게는 무명이 충분하지 않은 거지요? 국가 집단농장과 민간 집단농장이 있어요. 결국 민간 집단농장이 국가 집단농장이 되었습니다. 그런데 왜 국가 집단농장에서 우리 노동자들을 데려가는 거지요? 최근에 20명이 거기로 갔어요. 그리고 그들은 민간 집단농장에서 이집트산 무명을 심었어요. 그리고 수확이 적었지요. 그런데 우리가 재배할 때는 잘 자랐어요. 왜 그런 일이 벌어지는 걸까요?"
:: 농장에서의 실천과 관련된 질문을 쉽게 만들어 냄.

다음 집단에서 우리는 질문을 하는 것이 의미 있게 되는 가상적 상황을 창조함으로써 어려움을 회피하려 노력했지만, 스스로 질문을 형성하는 데 피험자가 어려움을 겪었다는 것을 분명하게 확인할 수 있었습니다.

피험자: 일리 코쯔 – 22세, 사마르단 마을 출신 여성, 조금 읽고 쓸 수 있음.

- **저에게 하고 싶은 질문 세 가지만 해 보세요.**

"한 가지만 하겠어요. 지금은 여기 있지만 제가 X라는 마을에 가면, 그들은 '당신은 사마르칸트에 사시는데 그쪽 버스는 어떻게 생겼나요? 버스에 팔 다리가 있나요? 버스는 어떻게 움직이지요?' 하고 물었어요. 전 적절하게 설명할 수 없었어요. 그리고 너무 당황했어요. 그리고는…… 전 무엇을 질문해야 할지 모르겠어요."
:: 자신이 질문을 받는 특별한 상황을 창조함. 가상적 대화자의 질문을 재현함.

우리의 자료에 따르면, 집단적인 사회적 노동과 어느 정도의 체계적인 교육 때문에 이들 피험자의 정신적 삶이 근본적으로 변했다는 것을 확인할 수 있습니다. 〈표 10〉은 다양한 집단의 피험자로부터 얻은 자료를 요약적으로 보여 주고 있습니다.

〈표 10〉 질문 만들기

집단	질문 만들기 거절	가상적 상황의 도움을 받아 실천적 질문을 만들어 냄	지식에 관한 질문을 만들어 냄
오지 마을 문맹인 농부 (21명)	13(62%)	8(38%)	0
문맹 퇴치 과정을 이수한 농부(10명)	0	8(80%)	2(20%)
1~2년 학교 교육을 이수한 집단농장 노동자(22명)	0	2(9%)	20(91%)

7
자기분석과 자기인식

이 장에서 우리는 피험자들이 자신의 내적 삶을 일반화된 방식으로 다룰 수 있는, 자신들에게 있는 개별적인 심리적 특성들을 추출할 수 있는, 자신들의 내적 세계를 분석할 수 있는, 그 결과 자신의 내재적 특질을 평가할 수 있는 능력이 어느 정도인지 확정하고자 합니다. 분명히 짚고 넘어가야 할 것은 이 자료들이 예비적인 성격을 지녔을 뿐이라는 것입니다.

데카르트(Descartes) 이래로 관념론적 철학자들과 관념론적 심리학자들은 자아인식(self-awareness)은 정신적 삶의 일차적이고 환원될 수 없는, 본질적으로 역사를 지니지 않고 저절로 생성된 속성(property)이라고 주장하고 있습니다. 자아인식이 일차적이라는 맹신(conviction)은 데카르트의 금언, "나는 생각한다. 그러므로 나는 존재한다(cogito ergo sum)."의 기저에 놓여 있고, 또한 관념론적 심리학의 근원이었습니다.[1]

---

1) 관념론적 교육학의 근원이기도 합니다. 구성주의의 근원을 이루는 맹신입니다. 유전에 의해 질적으로 다른 5단계의 인지 발달이 시기에 따라 보편적으로 펼쳐진다는 것을 전제로 하고 있습니다. 이론적으로는 파산을 맞았지만, 망령처럼 현실 세계에서 악명을 떨치고 있습니다. "우리가 존재한다. 그러므로 나는 생각한다." 이렇게 보는 것이 비고츠키 학파의 방식입니다. 마르크스의 사회적 존재가 (나의) 의식을 규정한다는 금언과 맥을 같이하는 말이기도 합니다.

주관적 철학의 대표자들이 가졌던 초기 가정들은 서로 다를 수 있었습니다. 이성주의 철학자들은 자신의 사적 세계에 대한 인식뿐만 아니라 '즉각적인 경험'이 조형되는 사적 세계의 논리적 범주를 일차적이고 환원할 수 없는 것으로 간주합니다. 현상주의 지지자들은 '의식의 즉각적인 자료'를 지각 가능한 감각으로 간주합니다. 그들은 의식의 즉각적인 자료에 자신의 내적 삶의 환원할 수 없는 요소들뿐만 아니라 세계를 인식하는 지각하는 존재의 주관적 상태로 이해되는 '세계의 요소들'도 포함합니다. 이런 차이에도 불구하고 이성주의자들과 현상주의자들은 하나의 기본 가정을 공유합니다. 즉, 주관적 세계가 일차적이고 이에 반하여 외부 세계의 반영은 파생적이고 이차적이라는 가정을 공유합니다. 이런 맹신 때문에 이런 관점의 지지자들은 인간의 뇌가 반영하는 환경을 전적으로 무시하면서 오직 인간 정신의 심연에서 혹은 뇌 구조의 요소들에서 의식과 자아인식의 원천을 찾을 수밖에 없었습니다(이 쟁점에 대한 논의는 Eccles, 1970, Luria 1767, Gurgenidze & Luria 1972 참조).

자기인식(self-awareness)이 사회역사적 발전의 산물이라고 그리고 외부의 자연적 실재와 사회적 실재의 반영이 먼저 일어난다고 생각할 충분한 까닭이 있습니다. 그리고 이러한 반영의 매개적 영향으로 정말로 나중에나 가장 복잡한 형태를 띤 자기인식을 발견할 수 있다고 생각할 타당한 이유가 있습니다. 이렇기 때문에 우리는 외부 세계에 대한 의식과 다른 사람에 대한 의식의 결과물로 자기인식에 접근해야만 하고, 자기인식의 사회적 근원과 특징을 자기인식이 사회에서 형성되는 그 단계들에서 찾아야만 합니다.

자기인식은 무엇보다도 사회적으로 형성된 현상이라는 개념을 만든 사람은 칼 마르크스(Karl Marx)입니다. "처음에 사람은 자신을 마치 거울 속에 있는 것처럼, 그러나 다른 사람인 것처럼 바라보았다. 오직 바울을 자신과 비슷한 사람으로 관련시킨 후에야, 피터는 자신을 한 사람으로 관련시킬 수 있었다." 자기인식의 사회적 기원에 대한 관념이 유물론 철학에서 한 세기도 전에 생겼는데도 불구하고, 심리학 조사에서 이 관점이 옳다는 것을 보여 주려는 혹은 이런 현상이 사회적으로 형성되는 특수한 단계를 따른다는 것을 입증하려는 적절한 시도들이 아직까지도 없었습니다.

자기분석과 자기평가에 관한 실험

주관적 상태의 기본적 형태들(자기 감각, 감정적 경험)을 객관적으로 연구하기 위한 우리의 수단은 신뢰할 수 없기에 여기서는 고려하지 않고자 합니다. 앞서 말씀드린 바와 같이, 우리의 주된 관심은 사회적 경험의 형성적 영향력이 두드러지게 나타날 수 있는 고등하며 가장 복잡한 정신 활동들입니다. 우리는 신중하게 우리의 관심 영역을 좁혔으며 그렇게 해서 우리의 피험자들이 어떻게 그들 자신의 인격 특성을 일반적인 방식으로 관련시킬 수 있었는지, 자신의 성격 특징들을 상세하게 기술할 수 있었는지, 그리고 의식적으로 자신의 심리적 특성들을 표현할 수 있었는지를 기술했습니다.

최초의 우리 가설은 (1) 자기 자신의 질적 특성을 지각하는 과정, 자기분석 과정, 자기 평가 과정은 사회적 존재의 조건에 의해 형성된다는 것이었습니다. (2) 자기 자신의 심리적 자질을 형성하는 것은 정신적 삶의 다른 측면들을 결정하는 것과 똑같이 사회적 실천의 직접적 영향 아래 형성되는 복잡한 과정이라는 것이었습니다. (3) 인간은 먼저 타인들에 대한 판단을 하고, 그 다음에 그들에 대한 타인들의 판단을 지각하고, 그런 연후에 이런 판단들의 영향을 받으며 자신들에 대한 판단을 만들 수 있다는 것이었습니다. 이 주제에 대한 심리학적 조사는 실질적으로 아직까지 없었습니다. 예외적인 유일한 사례가 아동심리학 분야였습니다. 최근에 그 분야에서 아동의 자기평가를 형성시키는 환경에 존재하는 사람들과 아동이 행한 의사소통의 역할에 관한 열띤 토론이 있었습니다.

소비에트에서 행한 몇몇 연구는 자기평가와 자기분석은 신생아 발달 동안 형성된다는 것과 자기 자신의 정신적 질과 능력에 대한 직접적 인식이 출생 당시에 생기며 후속하는 발달 과정을 겪지 않는다는 관념은 진실에서 너무도 멀리 떨어진 개념이라는 것을 입증했습니다.

우리의 조사 방법은 단순했습니다. 토론 과정에서 우리는 그가 자신의 성격을 어떻게 평가하는지를, 어떤 면에서 자신이 다른 사람과 다른지를, 스스로가 자신에게서 파악한 긍정적인 특징과 단점은 무엇인지를 피험자에게 질문했습니다. 그 후에 우리는 친척, 집단농장 지인, 살고 있는 마을 사람 같은 다른 사람들에 관해 비슷한 질문을 했습니다. 이런 연구 절차의 한계를 고려하여 우리는 대답의 특정한 내용 혹은 지적한 개별적인 특질보다는 피험자가 자신의 정신적 특질을 분석하는 능력과 인식하는 능력을 분석했습니다. 우리는 특히나 발달의 어떤 단계에서 내재된 정신적 특질을 추출하는 활동이 외적 환경, 일상적 필요와 행위 따위와 같은 활동에 굴복하는 과정을 보여 줄 수 있는 사실들에 주의를 기울였습니다. 우리는 대화를 통해 얻은 자료를 다른 형태의 의사소통 방식을 경험하고 다른 수준의 교육을 받은 다른 집단의 피험자들에게서 얻은 자료와 비교할 수 있게 되기를 희망했습니다.

이 실험에 52명이 참여했는데, 그중에서 20명은 첫 번째 집단의 피험자(오지 마을 출신의 문맹인 농부)였고, 15명은 집단농장의 쟁점을 집단적으로 논의한 경험이 있는 집단농장의 적극적인 구성원이었고, 17명은 기술학교 학생이거나 적어도 1~2년 형식 교육을 받은 분이었습니다. 대부분의 자료는 본인이 직접 수집한 것이고 나머지는 자크하로바(V. V. Zakharova)가 수집한 것입니다.

우리가 관찰한 내용을 통해 알 수 있듯이, 자신의 심리적 자질 혹은 주관적 특질을 분석하는 과업은 상당히 많은 피험자에게 자신의 능력을 넘어서는 일이었습니다. 일반적으로 첫 번째 집단의 피험자는 이 과제를 해내지 못했습니다. 전반적으로 그들은 자신의 긍정적 특질이나 부정적 특질을 제시하기를 거부하거나, 그 질문을 그들 삶의 구체적이고 물질적인 측면을 묘사하는 것으로 받아들였습니다. 때때로 그들은 '나쁜 이웃'을 가지고 있는 것을 자신의 '단점'으로 여겼고, 달리 표현하면 그들은 자신의 바람직하지 못한 특징을 자기 주변의 다른 사람 탓으로 돌렸습니다. 그들의 답변은 빈번하게 그들이 자신을 특징짓는 것보다 다른 사람을 특징짓는 것을 훨씬 쉽게 한다는 것을 보여 주었습니다.[2]

---

2) 초등학교 저학년에서도 비슷합니다. 자신을 분석하는 글보다는 친구를 분석하는 글을 더 쉽게 해냅니다. 밖에서 안으로 이행하는 과정에 있는 것입니다. 하지만 위 피험자(문맹인 농부들)는 그 상태에 계속 머무르지만 학생들은 시간이 경과하면서 스스로를 분석할 수 있는 단계로 넘어갑니다. 이게 학교 교육의 영향입니다. 체계적인 교육 활동의 결과입니다.

이 집단에서 자기평가가 발달하고 있다는 징표는 예상처럼 다른 사람이 말한 것에 근거하여 자기 자신의 특질을 특징짓는 피험자의 답변에서 처음으로 나타났습니다. 피험자들은 "주변 사람이 그러는데 전 이런 단점이 있어요, 이웃 사람과 다투고, 일을 빨리 하지 못하고……"라고 단언했습니다. 전형적으로 그들은 너무도 빈번하게 내재적 특질을 특징짓는 작업을 외적 행동의 구체적 형태를 기술하는 작업으로 대체했습니다. 특히나 여기서 주목해야 할 것은 자기인식의 발달에서 집단 활동이 결정적인 역할을 한다는 사실들입니다. 협력하여 계획 세우기, 집단 노동의 효율성을 높이기 위한 논의, 자기 자신의 노동 효율성에 대한 평가 따위와 같은 집단적 활동이 확연히 드러났고, 이러한 집단적 활동은 집단적 형태의 경제로 변화하는 와중에는 의도적인, 계획적인 관계의 형태들을 취하게 됩니다. 자기인식을 형성하는 과정에 대한 우리 조사에서 집단 경제의 역할은 우리가 제대로 밝혀내지 못한 근본적인 측면입니다.

사회적 발달의 어떤 단계에서 자신의 개별적 특질을 분석하는 작업은 집단의 행동을 분석하는 작업에 빈번하게 굴복하고, 개인적인 '나'는 피험자 집단(집단, 팀, 혹은 전체로 집단농장)의 행동이나 효율성을 평가하는 형태를 취하며 빈번하게 집단적인 '우리'로 대체됩니다. 빈번하게 자신(집단)의 특질이, 개인(집단)적 행동을 개인이나 집단에 부과된 사회적 규범이나 사회적 요구와 비교함으로써 평가되었습니다.

오직 발달의 후기 단계에서만 (무엇보다도 진보적인 사회적 삶에 적극적으로 참여한 그리고 적어도 어느 정도의 교육을 받은 젊은 사람들 사이에서) 우리는 개인적 특질을 추출하고 평가하는 과정을 확인할 수 있었습니다. 여기서도 마찬가지로 분석은 그러한 개인적 특질이 사회적 삶의 요구들과 어떻게 관계하는지를 피험자들이 평가하는 것과 여러 면에서 얽혀 있었습니다.

피험자: 누르마트 – 18세, 오지 마을에서 온 여성, 겨우 읽고 쓸 수 있음.

사람들의 특징과 그들의 개인적 차이에 대해 길게 대화를 나눈 다음에, 다음과 같은 질문을 했다.

• 당신은 자신의 단점이 무엇이라고 인식하고 있나요? 그리고 당신은 자신의 어떤 면이 변하면 좋겠어요?

"전 모든 게 다 좋아요. 제 자신은 어떤 결점도 없지만, 다른 사람들은 단점이 있지요, 그걸 지적해 보겠어요. …… 저에 대해서는, 정장이 한 벌뿐이고 원피스가 두 벌뿐이에요. 이런 게 제 단점이지요."

∷ '단점'을 부족한 물건으로 이해함.

• 아니요. 그건 제가 당신에게 질문한 게 아니에요. 저에게 지금 당신이 어떤 종류의 사람인지 그리고 어떤 사람이 되고 싶은지 말해 주세요. 두 질문에 차이가 없나요?

"전 지금 나쁘지만 착해지고 싶어요. 저는 옷이 거의 없고, 지금처럼 다른 마을로 갈 수가 없어요."

∷ 일상적으로 사용하는 표현도 물질적 부족으로 해석함.

• 그리고 '착하다는 것'은 어떤 의미인가요?

"옷을 더 많이 가지고 있다는 뜻이에요."

• 그러면 당신 여동생은 어떤 단점이 있나요?

"그 애는 아직도 어리고, 작고, 말도 잘하지 못하고 …… 그런데 전 여기 있고 그 애는 다른 마을에 사는데 제가 어떻게 알겠어요. …… 우리 오빠, 그는 많이 배웠고, 변해야 할 필요가 없어요."
:: 여기에 없기 때문에 여동생의 특징을 논의하길 거절함.

피험자: 마르자 시랄 – 55세, 요르단 마을 출신 농민, 문맹.

• **당신은 사람들이 모두 같다고 생각하세요, 아니면 다르다고 생각하세요?**
"당연히 사람들은 같지 않지요. (다섯 손가락을 들어 보이며) 다 다르잖아요. 이건 지주, 이건 농장 노동자."
• **개인들 사이의, 당신이 알고 있는 분들의 차이점이 무엇인지 아시나요?**
"그들만이 알지요."
• **그럼, 당신은 어떤 사람인가요? 당신의 성격을 묘사해 보세요.**
"제 성격은 아주 좋아요. 심지어는 앞에 아주 젊은이가 있어도, 저는 공손한 인사말을 건네고 예의 바르게 말을 하고…… 당신은 모든 걸 이해해야만 하지요. 그러나 전 아니에요."
:: 자신의 행동을 기술함.

• **당신은 어떤 단점이 있나요?**
"전 단점이 많아요, 음식, 옷, 모든 것들이."
• **그럼, 마을에 있는 다른 사람도 있지요. 당신은 그들과 같나요, 다른가요?**
"그들은 그들의 마음을 가지고 다르게 대화를 해요. 그리고 다른 낱말들로 말해요."
• **이번엔, 그들과 당신을 비교해 보시고 당신의 성격을 묘사해 보세요.**
"전 좋은 성격을 가지고 있어요. 대인에게는 대인처럼, 소인에게는 소인처럼, 중인에게는 중인처럼 이야기해요. ……그게 제가 말할 수 있는 전부예요. 이젠 더 할 말이 없어요."

∷ 이전과 같음.

피험자: 카람바이 캄브 – 36세, 요르단 마을 출신 농부, 문맹.

• 그럼 이제 자리에 앉으세요, 카람바이, 여기에는 당신의 손님, 아스마트가 앉고요. 당신 둘 사이의 차이점은 무언가요?

"차이점이 전혀 없어요. 영혼이 있느냐고 말하면 그건 우리가 같다는 걸 의미해요."

• 당신의 단점과 장점은 무엇인가요? 당신의 성격은 어떤가요? 당신은 성격이란 말이 무슨 뜻인지 아세요?

"네!"

• 사람은 착할 수도 나쁠 수도, 다혈질일 수도 차분할 수도 있어요, 당신은 어떤 종류의 사람인가요?

"제가 어떻게 제 마음에 대해 말할 수 있어요?"

• 그렇지만 당신이 아니면 누가 당신의 마음에 대해 말할 수 있겠어요?

"제가 어떻게 제 성격에 대해 말할 수 있어요? 다른 사람에게 물어봐야지요. 그들은 당신에게 저에 대해 말할 수 있을 거예요. 전 아무것도 말할 게 없어요."

∷ 다른 사람이 자신의 성격을 판단할 수 있다는 사실을 언급함.

• 당신은 자신에 대해 어떤 점이 변하거나 개선되기를 바라나요?

"전 농장 노동자예요. 전 생활이 어렵고 빚도 많아요. 밀 한 포대가 18루블이나 하고요. 이게 저를 괴롭히는 거예요."

• 그런데 사람들은 다르잖아요. 다른 성격을 가지고 있고요. 당신의 성격은

어떤가요?

"만약 제가 돈이 많다면, 물건을 살 수 있고 그럼 전 행복해져요. 전 가진 게 없어서 슬퍼요."

:: 물질적 환경에서 자신의 상황을 도출함.

• 그럼, 여기 요르단에 있는 친구들이 있지요. 그들의 성격을 묘사해 보세요.

"친구라면 아크람과 이스마트가 있어요. 그들은 물론 다르지요. 당신은 다른 사람의 마음을 알 수 있나요. 자신이 다른 사람인 것처럼 이야기하지 않지요. …… 그들은 둘 다 성격이 좋아요. …… 아크람은 성급하게 화를 내지만 이스마트는 그렇지 않다는 걸 제외하면."

:: 다른 사람을 훨씬 더 완벽하게 평가함.

피험자: 트루라킬 – 38세, 산악 목초 캠프 출신의 키르기스인, 문맹.

• 당신은 어떤 종류의 사람인가요? 당신의 성격은 어떤가요? 당신의 장점과 단점은 무엇인가요? 자신을 묘사해 보세요.

"전 우츠 쿠르간에서부터 여기에 왔어요. 매우 가난하고, 결혼해서 아이들도 있어요."

:: 질문을 삶의 외적 조건들로 이해함.

• 당신은 자신에 대해 만족하시나요, 아니라면 달라지기를 원하시나요?

"땅이 좀 더 있어서 밀을 좀 더 심으면 좋겠어요."

• 당신의 단점은 무엇인가요?

"올해 전 밀 한 푸드(16.38kg)를 심었어요. …… 우리는 이미 건초를 모았고 밀도 수확할 거예요. 우리는 조금씩 단점을 개선하고 있어요."

:: 또다시 모든 것에 대해 삶의 외적 조건을 언급함.

• 자, 차분하기도 하고 다혈질이기도 하고 사람들은 달라요. 때때로 기억력이 나쁘기도 하고요. 자신에 대해 어떻게 생각하세요?

"우리는 잘 행동해요, 만약에 우리가 나쁜 사람이라면, 누가 우리를 존경하겠어요."

:: 사회적 행동으로 자기평가를 함.

피험자: 두스마트 – 30세. 전에는 오지 마을에서 농장 노동자였고, 지금은 채석장 노동자임. 문맹.

• 당신이 생각하는 자신의 장점과 단점은 무엇인가요? 당신은 자신에게 만족하시나요, 만족하지 않으시나요?

"전 만족하지 않아요. …… 아시겠지만, 전 여기서 일해요, 그리고 8시간 일한 후에 여기서 쉴 수도 있지만, 사실은 약 삼사 킬로미터 정도를 여행해야 돼요."

:: 단점은 상황과 관련되어 있음.

• 당신의 일반적 상황에 대해 모두 말해 보세요. 당신은 어떤 단점이 있나요?

"네. …… 좋아요, 예를 들면 제 옷은 보잘것없어요. …… 결국, 전 더 이상 젊지 않아요."

:: 위와 똑같음.

• 네, 알겠어요. 그런데 당신 스스로 생각하기에, 당신은 자신에 대해 만족하시나요, 아니면 만족하지 않으시나요?

"아니요. …… 전 배우지 못했다는 걸 빼면 단점이 없어요. 일할 다른 사람이 없어서 시간이 부족해요. …… 그리고 요즘 새로운 사람들은 일을 어떻게 해야 하는지 몰라요, 우리는 그들을 가르쳐야 해요."

:: 위와 똑같음.

　이 모든 사례에서 개인적 특질을 분석하는지를 알아보려는 질문들을 피험자들은 제대로 파악하지 못하거나 그저 외적 물질적 환경 혹은 일상의 상황과 관련시켰습니다. 질문들이 개인의 특징과 관련된다고 그리고 단점은 물질적 부족이 아니라 내적 특질로 이해되어야 한다고 설명하려는 시도는 불행하게도 결실을 보지 못했습니다. 대화는 피험자의 외적·물질적 필요나 개인적 환경과 관련된 것으로 계속 이어졌습니다. 정말 너무도 드물게, 우리는 다른 원천에서 시도된 (피험자의) 평가를 들을 수 있었습니다.

　다음, 이행적인 집단의 피험자들은 보통 타인을 훨씬 더 완벽하게 특징지었습니다. 그들은 막 기술했던 집단과 비슷했습니다만, 그들의 외적 행동에서 드러난 특질을 평가하는 것에 더하여, 개개인은 타인에 대한 평가와 같은 식으로 자신의 특징을 분석하는 경향과 '이상적인 나'를 특징짓는 규범과 충돌하는 자신의 특징을 평가하려는 시도가 시작됨을 더 두드러지게 보여 주었습니다. 대체로 이런 형태의 자기평가는 집단생활을 겪어 본, 집단농장 모임에 참여해 본, 자신의 행동을 타인의 행동에 빗대어 평가할 수 있는 피험자들에게 특히 현저했습니다. 자기평가가 형성되는 데 지대한 영향을 미친 사회적 평가의 점증하는 역할은 더욱더 지배적이게 되었습니다.

피험자: 일리 코쯔 – 22세, 마을 거주 여성, 한 달 전에 베일을 벗어 버림, 거의 읽고 쓸 줄 모름, 문맹 퇴치 과정에 출석 중.

• 당신의 장점과 단점은 무엇인가요?

"장점은 전에는 베일을 쓰고 있었지만 이제 베일을 벗고 다닌다는 거예요. 저는 아는 게 없어요. 그래서 요즘 공부를 하고 있어요."

• 당신은 지금 스스로에게 만족하지 못하고 있는 게 무엇인가요? 당신의 기억이나 생각에 단점이 있나요?

"저는 제 자신에게 아주 만족하고 있어요. 다만 두통이 있고 땀을 흘려요. 그래서 수업시간에 기분이 나빠요. 그래서 전 의사를 만났지만, 약이 잘 듣지 않아요. 일반적으로 전 모든 게 좋아요. 하지만 마지막 수업에서 곱셈 문제를 이해할 수 없었어요."

:: 외적 단점과 학습의 어려움을 지점함.

• 당신 시누이는 어떤 단점이 있지요?

"시누이는 얼마 전에 돌아가셨어요. 저는 그녀에 대한 아무것도 말할 수 없어요. 얼마 전에 제 담요 두 장을 돌려주지 않았어요. 그렇지만 전 아무 말도 하지 않았어요."

:: 구체적 행위에 대해 이야기함.

피험자: 바야코크 – 30세, 농민, 문맹.

• 자신이 생각하는 자신의 장점과 단점을 말해 보세요.

"나는 큰 단점이 있어요. 전 125루블을 빌렸는데 그걸 갚을 수가 없어요."

:: 물질적 부족을 언급함.

• 만약에 단점이 없다면, 당신이 더 나아지기 위하여 당신에게 변해야 할 게 없다는 건가요?

"전 좋은 사람이고요, 모두가 저를 알아요. 전 누구에게도 무례하지 않아요. 늘 남을 도와줘요. 제 자신이 착하다고 느끼고 있어요. 변할 게 없어요."

• 당신은 당신의 기억력과 생각하는 능력에 만족하세요?

"누군가가 저에게 나쁜 말을 하거나 헐뜯는다면, 전 그를 채찍질할 때까지 그 말을 잊을 수 없어요. 그래서 전 기억력이 좋다고 생각해요. 확실히 전 읽고 쓸 수가 없어요. 그것은 물론 단점이에요. 제가 어떤 걸 계획한다면, 전 늘 철저하게 계획을 따라요. 착수한 일은 언제나 끝까지 해요."

:: 상황에 근거하여 자신의 특징을 평가함.

• 친구를 묘사해 보세요. 그리고 그들이 어떤 사람인지 말해 보세요.

"저와 한 이불 아래서 자란 친구가 있어요. 그는 제가 아플 때, 저에게 50루블을 주었어요. 그래서 그가 좋은 친구라고 생각하고 그에게서 단점을 보지 않아요. 일반적으로 저는 나쁜 사람과 말을 섞지 않거나 그런 사람을 멀리해요. 저는 착한 사람이고 착한 친구들이 있어요. 카드 노름하는 사람과 말도 하지 않아요."

:: 상황을 잣대로 친구의 특징을 평가함.

• 만약에 모임에서 어떤 사람을 선출해야 한다면, 당신은 누구를 선출할 것인가요?

"만약에 제 의견이 받아들여진다면, 전 일을 해 보았고, 할 줄 아는 가난한 사람을 선출하겠어요."[3]

---

3) 1930~1931년 소비에트 사회의 어두운 단면, 어려운 경제 상황을 생생하게 드러내고 있습니다. 특히나 농업 분야에서 그러한 모습이 선명하게 드러나고 있습니다. 이 책이 1970년대에 출판된 까닭이기도 한 것 같습니다.

피험자: 우즈바에프 – 40세, 우츠 쿠르간 출신 농민, 문맹.

• 당신 성격의 장점과 단점에 대해 말해 보세요.

"전 밀이 부족해요."

• 그게 아니라 당신의 특징, 당신 성격, 당신의 성품에 관해 말해 보세요.

"장점은 처음 마주친 사람에게 말을 하지 않는다는 거예요. 먼저 전 대화에서 어떻게 이익을 얻을 것인가를 생각해요. 만약에 나에게 이익이 있다면, 저도 말을 건네기 시작해요. 그런데 만약에 대화에서 해로운 게 있다는 걸 알게 되면, 대화를 하지 않아요. …… 전 늘 친구를 선택해요. 제 생각에 이건 장점이에요. 뒤뜰에 앉아 있는데 아이들이 어떤 걸 망가뜨리면, 전 웃고 화를 내지도 않아요. 다른 좋은 점은, 저는 가족이나 다른 분들에게 고집을 부리지 않아요. 누군가가 나쁘게 행동해도 욕을 하지 않아요, 아무 일도 없었던 것처럼 행동해요. 다른 사람은 이해하고 부끄러워해요. 이것들은 나의 단점이에요. 당신이 하루에 두세 가지 거짓말을 하면, 그건 주말이면 이십 개나 이십오 개가 돼요. 그렇게 일주일이 지나면 당신의 말이 거짓이라는 게 일부 드러나게 돼요. 우리 삶이란 게 늘 약간의 거짓말과 얽혀 있지요. 예를 들면, 저는 아내에게 그녀를 위해 장에서 드레스를 사 주겠다고 약속해요. 그런데 실제로는 사 주지 못했어요. 그건 나쁜 거예요."

:: 자신의 행동과 특징을 상세하게 분석함.

피험자: 유수프 – 64세, 얀기 율 농장의 활동가, 문맹.

• 당신에게는 어떤 장점과 단점이 있나요?

"난 결코 슬퍼하지 않아요. …… 뭘 이야기해야 할지, 외적 단점 아니면 내적 단점을 말할까요?"

:: 내적 단점과 외적 단점을 구분함.

- **물론 내적 단점에 대해 말씀해 주세요.**

"난 좋은 사람이라고 느끼고 있어요. 아내가 셋이에요. 그중 한 사람은 나이가 들어 나에게 젊은 아내를 들여 주었다. 젊은 아내는 내가 없는 동안 떠나갔어요. 그녀는 이혼하자고 했었지만 내가 거절했었어. 내가 돌아왔을 때 이혼을 허락했지요. 그때 난 내가 좋은 사람이고 느꼈어. …… 내 단점은 내가 살 곳이 없다는 거지. 나의 늙은 아내는 떠나 버렸고, 모든 것을 잠가 버렸어. 그게 아내들의 단점이지요. 그들은 나를 막 대했어!"

:: 구체적 상황에서 행동을 묘사하면서 자기평가를 행함. 외적 필요로 되돌아감.

- **당신 자신에 대해 변하거나 개선해야 할 점이 무엇이라고 느끼세요?**

"전 현대적인 방식으로 교육을 받고 싶어요. 그래서 만사가 잘 풀리고, 요즘 사람들이 사는 것처럼 살고 싶어요. 내가 무엇을 바꿔야 하는지 잘 모르겠어요. 내가 일을 한다면, 나는 아주 일을 잘하길 원해요."

- **당신 친구들, 그들의 장점과 단점에 대해 말씀해 주세요.**

"내 친구들은 여러 면에서 장점이 많아요. 나쁜 면을 잘 모르겠어요. 난 나쁜 친구가 없어요. 일반적으로 난 나쁜 사람과 말을 하지 않고 좋은 사람들 하고만 지내요. 누군가가 나를 도와준다면, 나도 그를 도와요. 제 친구들은 집단농장 식구예요. 그들은 집단농장에서 일해요. 그건 좋은 일이지요. 아마 그들도 단점이 있겠지만 농장일을 할 때는 단점이 잘 안 보여요."

• 만약에 당신이 모임에서 어떤 사람을 선출해야 한다면, 당신은 누구를 선출하시겠어요?

"난 일 잘하고, 다른 사람에게 해 끼치지 않고 우리의 이익을 옹호할 줄 아는 사람을 선출하겠어요."

피험자: 코쯔알 – 21세, 바트라크 농장 노동자, 학교에서 1년을 보냄.

• 만약에 제가 당신 성격에서 장점과 단점을 말해 보라고 부탁하면, 어떻게 하시겠어요?

"전 제 장점과 단점이 뭔지 잘 몰라요. …… 장점은 학교를 마쳤고 일을 하고 있다는 것이지요. 단점은 제가 아직도 일을 제대로 못하고 능숙하게 읽고 쓰지 못한다는 것이에요. 이게 단점이고 다른 단점은 없어요."

:: 일과 교육으로 제한하여 특질을 기술함. 외적·물질적 부족을 평가하는 방식으로 빠져들지 않음.

• 당신이 보시기에 당신 아내의 단점은 무엇인가요?

"전 최근에 결혼했어요. 아직 아내에게서 어떤 단점도 발견하지 못했어요."

• 당신 친구들의 단점은 무엇인가요?

"농장에서 제가 일을 잘못하면 친구들은 화를 내요. 그들은 저에게 '너는 젊은데 더 공부해야지.'라고 말해요."

:: 행동 평가로 단점을 평가함.

• 당신 친구들을 묘사해 보세요. 그리고 그들의 장점과 단점을 말해 보세요.

"좋아요, 카진바에프에 대해 이야기할게요. 우리 모두는 모임에서 그의 단점을 지적해요. 그의 장점은 경찰이 되었다는 거예요. 하지만 단점은 그가 나쁜 사람을 도망가도록 했다는 거예요."

이 이행적 집단의 피험자에 대한 기록들은 첫 번째 집단과 유사한 자질을 보여 주었지만, 또한 새로운 자질도 보여 주었습니다. 빈번하게 피험자들은 내재적·심리적 속성 대신 외적·물질적 부족을 지속적으로 지적하거나, 그런 속성을 묘사하려고 할 때 그들은 쉽게 옆길로 빠져 외적 자질을 묘사했습니다. 행동이나 자신들의 삶의 상황을 묘사하는 것이 계속해서 지배적이었습니다.

이렇기는 했지만 이 피험자들은 (또한 이들이 구체적 행동 방식과 삶의 상황을 통해 접근하는) 자기 행동의 자질과 심리적 속성을 일관되게 추출하기 시작했고 '단점'이라는 용어로 외적인 물질적 부족을 의미하는 것을 멈추게 되었습니다. 전형적인 양상은 내적 속성을 평가하는 과정이 집단적 농업 참여, 노동의 계획, 성공과 실패에 대한 집단적 평가와 같은 사회적 삶의 여정에서 겪은 타인의 행동에 대한 관찰과 자기 자신에 대한 평가와 관련되기 시작한다는 것입니다. 공동 사업 참여와 집단생활에서 유래한 평가 활동의 이러한 형성적 역할은 피험자들이 자신의 행동을 비교할 행동 규범에 대한 관념을 지니게 되었다는 것을 의미합니다. 그들은 '이상적 나'라는 상(image)을 형성하게 되고, 이 '이상적 나'라는 상은 그들의 의식 발달을 진척시키는 데 결정적인 역할을 하게 됩니다.

바로 이런 특징들은 마지막 집단 피험자들에서 특히 현저합니다. 마지막 집단은 무엇보다도 집단농장 활동가와 형식 교육을 어느 정도 받고서 능동적으로 집단적 사회생활에 참여하는 젊은 사람들로 이루어졌습니다. 경제 활동을 계획하는 데에, 노동 문제에 대한 평가에, 장점과 단점에 대한 평가에 지속적으로 참여하는 것은 자기 자신의 내적 특질에 대한 분석에서 근본적으로 진척할 수 있는 조건들을 창조합니다.

우리는 실험 기록으로 시작하겠습니다. 실험 기록에 따르면, 피험자 자신의 심리적 자질에 대한 기술은 여전히 빈번하게 사회적 노동에 대한 묘사로 대체됩니다. 사회적 노동에 대한 묘사는 분명하게 그들의 인격이 형성되는 데 영향을 미치는 변화하는 이데올로기를 표현하고 있습니다. 실험 기록에 대한 검토 후에, 우리는 피험자의 의식에서 내적 재구조화가 발생한 더 명백한 몇몇 사례를 고려하겠습니다.

피험자: 루크만 – 25세, 우츠 쿠르간 마을에서 온 집단농장의 활동가.

- 당신의 인격을 어떻게 묘사하시겠어요? 당신의 장점과 단점을 말해 보세요.

"전 장점도 있고 단점도 있어요. 전 이슬람교 율법학자, 성직자들을 상대하는 걸 좋아하지 않아요. 비록 옷을 형편없이 입었다 하더라도 가장 가난한 사람들이나 어린아이들과 함께하는 걸 더 좋아해요. 저도 삶에서 어려움을 겪었어요. 아버지는 소작농이었어요. 비록 지주와 직접 마주한 적이 없었지만, 전 그들이 싫어요. 만약에 제가 지주나 율법학자를 상대해야만 한다면, 전 무조건 그들을 배척하지는 않겠어요. 저에게 필요한 건, 유용한 건 취하겠어요. 저의 장점은 거짓말하는 사람을 좋아하지 않는다는 거예요. 만약에 저에게 거짓말한 사람이 노동자라면, 그에게 그렇게 하면 안 된다고 설명해 주겠어요. 만약에 그가 노동자가 아니라면, 그와 말도 하지 않고 떠나겠어요. 전 사회화된 일터에서 일하고 있고, 많은 친구를 집단농장에 데려왔어요."

:: 자신의 사회적 삶과 사회화된 일에 대해 기술함.

• 당신의 사회적 일에 대해 말해 보세요. 이제 저에게 당신의 특징이 무엇인지, 당신의 성격이 어떤지, 어떤 종류의 사람인지 말해 보세요.

"제 장점은 늘 지식을 습득하려고 노력한다는 거예요. 전 모든 것에 대해 알려고 노력해요. 친구는 저에게 그런 것에 대해 질문해요. 전 자신을 위한 어떤 이점을 얻고자 하지 않아요. 다른 사람을 위해 무엇인가를 해요."

:: 사회적 행동의 규범을 기술함.

• 그렇다면 당신의 단점은 무엇인가요?

"만약에 어떤 사람이 나에게 나쁜 짓을 하면, 그를 다시는 보지도 않고, 일도 같이 하지 않겠어요. …… 전 열정이 부족해요. 그래서 저에게 어떤 것을, 별로 실현 가능성도 없는 것을 하라고 하면, 그걸 하지 않아요. 전 그걸 하고 싶지가 않아요. 왜 그렇지요? 그런 일이 너무 많았어요. 아마도 결과적으로 제 뇌가 잘못된 건가요. 아니면 배우지 못해서 그런 건가요?"

:: 자신의 단점에서 다른 사람의 단점으로 넘어가는 식으로 자신의 단점을 찾으려 함.

• 저에게 당신의 개인적 특징, 당신의 기억력, 성격, 의지, 재치에 대해 말해 주세요.

"누군가가 말다툼을 하고 불평을 한다면, 저는 두 쪽 이야기를 다 들어요. 먼저 전 상세하게 모든 걸 알아보고 중재를 시작해요. 전 성급하게 결론 내리지 않아요. 이런 게 제가 하는 행위의 긍정적인 측면이에요."

:: 자신의 특질에 대한 평가를 사회적 행위를 묘사하는 것으로 대체함.

• 이제, 당신 친구, 그들의 성격, 그들의 장점과 단점을 묘사해 보세요.

"좋아요. 사타로브에 대해 말할게요. 나쁜 점은 그가 돈을 좋아한다는 거예요. 만약에 어느 곳으로 보내면 그는 해야 하는 일을 하지 않고, 싸워서 한바탕 소동이나 일으키지요. 그리고 그는 대화를 엿듣고 소문을 퍼뜨려요. …… 그는 친구와 적을 구분할 줄 몰라요. 그렇게 가리지 않고 누구에게나 모든 걸 이야기해요."

:: 심리적 속성에 대한 평가를 사회적 특질에 대한 평가로 대체함.

• 그 사람도 장점을 가지고 있나요?

"전 오랫동안 여기 살았지만 그의 장점을 아직 보지 못했어요. …… 그래도 하나 있다면 있겠네요. 어떤 것을 하자고 말하면, 그는 거절하지 않고 늘 과업에 참여해요. 그리고 카츠쿠로브라는 친구도 있어요. …… 먼저 장점을 말할게요. 그는 의무를 수행하는 데 충실해요. 삽질을 할 때 다른 사람보다 더 열심히 해요. 모임이 있으면 빠지지 않아요. 옷을 갈아입고 곧장 참석해요. 다른 동료에 대한 그의 태도는 아주 좋아요. 그는 무례하지 않아요. 그가 한 일에 문제가 있어 지적하면, 화내지 않고 그걸 고치려 노력해요. …… 단점은 모임에서 그의 작업 실적을 고려하여 그에게 할당할 내용을 결정하면, 자기가 했던 것을 인정하지 않고 아무 잘못 없는 사람처럼 행동해요. 그리고는 여러 사람을 찾아다니며 자신을 낙제시키지 못하도록 자신이 좋은 사람이라고 설득하려 노력해요. 그는 자부심이 대단한 사람이에요. 그는 약간 비겁해요."

여기서도 자기분석은 자신의 사회적 노동에 대한 외적 평가와 얽혀 있습니다. 이런 식의 분석이 타인의 심리적 특질에 대한 평가에도 그대로 적용됩니다. 그렇지만 여기서 사람의 장점과 단점을 평가하려는 시도에 관련되는 특질과 상황의 범위는 첫 번째 집단의 피험자들이 보인 '자기평가'의 내용을 구성하는 물질적 부족과 개인적 필요에 대한 언급과는 근본적으로 다릅니다. 실제로 이것이 질문받은 과제를 다루는 유일한 방식이 아니라는 것을 진전된 관찰을 통해 확인했습니다. 점차 인격의 내적 속성을 분석하도록 이끌어 가는 행동 형태에 대한 좀 더 세련된 분석도 있었습니다.

피험자: 카이다르 – 25세, 집단농장 노동자, 거의 읽고 쓰지 못함.

- 최근에 당신 자신에게 어떤 변화가 있었나요?

"전에 저는 농장 노동자였어요. 주인을 위해 일했고 그에게 말대꾸할 엄두를 내지 못했지요. 그는 저를 제멋대로 대했어요. 이제, 제 권리가 무엇인지 알게 되었어요."

- 당신은 전에 어떤 단점이 있었나요, 그리고 지금은 어떤 단점이 있나요?

"전에는 자유에 대해 아무것도 몰랐지만, 이제는 자유가 무엇인지 알아요. 전에는 타인에게 혹사당해서 가족을 위해 빵 한 파운드도 얻을 수 없었지만, 집단농장에서 일하면서 삶이 훨씬 나아졌어요. 이젠 다른 사람에게 줄 것도 있고 올해는 결혼도 했어요."

- 그런데 당신 내부에서도 어떤 변화가 있었나요?

"제 자신에게요? 전에는 어떤 것도 다룰 수 없었지만 이제 당신도 볼 수 있듯이 어느 정도 스스로를 다룰 수 있어요."

- 인간은 어떤 장점과 단점을 가지고 있나요?

"인간의 장점은 그가 다른 사람을 어떻게 대하느냐에 있어요. 만일 공부를 하지 않는다면 그건 단점이지요. 만약에 그가 공부를 한다면, 그는 훌륭한 사람이 될 겁니다.[4] 만약에 그가 공부를 한다면, 그는 더 이상 다른 사람을 막 대하지 않을 거예요."

• 하지만 착한 사람과 나쁜 사람이 있나요? 이것은 무엇을 의미하나요?

"만약에 좀 더 일찍 공부를 시작해서 읽고 쓸 수 있었다면, 전 그렇게 문제가 많지 않았을 거예요. 제 자신에 대해서도 제 권리도 알고 있었을 것이고, 나를 잘 보호할 수 있었겠지요. …… 만약에 누군가가 제 여동생에게 다가가 모욕을 준다면, 응징했겠지요. 만약에 그가 읽고 쓸 수 있었다면, 그렇게 하지 않았을 거예요. 하지만 만약에 그가 그렇게 했다면, 저도 얌전하게 행동하지는 않을 거예요. 저도 그를 비난하고 하겠지요. 그게 저의 단점이에요."

• 당신은 지성인은 어떤 종류의 특징을 지녔다고 생각하세요?

"사람이 어릴 때부터 공부해서 읽고 쓰기를 배웠다면, 우리는 그는 지성인이 되었다고 말하지요. 그러나 만약에 그렇지 못하다면, 그저 나귀나 타고 다니며 노래나 하고 다니고, 사람들이 어디 출신인지도 모른다면, 우리는 그를 바보라고 하지요."

• 지성인과 바보가 같은 정신을 가지고 있을까요?

"아니요. 물론 다르지요. 저와 당신처럼 다 다른 사람이지요. 그렇게 우리 정신도 다 다르지요."

• 어떤 면에서 다른가요?

"당신은 당신 나름대로 만족하고, 공부했고, 일하고 있고, 저는 제 방식대로 즐겁게 살고, 그렇게 우리 정신은 다르지요."

---

4) 공부를 하는 까닭, 학교를 다니는 까닭에 대해 생각하게 하는 장면입니다. 인격(personality)을 함양하는 것이 다른 무엇보다도 학교에서 공부를 하는, 학습을 하는 목적이어야 한다는 것을 새삼스럽게 다시 마음에 새겨 봅니다.

- 당신의 정신은 집단농장에서의 생활 때문에 변했나요?

"물론, 그렇지요. …… 저는 제 일을 더 잘하게 되었고, 이젠 다른 길을 가고 있지요. 전에는 지주를 위해 일했고 어렵게 살았지만, 이제는 집단농장에서 더 잘 살고 있어요."

- 정신은 어떤 특질을 가지고 있나요? 예를 들면, 기억력은 정신의 특질인가요?

"네. 기억력이 없다면 일을 할 수 없어요. 기억력은 어떤 것이 해야 할 필요가 있는 건지 알려줘요. 그래서 사람은 그걸 기억하고 일을 하지요.[5] 정신은 이 일을 통제해요. 정신이 당신에게서 떠나가 버린다면, 당신은 그런 상태에서는 어떤 것도 할 수 없어요."

- 그럼, 또 다른 중요한 인간의 특질이 있나요?

"천성이란 게 있어요. 만약 당신의 천성이 어떤 것을 하고 싶어 하면, 당신은 그걸 알 수 있어요. 만약 천성에 반한다면, 사람은 어떤 것도 할 수 없어요. …… 사람은 또한 상상력, 지적 능력, 사고력, 정신력도 있어요. 이 모든 게 결합해야 그 결과로 일을 할 수 있어요. 만약에 자신의 상상력을 사용할 수 없다면, 일에 주의하지 않게 될 것이고 그는 일을 할 수 없어요."

우리가 피험자들에게 그들의 내적 속성과 타인의 내적 속성을 평가해 보도록 요청했을 때, 그들이 정신적 속성이라는 개념을 얼마나 세련

---

5) 인간이 많은 것을 무지막지하게 다 기억해야 하는 것과 자신이 경험한 것을 체계적으로 기억하는 것은 확연히 다른 것이다. 인간에게 자신이 필요로 하는 것을 문화적으로 기억하는 능력은 교육 과정의 중요한 내용일 수밖에 없다. 2009년 미래형 교육 과정을 제안하며 기억하는 능력이 더 이상 필요하지 않다는 투의 제안은 발달에 대한 몰이해를 반영한 것이라 하지 않을 수 없다.

되고 복잡하게 제시했는지를 그래서 우리가 어떤 개념들의 모임을 마주하게 되었는지를 보여 주기 위하여, 우리는 이렇게 긴 실험 기록을 발췌하여 제시했습니다.

피험자: 테칸 – 36세, 집단농장 활동가.

• 당신 자신의 장점과 단점이 무엇인지 알고 계신가요?
"저는 착하지도 나쁘지도 않아요. …… 비록 잘 읽지 못하고 쓰지도 못하지만, 저는 보통 사람입니다. 그리고 매우 못된 성격이고 화를 잘 내지만, 그렇다고 아내를 때리지는 않아요. 이게 제 자신에 대해 말할 수 있는 전부에요. …… 저는 너무 빨리 잊어버려요. 저는 방을 나오자마자 잊어버려요. 또 잘 이해하지도 못해요. 어제는 긴 설명을 들었는데, 당최 어느 것도 이해할 수가 없었어요. 만약에 교육을 받았다면, 전 모든 걸 잘할 수 있었을 거예요. 저는 이런 단점을 교육을 받아 고쳐야만 해요. 제 성격은 어떤 것도 바꾸고 싶지 않아요. 제가 공부를 한다면, 성격도 저절로 바뀔지 모르겠네요."
∷ 쉽게 심리적 자질들을 구분함.

상대적으로 매우 짧은 역사적 시기 동안 발생했었던 개인의 의식 형성 과정에서 나타난 주목할 만한 내용을 알아내기 위하여, 우리가 처음에 기술하기 시작했던 심리적 속성들을 변별하는 작업을 피험자들이 거부했던 내용에 대한 기록들과 이 기록들을 비교해야만 합니다.

이 과정이 단지 의식의 내용에서 이동이 있었다는 것과 의식 조사에 새로운 삶의 영역(사회적 삶에 참여함으로써 겪은 사회적 경험의 영역과 자기 자신과 맺게 된 관계의 영역)을 더했다는 것에 머무르지 않는다는 것은 특히나 중요합니다. 우리는 훨씬 많은 근본적인 변화(새로운 심리 체계의 형성)를 다루었습니다. 이 새로운 심리 체계의 형성은 외적 실재뿐만 아니라 사회적 관계들의 세계를 그리고 궁극적으로는 타인과의 관계에서 형성된 것인 자기 자신의 내적 세계를 반영하고 있습니다.[6] 이 새로운 내적 세계의 형성은 우리가 고찰하고 있는 역사적 시기에 이루어진 근본적인 업적 중 하나로 간주될 수 있습니다.

우리는 결론처럼 〈표 11〉을 제시했습니다. 표를 보면 우리가 묘사했던 변화들과 우리가 관찰할 수 있었던 심대한 사회적 변화들, 이 둘의 관계가 특히나 두드러지게 드러납니다.

〈표 11〉 자신의 심리적 자질에 대한 평가

집단	분석 거절, 물질적 조건과 상황을 언급	이행 집단	심리적 자질 분석
오지 마을 출신 문맹인 농부(20)	13(65%)	6(30%)	1(5%)
단기과정을 이수한 집단농장 노동자(15)	0	13(86%)	2(14%)
단기 교육을 받은 젊은이와 집단농장 활동가(17)	0	6(35%)	11(65%)

---

6) 새로운 심리 체계는 『생각과 말』 6장에 나오는 신형성체와 같은 것을 표현하고 있습니다. 이 부분과 연결해 해석하면 좀 더 풍부한 내용을 채울 수 있습니다.

8
결론

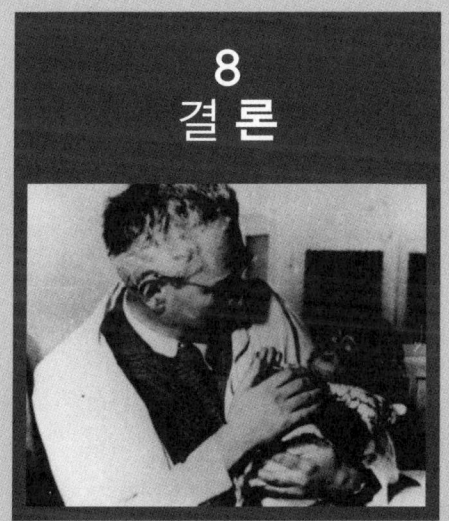

이제까지 우리는 역사 발전의 다른 시기에 인지 활동과 연결된 정신 과정의 구조에서의 변화들과 사회 혁명과 문화 혁명의 충격을 받는 과정에서 발생했었던 중대한 변화들을 드러내는 자료들을 살펴보았습니다. 더 포괄적인 기획[1]을 달성하기 위한 작업의 한 부분이 되는, 우리가 여기서 획득한 사실들만으로도 인간 인지 과정의 성질과 구조를 이해하는 데 대단히 중요한 핵심적인 몇몇 결론을 산출할 수 있었습니다. 이 사실들은 인지 활동의 구조가 역사 발전의 다른 단계에서 정적인 상태로 머물러 있지 않는다는 것을 그리고 인지 과정의 가장 중요한 형태들(지각, 일반화, 연역, 추리, 상상력, 자신의 내적 삶 분석)이 사회적 삶의 조건이 변화하고 기본적 지식을 습득함에 따라 변화한다는 것을 설득력 있게 보여 주었습니다.

---

[1] 2010년에 보고된 비고츠키 연구 노트에 따르면, 더 포괄적인 기획은 아마도 인간 의식에 대한 3부작일 듯합니다. 비고츠키 학파는 마르크스가 『자본』 3부작에 비교될 저작을 준비하고 있었습니다. 『생각과 말』, 『감정과 이성』, 『실천과 이론』이 그것입니다. 이러한 작업은 동물과 구별되는 인간 의식을 규명하기 위하여, 인식 주체를 이해하기 위하여 기획되었습니다. 이러한 작업의 결과는 마르크스주의 철학, 인식론을 완성하는 것이며 마르크스주의 교육, 교육 과정과 교수학습에 관한 방법을 확정하는 것으로 연결될 수밖에 없습니다.

노동의 집단적 형태와 문화 혁명으로 이행하는 것과 얽힌 유일하고 재현될 수 없는 조건하에서 수행되었던 우리의 (현장) 조사 활동은, 활동의 기본적 형태들이 변화함에 따라, 읽고 쓰는 능력을 습득함에 따라, 사회역사적 실천이 새로운 단계에 이름에 따라 인간의 정신 활동에 주요한 변화가 발생한다는 것을 드러냈습니다. 이러한 변화들은 인간이 할 수 있는 활동의 경계를 확장시키는 데 제한되지 않고 행위를 위한 새로운 동기를 창조하는 데 관련되고 인지 과정의 구조에 근본적인 영향을 미칩니다.

우리가 관찰했던 변화의 기본적인 내용은 직접적인 도해적·기능적 경험의 역할이 집단 노동과 새로운 사회적 관계의 형성으로 이행하면서 그리고 이론적 지식의 근본을 숙달함에 따라 근본적으로 변했다는 것입니다.

기초적인 도해적·기능적 동기들에 더하여, 우리는 집단화된 노동 활동의 협력적 계획이, 기본적인 학교 교육 과정에서 형성된 새로운 동기들이 창조되는 것을 목격했습니다. 구체적인 실천적 활동을 넘어서는 이런 복잡한 동기들은 자기 자신의 노동을 의식적으로 계획하는 형태를 취합니다. 즉각적인 인상들과 실천적 활동의 구체적 형태의 재연을 넘어서는 이해관계를 관찰할 수 있었습니다. 이런 동기들은 미래에 대한 계획, 집단적인 이해관계, 그리고 최종적으로 읽고 쓰기를 할 수 있게 되는 것과 이론적 지식을 동화하는 것과 밀접하게 연관되어 있는 많은 중요한 문화적 화제들을 포함합니다.

이렇게 사회적 경험의 새로운 영역을 동화하게 된 것과 밀접하게 연관되어 있는 급격한 변화가 인지 활동의 성질과 정신 과정의 구조에서도 이루어집니다. 인지 활동의 기본 형태들이 개인적 실천적 활동에 대한 집착과 그 활동의 단순한 재연을 넘어서기 시작하면서, 순수하게 구체적이고 상황적이기를 멈춥니다. 인간의 인지 활동이 언어로 의미를 담아내던 사회사의 과정에서 확립되었듯이, 인간의 인지 활동은 일반적인 인간 경험을 포괄하는 더 광범위한 체계의 일부가 됩니다.

지각 과정은 도해적·대상 지향적 경험을 넘어서기 시작하고 지각된 것을 추상적·언어적 범주 체계에 결합시키는 훨씬 더 복잡한 과정에 포함됩니다. 직접적 인상들이 복잡한 추상적 범주와 관련되는 (인지, 심리) 과정의 일부가 되면서, 심지어 색깔과 형태에 대한 지각 과정도 변화하게 됩니다.

실재가 반영되는 일반화 방식도 근본적으로 다시 구조화되는 과정을 겪게 됩니다. 대상의 본질적 자질들을 솎아 내어 같은 자질을 가진 대상들의 일반 범주에 대상들을 할당하는 것이 이제는 사소하고 중요하지 않은 과정으로 간주될 수 없습니다. 새로운 이론적 사고 조작들 (사물의 속성을 분석, 그것들을 추상적 범주에 할당 따위)이 발달하기 시작합니다. 생각하는 과정에서 더욱더 추상화와 일반화가 얽히기 시작합니다. 실천적 '상황적' 생각의 조작에 더하여 이론적, '범주적' 사고가 기능하기 시작하고 때때로 인간의 인지 활동을 지배하기 시작하는 데 현저한 위치를 점하게 됩니다. 서서히 우리는 '감각적인 것에서 이성적인 것으로의 이행'을 확인하게 됩니다. 우리가 이미 언급했듯이, 근대 유물론 철학은 의식 발달에서 가장 중요한 계기가 '감각적인 것에서 이성적인 것으로의 이행'이라고 파악하고 있습니다.

실재에 대한 추상적·범주적 관계라는 새로운 형태들과 함께, 우리는 또한 정신적 역동성이라는 새로운 형태의 출현도 보게 됩니다. 전에는 사고의 역동성이 오직 즉각적인, 실천적 경험의 틀 안에서만 발생했고 추리 과정이 확립된 실천적 상황을 재생하는 과정에만 대개 한정되어 있었지만, 문화 혁명의 결과로 이제 우리는 자기 자신의 실천적 경험에 근거할 뿐만 아니라 논증적이고 말로 하는 논리적 과정에도 근거하여 추론을 도출할 수 있다는 것을 알게 되었습니다. 언어로 표현되는 가정들을 취하여, 전제의 내용이 개인적 경험의 일부를 형성하느냐와 무관하게, 가정들을 논리적 추론에 사용하는 것이 가능해졌습니다. 즉 각적인 경험을 넘어서는 논리적 추리에 대한 관계도 근본적으로 다시 구조화됩니다. 우리는 논증적 생각의 근본이 창조되는 것을 보았습니다. 이에 근거한 추론은 직접적·개인적 경험에 의한 추론만큼이나 강력한 것이 됩니다.

이 모든 변형의 결과로 인지 과정의 기본 구조에 변화가 생기고, 경험이 엄청나게 확대되고, 인간이 살게 될 너무도 광범위한 세계를 건설하게 됩니다. 개인적 경험의 영역에 더하여, 언어와 논증적 생각의 조작으로 확립된 추상적이고 일반적인 인간 경험의 영역이 출현하게 됩니다. 인간의 사고는 광범위한 논리적 추리에 의존하기 시작합니다. 창조적 상상력의 영역이 형성되고, 창조적 상상력은 자신에 근거하여 이번에는 인간의 주관적 세계를 엄청나게 확대시킵니다.

마지막으로, 인격에 대한 자기인식에서도 변화가 있습니다. 이것은 사회 인식을 더 높은 수준으로 진척시키고 자신의 동기, 행위, 내재적 속성, 개인적 특이성을 객관적으로 범주적으로 분석할 수 있는 새로운 능력을 갖게 합니다. 이렇게 이제까지 심리학이 과소평가했던 사실이 명명백백한 것이 되었습니다. 사회역사적 변화는 인간의 정신세계에 새로운 내용을 도입할 뿐만 아니라 새로운 활동 형태와 인지적으로 기능하는 새로운 구조도 창조합니다. 사회역사적 격변은 인간 의식을 새로운 수준으로 고양시킵니다. 우리는 이제 수 세기 동안 내려온, 지각, 표상, 추리, 연역, 상상, 자기인식의 기본 구조가 정신적 삶의 고정된 형태이고, 다른 사회적 조건에서도 변화하지 않는다는 관념이 적절하지 못하다는 것을 알게 되었습니다. 우리는 인간의 정신적 삶에 대한 기본 범주들이 사회사의 산물임을 이해할 수 있게 되었습니다. 그것들은 사회적 실천의 기본 형태가 변하고 그래서 그 성질이 사회적이 될 때 쉽게 변화합니다.

심리학은 이제 무엇보다도 사회적 실천의 기본 형태들과 사회의 역사적 발전에서 중요한 단계들에 전적으로 좌우되는 정신 활동과 정신 과정의 구조의 사회역사적 형성을 다루는 과학을 뜻하게 되었습니다. 인간의 정신적 삶에 담긴 역사적 성질을 다룬 마르크스주의 기본 테제들이 이렇게 구체적인 형태로 드러나게 되었습니다. 이것은 보통의 경우라면 수 세기가 걸렸을 근본적인 변화가 우리가 관찰할 수 있었던 근본적인 혁명적 격변의 결과로 아주 짧은 기간에 발생했기 때문에 가능했습니다.

마치 준비나 하고 있었던 것처럼 우리 작업을 검토하는 과제가 자신들에게 맡겨진 듯 행세하는 학자들은, 똑같은 지역에서 지난 40여 년에 걸쳐 발생했던 더 진전된 변화와 (그 당시의 변화를) 비교 분석하기 위하여, 똑같은 조사를 우리가 다시 수행하기를 희망한다고 빈번하게 표현했습니다. 이런 제안이 일면 타당하지만 우리는 그렇게 해야 할 필요를 느끼지 못합니다.

우리 자료는 우리가 처음 조사를 행한 시기에 인지 과정의 구조에 어떤 중대한 변화가 발생하기 시작했다는 것을 보여 주었고, 소비에트 연방 공화국의 오지에 거주하는 사람들을 위한 문화 혁명이 진행되던 첫 해에 이미 발생했던 변화를 보여 주고 있습니다. 그 후에도 저자는 자주 우즈베키스탄을 방문했고 그 기간 동안 발생했던 사회적 삶과 문화적 삶의 엄청난 변화를 목격했습니다. 반복해서 지적하겠지만, 지난 40여 년 동안 중앙아시아 인민은 실제적으로 수 세기를 뛰어넘는 도약을 이룩했기에, 40년 후에 똑같은 곳에서 조사를 다시 행하는 것은 정말 할 필요가 없는 일입니다. 우리 작업을 재현하고 싶은 연구자는 소비에트 연방 공화국의 다른 지역에 사는 주민의 인지 과정의 구조를 연구하여 그가 얻게 될 자료와 별반 다를 것이 없는 자료를 얻게 될 것입니다.

　40년의 세월이 흐르면서 후진적이고 오지였던 지역이 경제적으로 사회적으로 사회주의 국가의 발전된 지역이 되었습니다. 그래서 필자는 연구를 같이했던 동지들과 함께 이런 변화가 막 시작되던 때에 우리가 직접 이를 관찰할 수 있었던 것에 너무도 큰 만족을 표할 따름입니다.

● 참고 문헌

Ach, N. *Über die Willenstätigkeit und das Denken*. Göttingen: Vandenhoeck and Ruprecht, 1905.

Allen, G. *The clolur-sense: Its origin and development*. Boston: Houghton, Osgood, 1879.

Aooport, G. W., and T. F. Pettgrew. Cultural influence on the perception of movement: The trapezoidal illusion among Zulus. *Journal of Abnormal and Social Psychology*, 1957, 55, 104-113.

Beveridge, W. M. Racial differences in phenomenal regression. *British Journal of Psychology*, 1957, 26, 59-62.

Some racial differences in perception. *British Journal of Psychology*, 1939, 30, 57-64.

Blondel, C. *La mentalitéprimitive*. Paris: Stock, 1926.

Boas, P. *The mind of Primitive man*. New York: Macmillan, 1911.

Brown, P. W., and E. H. Lenneberg. A Study in language and cognition. *Journal of Abnormal and Social Psychology*, 1954, 59, 454-462.

Bruner, J. S. Going beyond the information given. In *Contemporary approaches to cognition: A symposium held at the University of Colorado*. Cambridge: Harvard University Press, 1957.

Brunswick, E., and J. Kamiya. Ecological cue-validation of "proximity" and other Gestalt factors. *American Journal of Psychology*, 1953, 66, 20-32.

Conklin, H. C. Janunoo color categories. *Southwestern Journal of Anthropology*, 1955, 11, 339-344.

Edregowski, J. B. Difficulties in pictorial depth perception in Africa. *British Journal of Psychology*, 1968, 59, 195-204.

On perception of depicted orientation. *International Journal of Psychology*, 1968, 3, 149-156.

Durkheim, E., and M. Mauss. *Primitive classification*. Chicago: University of Chicago Press, 1963.

Eccles, J. C. *Facing reality: Philosophical adventures by a brain scientist*. Heidelberg Science Library, vol. 13. New York: Springer-Verlag, 1970.

Elkonin, D. B. *Child psychology*. Moscow:1960(러시아어).

Galperine, P. Y. The mental act as the basis for the formation of ideas and images. *Problems of Psychology*, 1957, 6.

Goldstein, K. *Language and language disturbances*. New York: Grune and Stratton, 1948.

Gurgenidze, G. S., and A. R. Luria. Philosophical adventures of an outstanding physiologist. *Voprosy filosofii*, 1972, 3.

Hallowell, A. I. Cultural factors in the structuralization of perception. In *Conference on social psychology at the cross-roads*, ed. J. H. Rohrer and M. Sherif. New York: Harper, 1951.

Culture and experience. Philadelphia: University of Pennsylvania Press, 1955.

Hoijer, H., ed. *Language in culture: Conference on the interrelations of languages and other aspects of culture*. Chicago: University of Chicago Press, 1954.

Hunt, E. B. *Concept learning*. New York: Wiley, 1962.

Lenneberg, E. H., and D. Robers. *The language of experience*. Memoir 13, Indiana University Publications in Anthropology and Linguistics, supplement to *International Journal of American Linguistics*, vol. 22. Baltimore: Waverly Press, 1956

Leroy, O. *La raison primitive*. Paris: Geuthner, 1927.

Lévi-Strauss, C. Social structure. In *Anthropology Today*, ed. A. L. Kreber. Chicago: University of Chicago Press, 1953.

Lévy-Bruhl, L. *Primitive Mentality*, New York: Macmillan, 1923.

Lindsay, P. H., and D. A, Norman, *Human information processing: An introduction to psychology*. New York: Academic Press, 1972.

Luria, A. R. "The brain and conscious experience": A critical notice of the symposium edited by J. C. Eccles(1966). *British Journal of Philosophy*, 1967, 58, 467-476. and L. S. Tsvetkova. Neuropsychological analysis of problem-solving. Moscow:1966(러시아어).

Magnus, H. *Die geschichtliche Entwicklung des Farbensinnes*. Leipzig: 1877.
Über ethnologische Untersuchungen des Farbensinnes. Berlin: 1883.
Untersuchungen über Farbensinn der Naturvölker. Jenna: 1880.

Ray, V. F. Techniques and problems in the study of human color perception. *Southwest Journal of Anthropology*, 1952, 8, 251-259.

Rivers, W. H. R. Primitive color vision. *Popular Science Monthly*, 1901, 59, 44-58.
Observations on the sense of the Todas. *British of Journal of Psychology*, 1905, 1, 321-396.
Psychology and ethnology. New York: Harcourt, Brace, 1926.

Segall, M. H., and D. T. Campbell, and M. J. Jerskovits. *The influence of culture on visual perception.* Indianapolis: Bobbs-Merrill, 1966.

Tylor, E. B. *Primitive culture.* London: J. Murray, 1891.

Virchow, R. Über die Nubier. *Zeitschrift für Ethnologie*, 1878, 10; 1879, 11.

Vygotsky, L. S. 생각과 말. 서울: 살림터. 2011.

Whorf, B. L. *Language, thought and reality.* Cambridge: Massachusetts Institute of Technology Press, 1956.

Woodworth, R. S. Color sense in different races of mankind. *Proceedings of the Society for Experimental Biology and Medicine*, 1905-1906, 3.

Yarbus, A. L. *Eye movements and vision.* New York: Plenum, 1967.

Zaporozhets, A. V. *Development of voluntary movement in children.* Moscow: 1960.

• 옮긴이 **배희철**

강원도 춘천에서 태어나 춘천에서 살고 있다. 춘천고등학교를 졸업하고 한림대 의대에 진학하였으나 적성에 맞지 않아 포기하였다. 1983년 서울대 서양사학과에 입학하였고, 한림대 사학과 석사과정을 수료하였다. 2년 정도 입시학원을 운영하다 95년에 강원대 영어교육과에 입학하였다. 99년 9월에 신철원초등학교에서 영어교과 전담으로 교직에 입문하였으며, 현재 춘천에 있는 지촌초등학교 지암분교에 근무하고 있다.

2006년 전교조 전국 초등교육과정 연구 모임 이론분과장으로 연구 활동을 시작하였고, 2007년부터 진보교육연구소에서도 연구원으로 일하고 있다. 2007년부터 비고츠키연구회(http://cafe.naver.com/vygotsky)를 운영하고 있으며, 2011년부터 강원도형 혁신학교인 강원도 행복더하기 학교 컨설팅 위원으로 활동하고 있다.

비고츠키와 초등교육과정에 관한 글들을 발표하고 있으며, 2009년에 전교조 참교육실의 연구지원비를 받아 「비고츠키와 핀란드 교육과정」 보고서를 제출하였다. 2010년에 서울시 교육청의 지원을 받아 혁신학교 매뉴얼 개발에 참여하였고, 그 결과를 모아 2011년에 『행복한 혁신학교 만들기: 비고츠키 교육철학으로 본 혁신학교 지침서』를 초등교육과정 연구모임의 이름으로 출판하였다. 2011년에 비고츠키 최고, 최후의 저작 『생각과 말』을 김용호 박사와 데이비드 켈로그 교수와 함께 번역 출판하였다.

2012년에는 대한민국 공교육 개편에 대한 진보 진영의 연구 성과를 모아 낸 『교육혁명』 출판에 참여하였고, 그동안 발표한 글과 번역한 논문을 모아 『비고츠키와 교육이론』, 『비고츠키와 우리교육』 2권으로 전자책을 출판하였다.

2013년 상반기에는 『비고츠키와 인지 발달의 비밀』과 『레프 비고츠키』를 세상에 내놓고, 『발달중심 교수학습』의 번역을 감수하여 독자에게 소개하는 데 일조할 예정이다. 가능하다면 하반기에는 『비고츠키와 과학적 개념 형성』을 선보이고자 한다.

아직도 연구자라는 말이 낯설고 전교조 활동가라는 표현이 자연스러운 초등교사인 옮긴이는 전교조 강원지부에서 정책연구국장, 정책실장, 초등위원장, 교권국장을 맡아 활동하고 있으며, 춘천화천초등지회에서 참교육부장, 연대부장, 정책부장, 지회장으로 활동하고 있다.

삶의 행복을 꿈꾸는 교육은 어디에서 오는가?
미래 100년을 향한 새로운 교육

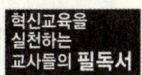 혁신교육을 실천하는 교사들의 필독서

▶ 교육혁명을 앞당기는 배움책 이야기
혁신교육의 철학과 잉걸진 미래를 만나다!

 핀란드 교육혁명
한국교육연구네트워크 총서 01 | 320쪽 | 값 15,000원

 새로운 사회를 여는 교육혁명
한국교육연구네트워크 총서 03 | 380쪽 | 값 17,000원

 새로운 사회를 여는 교육자치 혁명
한국교육연구네트워크 총서 05 | 312쪽 | 값 15,000원

 혁신학교
성열관·이순철 지음 | 224쪽 | 값 12,000원

 행복한 혁신학교 만들기
초등교육과정연구모임 지음 | 264쪽 | 값 13,000원

 혁신교육, 철학을 만나다
브렌트 데이비스·데니스 수마라 지음
현인철·서용선 옮김 | 304쪽 | 값 15,000원

 미래교육의 열쇠, 창의적 문화교육
심광현·노명우·강정석 지음 | 368쪽 | 값 16,000원

 대한민국 교사, 어떻게 가르칠 것인가?
윤성관 지음 | 320쪽 | 값 15,000원

 아이들을 어떻게 가르칠 것인가
사토 마나부 지음 | 박찬영 옮김 | 232쪽 | 값 13,000원

 다시 읽는 조선 교육사
이만규 지음 | 750쪽 | 값 33,000원

 독일 교육, 왜 강한가?
박성희 지음 | 324쪽 | 값 15,000원

 모두를 위한 국제이해교육
한국국제이해교육학회 지음 | 364쪽 | 값 16,000원

 일제고사를 넘어서
한국교육연구네트워크 총서 02 | 284쪽 | 값 13,000원

 교장제도 혁명
한국교육연구네트워크 총서 04 | 268쪽 | 값 14,000원

 혁신학교에 대한 교육학적 성찰
한국교육연구네트워크 총서 06 | 308쪽 | 값 15,000원

 교육은 사회를 바꿀 수 있을까?
한국교육연구네트워크 번역 총서 02
마이클 애플 지음 | 강희룡·김선우·박원순·이형빈 옮김
352쪽 | 값 16,000원

 **비판적 페다고지는
세상을 변화시킬 수 있는가?**
한국교육연구네트워크 번역 총서 03
Seewha Cho 지음 | 심성보·조시화 옮김 | 280쪽 | 값 14,000원

 서울형 혁신학교 이야기
이부영 지음 | 320쪽 | 값 15,000원

 혁신교육 존 듀이에게 묻다
서용선 지음 | 292쪽 | 값 14,000원

 프레이리와 교육
한국교육연구네트워크 번역 총서 01
존 엘리아스 지음 | 한국교육연구네트워크 옮김 | 276쪽 | 값 14,000원

 아이들의 배움은 어떻게 깊어지는가
이시이 준지 지음 | 방지현·이창희 옮김 | 200쪽 | 값 11,000원

 북유럽 교육 기행
정애경 외 14인 지음 | 288쪽 | 값 14,000원

 경쟁을 넘어 발달 교육으로
현광일 지음 | 288쪽 | 값 14,000원

 대한민국 교육혁명
교육혁명공동행동 연구위원회 지음 | 152쪽 | 값 5,000원

▶ 평화샘 프로젝트 매뉴얼 시리즈
학교 폭력에 대한 근본적인 예방과 대책을 찾는다

 학교 폭력 어떻게 만들어지는가
문재현 외 지음 | 300쪽 | 값 14,000원

 아이들을 살리는 동네
문재현·신동명·김수동 지음 | 204쪽 | 값 10,000원

 학교 폭력, 멈춰!
문재현 외 지음 | 348쪽 | 값 15,000원

 평화! 행복한 학교의 시작
문재현 외 지음 | 252쪽 | 값 12,000원

 왕따, 이렇게 해결할 수 있다
문재현 외 지음 | 236쪽 | 값 12,000원

 마을에 배움의 길이 있다
문재현 지음 | 208쪽 | 값 10,000원

▶ 비고츠키 선집 시리즈
발달과 협력의 교육학 어떻게 읽을 것인가?

 생각과 말
레프 세묘노비치 비고츠키 지음
배희철·김용호·D. 켈로그 옮김 | 690쪽 | 값 33,000원

 어린이의 상상과 창조
L.S. 비고츠키 지음 | 비고츠키연구회 옮김
280쪽 | 값 15,000원

 도구와 기호
비고츠키·루리야 지음 | 비고츠키연구회 옮김
336쪽 | 값 16,000원

 성장과 분화
L.S. 비고츠키 지음 | 비고츠키연구회 옮김
308쪽 | 값 15,000원

 어린이 자기행동숙달의 역사와 발달 I
L.S. 비고츠키 지음 | 비고츠키연구회 옮김
564쪽 | 값 28,000원

 비고츠키 생각과 말 쉽게 읽기
비고츠키 교육학 실천연구모임 지음 | 316쪽 | 값 15,000원

 어린이 자기행동숙달의 역사와 발달 II
L.S. 비고츠키 지음 | 비고츠키연구회 옮김
552쪽 | 값 28,000원

 비고츠키와 인지 발달의 비밀
A.R. 루리야 지음 | 배희철 옮김 | 280쪽 | 값 15,000원

▶ 창의적인 협력수업을 지향하는 삶이 있는 국어 교실
우리말 글을 배우며 세상을 배운다

 중학교 국어 수업 어떻게 할 것인가?
김미경 지음 | 332쪽 | 값 15,000원

 이야기 꽃 1
박용성 엮어 지음 | 276쪽 | 값 9,800원

 토론의 숲에서 나를 만나다
명혜정 엮음 | 312쪽 | 값 15,000원

 이야기 꽃 2
박용성 엮어 지음 | 294쪽 | 값 13,000원

 교사, 선생이 되다
김태은 외 지음 | 260쪽 | 값 13,000원

▶ 교과서 밖에서 만나는 역사 교실
상식이 통하는 살아 있는 역사를 만나다

 전봉준과 동학농민혁명
조광환 지음 | 336쪽 | 값 15,000원

 남도의 기억을 걷다
노성태 지음 | 344쪽 | 값 14,000원

 응답하라 한국사 1
김은석 지음 | 356쪽 | 값 15,000원

 응답하라 한국사 2
김은석 지음 | 368쪽 | 값 15,000원

 즐거운 국사수업 32강
김남선 지음 | 280쪽 | 값 11,000원

 즐거운 세계사 수업
김은석 지음 | 328쪽 | 값 13,000원

 한국 고대사의 비밀
김은석 지음 | 304쪽 | 값 13,000원

 주제통합수업, 아이들을 수업의 주인공으로!
이윤미 외 지음 | 392쪽 | 값 17,000원

 광주의 기억을 걷다
노성태 지음 | 348쪽 | 값 15,000원

 교과서 밖에서 배우는 역사 공부
정은교 지음 | 292쪽 | 값 14,000원

 통하는 공부
김태호·김형우·이경석·심우근·허진만 지음
324쪽 | 값 15,000원

 팔만대장경도 모르면 빨래판이다
전병철 지음 | 360쪽 | 값 16,000원

 빨래판도 잘 보면 팔만대장경이다
전병철 지음 | 360쪽 | 값 16,000원

 김창환 교수의 DMZ 지리 이야기
김창환 지음 | 264쪽 | 값 15,000원

 영화는 역사다
강성률 지음 | 288쪽 | 값 13,000원

 친일 영화의 해부학
강성률 지음 | 264쪽 | 값 15,000원

 강화도의 기억을 걷다
최보길 지음 | 276쪽 | 값 14,000원

▶ 살림터 참교육 문예 시리즈
영혼이 있는 삶을 가르치는 온 선생님을 만나다!

 꽃보다 귀한 우리 아이는
조재도 지음 | 244쪽 | 값 12,000원

 성깔 있는 나무들
최은숙 지음 | 244쪽 | 값 12,000원

 아이들에게 세상을 배웠네
명혜정 지음 | 240쪽 | 값 12,000원

 선생님이 먼저 때렸는데요
강병철 지음 | 248쪽 | 값 12,000원

 서울 여자, 시골 선생님 되다
조경선 지음 | 252쪽 | 값 12,000원

 행복한 창의 교육
최창의 지음 | 328쪽 | 값 15,000원

▶ **정의로운 세상을 여는 인문사회 과학**
사람의 존엄과 평등의 가치를 배운다

밥상혁명
강양구·강이현 지음 | 298쪽 | 값 13,800원

도덕 교과서 무엇이 문제인가?
김대용 지음 | 272쪽 | 값 14,000원

자율주의와 진보교육
조엘 스프링 지음 | 심성보 옮김 | 320쪽 | 값 15,000원

민주화 이후의 공동체 교육
심성보 지음 | 392쪽 | 값 15,000원

갈등을 넘어 협력 사회로
이창언·오수길·유문종·신윤관 지음 | 280쪽 | 값 15,000원

동양사상과 마음교육
정재걸 외 지음 | 356쪽 | 값 16,000원

교과서 밖에서 배우는 철학 공부
정은교 지음 | 280쪽 | 값 14,000원

좌우지간 인권이다
안경환 지음 | 288쪽 | 값 13,000원

민주시민교육
심성보 지음 | 544쪽 | 값 25,000원

민주시민을 위한 도덕교육
심성보 지음 | 496쪽 | 값 25,000원

교과서 밖에서 배우는 인문학 공부
정은교 지음 | 276쪽 | 값 13,000원

오래된 미래교육
정재걸 지음 | 392쪽 | 값 18,000원

수업과 교육의 지평을 확장하는 수업 비평
윤양수 지음 | 316쪽 | 값 15,000원

대한민국 의료혁명
전국보건의료산업노동조합 엮음 | 548쪽 | 값 25,000원

▶ **남북이 하나 되는 두물머리 평화교육**
분단 극복을 위한 치열한 배움과 실천을 만나다!

10년 후 통일
정동영·지승호 지음 | 328쪽 | 값 15,000원

선생님, 통일이 뭐예요?
정경호 지음 | 252쪽 | 값 13,000원

▶ **출간 예정**

| 근간 | 관계의 교육학, 비고츠키
천보선·손지희 지음

| 근간 | 교사의 전문성은 어떻게 이루어지는가?
김석규 옮김

| 근간 | 교과서 밖에서 배우는 고전 공부
정은교 지음

| 근간 | 함께 만들어 가는 강명초 이야기
이부영 외 지음

| 근간 | 어린이와 시 읽기
오인태 지음

| 근간 | 내일 수업 어떻게 하지?
아이함께 지음

| 근간 | 인간 회복의 교육
성래운 지음

| 근간 | 수업의 정치
윤양수 외 지음

| 근간 | 조선족 근현대 교육사
정미량 지음